아니되옵니다

5천년 한중 역사 기록이 증언하는 올바른 권력

이동식 지음

초판 1쇄 인쇄일 2012년 4월 12일
초판 1쇄 발행일 2012년 4월 12일

지은이 이동식
펴낸이 장성순
편집장 정희원
편집자문 조성일
디자인 조정윤 arongmilk@naver.com
마케팅 상상 ssmt2012@naver.com
출력 스크린출력
인쇄 하정문화사
종이 삼미지업
펴낸곳 해피스토리

주소 서울특별시 마포구 연남동 561-58 1층
전화 02-730-8337 **팩스** 02-730-8332
이메일 happistory12@naver.com
출판등록 2006년 12월 6일 제 300-2006-174호
홈페이지 http://www.happistory.com

당신의 이야기가 곧 역사입니다.

ISBN 978-89-93225-53-2 03900

아니되옵니다

5천년 한중 역사 기록이 증언하는 올바른 권력

이동식 지음

* 일러두기

1. 중국의 역사기록이나 원전에 대한 해석은 통상적인 해석을 인용했지만 경우에 따라서 필자 개인의 의견에 따라 현대적인 어법으로 고치기도 했다.

2. 한국의 『조선왕조실록』이나 개인 문집의 해석은 ≪한국고전번역원≫의 해석을 주로 따랐으나 필자의 편의로 말을 쉽게 푼 경우도 있다.

3. 고전에 대한 접근은 ≪한국고전번역원≫이 운영하는 <한국고전종합DB> 망의 도움이 컸다. 한문으로 된 고전에 대한 거리를 없애 준 한국고전번역원의 노고에 감사드린다.

4. 한자발음은 기본적으로 우리 식으로 적었으며, 지명들은 요즈음 현지 발음으로 쓰고 있지만 고전의 이해를 위해 한국식 독음을 채용했다.

5. 본문에 사용된 그림은 ≪국립고궁박물관≫과 ≪국립중앙박물관≫(『조선시대 초상화』 시리즈에 포함된 인물 초상, <허가번호 중박 201202-1179>)에서 제공해 주셨다.

6. 한자 병기를 비롯한 본문에 사용된 일부 부속 자료는 ≪네이버 한자사전≫, ≪네이버 지식사전≫, ≪위키피디아≫에서 도움을 주었다.

진정한 성공과 역사의
올바른 물꼬가 터지기를
염원하는 이 땅의 모든
주인들에게 바칩니다.

"우리 인생과 오늘의 정치 격랑 속 매우 유용한 나침반"

중국과 한국이라는 나라의 정치는 서양의 정치와 달리 후진적이고 전제적이고 억압적이라고만 알고 있다. 그러나 대한민국이 민주공화국임을 표방할 때의 공화라는 말이 실은 동양에서 비롯된 것이고 그 근본은 국민들의 말에 귀를 기울여야 한다, 곧 민의를 따라야 한다는 보편적인 원리를 이미 3천 년 이전에 천명한 사실은 모르고 있다. 중국과 한국의 5천년 역사는 겉으로는 무자비한 전제정치인 것 같지만 속을 들여다보면 동양식의 민본정치, 민주정치, 여론정치, 정당정치였던 것이다.

내가 사랑하는 방송인이자 언론인인 이동식 씨는 원래 문화방면의 대기자였는데 어느 틈엔가 동양의 고전뿐 아니라 역사 원전 속으로까지 깊게 들어가서 정치뿐 아니라 우리 삶이 성공하는 비결을 찾아내어 책으로 엮어냈다. 다시 정치의 소용돌이에 휘말려 들어가는 우리나라의 현 시점에서 이동식 씨의 노력은 매우 유용한 나침판이 될 것이다. 이동식 씨가 찾아낸 정치 성공의 비결은 아주 어렵고 복잡한 것은 아니지만 그렇다고 쉽게 행할 수 있는 것은 아니다. 5천년 역사의 장면 장면에서 마주치는 정치의 올바른 길을 독자들과 함께 확인해보기를 기대한다.

– 서영훈 (전 민주당 대표, 적십자 총재, 전 KBS사장)

6

"단편적인 역사 지식이 아니라 현재 우리에게 적용되는 옛 사람들의 문제 해결 방식을 구체적으로 제시한 책"

역사를 기록하는 것은 후대 사람들이 역사를 거울로 삼아 당대를 대처하고 미래를 준비하라는 뜻일 것이다. 한자로는 감鑑이라고 하는데 한 번 쓰여진 역사는 지워져서는 안된다는 뜻으로 쇠금金을 붙였다고 한다. 우리는 말로는 역사를 공부한다, 안다고 하지만 입시용으로 사지선다형의 지식만 배우고 몇 대 왕은 누구라는 식으로만 배울 뿐 실제로 옛 사람들이 어떤 고민을 어떻게 했고 당면한 문제들을 어떤 방식으로 풀어갔는지를 전혀 공부하지 않는다. 역사를 깊게 들여다봐야 할 이유가 여기에 있다.

방송기자 출신인 저자는 어느 틈에 우리가 들어가 보지 못한 역사 속으로 깊숙이 들어갔다. 5천 년의 긴 역사원전과 기록을 파헤쳐 고래로부터 현대에 이르는 정치의 현장을 들춰낸다. 중국과 우리나라의 정치는 절대 권력을 가진 최고 지도자의 자의에 의해서 멋대로 행해진 것만은 아니었다. 모든 문제를 협의해서 풀었고 그 때의 판단기준은 민의民意, 곧 백성들의 뜻이었다.

"바보야, 문제는 정치야" 이 말은 클린턴 미국대통령의 한 말을 패러디한 것이지만 우리나라의 정치현실을 반영하는 적절한 표현일 것이다. 올 한해 정치의 폭풍이 휩쓸고 지나갈 것이다. 사람들은 갈피를 잡지 못한다. 이 때에 저자가 동양의 역사 속에서 발견한 정치의 원리, 방법을 함께 읽어보도록 권하고 싶다. 동양의 정치는 어떤 때에 성공했으며 어떤 때에 실패를 했는가? 정치의 폭풍 속에서 붙잡을 기둥, 혼란 속에서 실체를 파악할 거울이 하나 새롭게 만들어졌음을 여러 분들에게 전한다.

– **이어령** (전 문화부 장관)

목차

門 앞에서_ 역사의 목소리

소목공이 주나라 천자에게 간한 언로의 생리

동양사 최초의 쿠데타, 주나라의 '국인폭동'은 언로 봉쇄에서 시작되었다. 소목공의 간언을 무시하고 폭정과 입막음을 행한 주나라 천자 '여왕'이 쫓겨난 것에서 보듯 로마보다 300년 앞서 중국에서는 인류 최초의 공화정이 시작된 것이다. 공자는 "백성은 물이고 왕은 배"라 하였다. 물은 배를 띄울 수도 있으나 엎을 수도 있다. 배는 곧 군도君道(왕의 길)이고 물은 곧 인심이다. 배가 물길을 따르면 뜨고 거스르면 가라앉는다. 주군이 사람의 마음을 얻으면 굳건해지고 잃으면 위태로워진다.

역사는 우리에게 많은 이야기를 해준다.

우리나라는 삼국시대 이전의 역사가 별로 남아있지 않고 특히 제왕이나 관리, 학자들의 글이 거의 남아있지 않아서 많이 아쉽지만 중국에는 3천년 이전의 과거를 밝혀주는 역사서와 기록이 많아서 들여다볼수록 의미 있는 이야기나 사건, 그에 따른 글들이 많다.

고대 정치의 근간은 왕이든 황제든 절대 권력을 가진 군주와 군주를 떠받쳐주는 관리들이 피지배층인 백성들을 지배하는 것이지만, 그것이 단순히 상하수직적인 관계, 일방적으로 위에서 내려가는 관계가 아니라 백성들의 목소리가 위로 올라가서 신하나 왕과 소통되는 쌍방향이었다는 점이다. 무슨 이야기인가 하면 신하들이 간하는 말을 듣지 않다가 왕의 자리에서 쫓겨난 사례가 벌써 2천8백 여전 전에 있었다는 것이고, 신하들의 말은 백성들의 마음이란 명분을 깔고 있었다는 것이다. 대표적인 것이 바로 중국 주周(B.C 1046~771)나라의 10대 왕인 여왕厲王(B.C 879~828)이다.

정치사를 배우는 사람들이 가장 먼저 배우는 이른바 공화정共和政[1]의 시원이 된 사건인데, 우리는 서양의 로마에만 공화정이 있는 줄 알지, 동양, 그것도 중국에서 서양보다 먼저 공화정이 실시된 사실은 잘 모르고 있다. 로마의 공화정이 시작된 것은 B.C 509년 로마가 이탈리아 일대를 통일한 이후인데 이에 비해 중국의 공화정은 B.C 841년이므로 서양보다도 300년 이상 앞선다. 그리고 이 공화정의 발단은 언론을 통제했던 데서 비롯됐다는 점이 흥미롭다. 여왕은 아버지인 이왕夷王(B.C 879~828)의 뒤를 이어 주나라 10대 천자天子[2]가 되었는데, 이익을 탐하고 포악하고 사치스럽고 교만하였다. 여왕의 밑에 있던 국인國人[3]들이 이에 대한 불평불만이 높아갔다. 그러자 왕은 위衛나라[4]의 무당을 불러서 비방하는 자들을 감시하고, 무당이 보고하면 그들을 죽였다. 감시와 탄압이 심해지자 사람들은 감히 말을 하지 못하고 길에서 만나면 눈짓으로 뜻을 교환했으며, 제후諸侯들도 왕을 조회朝會(백관이 임금을 뵙기 위해 모이던 일)하러 오지 않았다. 나라 사람들의 불만이 높아갔으나 여왕은 오히려 "나를 비방하는 자를 없애버렸도다. 이제 감히 말하는 자가 없도다"라며 이제 세상이 조용해졌다고 좋아했다. 소목공召穆公[5]이 여왕厲王에게 폭정暴政을 멈출 것을 간언諫言(웃어른이나 임금에게 옳지 못하거나 잘못된 일을 고치도록 하는 말)하였다.

"이는 백성의 언로를 틀어막는 것이옵니다. 백성의 입을 막아버리는 것은 내(川)를 막는 것보다도 더 심한 일입니다. 내를 막았다가 무너지면 반드시 다치는 사람이 많은데, 백성의 입을 막는 경우도 또한 그와 같을 것입니다. 그런 까닭에 내를 다스리는 사람은 물길을 잘 터주고 백성을 다스리는 사람은 그들의 말을 터주는 것입니다."[6]… (중략)… 백성에게 입이 있는 것은, 땅에 산천이 있어 모든 재화가 이 산천에서 나오는 것과 같은 이치이며, 또 땅에 고원, 낮고 웅덩이가 있는 습한 땅, 낮고 평평한 땅, 비옥한 땅이 있어 모든 의식이 여기에서 나오는 것과 같은 이치입니다. 말을 터놓으면 정사 가운데 좋고 나쁜 것이 가려질 것이고, 좋은 일을 행하고 나쁜 일을 방치하면 재화와 의식이 불어나게 될 것입니다. 백성이 생각하고 말하는 것은 자연스럽게 이루어져 유행하는 것이니, 어찌 막을 수가 있겠습니까? 만일 그들의 입을 막아버린다면, 나라가 얼마나 오래갈 수 있겠습니까?"[7]
— 『국어(國語)』 「주어상(周語上)」 소공간여왕지방(召公諫厲王止謗)

이렇게 간곡히 호소했지만 그는 듣지 않았다. 그러자 나라에는 감히 정치에 대해 말하는 자가 없었다. 그러나 3년 뒤에 제후들과 신하들이 반란을 일으켰다. 여왕은 도읍인 호경鎬京(지금의 섬서성 장안)을 벗어나 체彘(지금의 산서성 곽주)로 도망가지 않으면 안 되었다. 이 사건을 역사적으로는 '국인폭

사마천

동국인폭동東國人暴動'이라고 하거니와 이 쿠데타에 의해서 주나라는 최고지도자인 왕이 쫓겨나고 B.C 828년까지 14년 동안 귀족고관들에 의한 통치가 실시된다. 이 사실은 중국에서 천자가 있는 왕실을 중심으로 한 역사가 아니라 각 지역 제후들의 역사를 기록한 첫 번째 역사서인『국어(國語)』「주어 상(周語上)」에 기록돼 있다. 한편 사마천司馬遷(B.C 145 ? ~ B.C 86 ?)[8]이 쓴『사기(史記)』[9]도 같은 사건을 기록했는데, 여기서는 이 국인폭동 후에 주정공周定公과 소목공召穆公이 천자를 대신해 함께 정무政務를 관리하였다고 하며 이를 '공화共和'라고 말한다. 이를 테면 서양의 로마에 300년 앞선 시기에 이미 공화정이 시작된 것이다. 그리고는 14년 후에 쫓겨난 여왕이 죽자 공화정을 이끌던 소목공이 다음 왕인 선왕宣王을 옹립해 왕정이 돌아오게 됨으로서 공화정은 14년의 역사를 마감하게 된다.

흥미로운 것은 동양 역사에서 최초의 반정反正, 즉 쿠데타의 원인이 나라 사람들의 입을 막은 데서 비롯되었다는 점이다. 사람들이 정치에 대해서 잘잘못을 말하는 것을 위력으로 막다가 나라를 잃고 자신도 쫓겨난 것인데, 이처럼 정치지도자는 자신의 잘못을 지적하는 목소리를 억지로 막으면 안된다는 점을 이미 2천 8백여 년 전에 경험으로 전해주고 있다. 그런데도 역대 지도자들은 그러한 사실을 잊고 초기에는 자신의 개혁의지, 나중에는 자신의 힘만을 믿는 정치를 하다가 큰 곤욕을 치르고 있다. 역사를 잘 들여다보면 거기에 모든 해답이 있는데도 말이다.

같은 맥락에서 사람들이 잘 인용하는 것이 국민은 물이고 왕이나 황제는 배라는 비유에서 나온 '수가재주 역가복주'水可載舟, 亦可覆舟란 말이다. 요즘 우리나라 정치인들도 즐겨 이 말을 사용하고 어느 정치인은 신년휘호에 이 구절을 쓰기도 했다. 물은 배를 띄울 수도 있지만 배를 엎을 수도 있다는 말로서 원래는 공자가 한 말[10]이라고 전해지는데 후대 사람들이 즐겨 인용한다. 당唐나라 때 간언을 잘한 육지陸贄(754~805, 당 중기 정치가로 덕종에게 신임을 받음)는 이 말을 풀어서 이렇게 이야기한다.

"배는 곧 군도君道(왕의 길)이고 물은 곧 인심입니다. 배가 물길을 따르면 뜨고 거스르면 가라앉습니다. 주군이 사람의 마음을 얻으면 굳건해지고 잃으면 위태로워집니다. 이 때문에 옛날에 훌륭한 임금聖王은 사람들의 위에 있을 때는 반드시 천하 사람들의 마음을 좇으려고 하였고 감히 천하 사람들을 가지고서 그의 욕심을 좇도록 하지 않았습니다."[11]

－『봉천론연방조신표(奉天論延訪朝臣表)』

중국이든 한국이든 모든 동양의 역사는 모든 지도자는 국민들의 마음을 헤아리고 신하들의 말을 잘 들어야 한다는 가장 평범하고도 확고한 진리의 구체적인 사례모음집에 지나지 않는다. 새로운 정권을 맞이하고 새로운 정치인들을 찾아내고 영입해야 할 중대한 시기, 역사의 곳간에 들어가서 그 구체적인 사례들을 찾아서 이 시대, 앞으로 오는 시대를 비출 지혜의 양식, 지혜의 빛으로 삼는 일은 결코 소홀히 할 수 없다. 더구나 새로 정권을 맡고 싶거나 맡을 사람들에게는 더 그렇다.

중국의 시대 구분

하		B.C 2000~1500	중국사는 요순시대로 불리는 삼황오제의 신화시대에 이어 하·은·주는 역사시대의 출발로 규정됨.
은		B.C 1700~1027	
서주		B.C 1027~771	
동주 (B.C 771~ B.C 256)	춘추시대	B.C 770~476 '춘추오패' 곧 제나라 환공, 진나라 문공, 초나라 장왕, 오나라 왕 합려, 월나라의 왕 구천이 쟁패하던 시대	
	전국시대	B.C 475~221 '전국칠웅' 곧 제, 조, 진, 연, 위, 초, 한의 시대	
진		B.C 221~207 진시황의 천하통일	
전한		B.C 206~AD9 한 유방과 초의 항우 천하통일 전쟁에서 한의 유방이 승리하고 한의 고조가 되어 한나라 성립	
신		A.D 9~24 왕망이 신을 건국	
후한 (동한)		A.D 25~220 광무제 유수가 한왕조를 부활	
삼국시대		A.D 220~280 동한이 망한 후 위, 촉, 오 삼국이 천하를 놓고 쟁패하던 시기	
서진		A.D 265~317 위나라의 신하 사마의의 손자인 사마염이 창건 4대를 이어감	
동진 (A.D317- 420)	오호십육국 (A.D304- 439)	강남지방에서 서진 왕조를 복구한 동진이 건립 화북지방에서 비한족 국가 16개국이 난립	
남북조 시대		한족이 세운 남조와 유목민족이 세운 북조가 대립하다 수나라가 통일할 때까지의 시기를 말한다	
수		A.D 581~617 고구려와 전쟁으로 국력 소모	
당		A.D 618~907 수에 이어 천하통일	
오대십국		A.D 907~960 당의 멸망후 지방군벌 왕조 난립	
북송		A.D 960~1279 조광윤이 송을 세우고 천하통일	
남송 (A.D1127- 1279)	금 (A.D1115- 1234)	여진족의 금나라에게 화북을 빼앗긴 후, 황족 조구 (훗날 고종)가 남쪽으로 옮겨 회화 이남의 땅 임안(현재의 항저우)으로 천도하여 재흥한 정권 남송과 화북을 재패한 여진족 정권 금나라가 대립 동존	
원		A.D 1279~1368 몽골의 쿠발라이칸이 남송을 멸하고 전국 지배 시작	
명		A.D 1368~1644 주원장이 몽골을 물리치고 천하통일	
청		A.D 1644~1911 여진족 국가 명을 정복하고 만주족 누르하치가 청을 건국	
중화민국		A.D 1911~1949 손문의 신해혁명으로 건국	
중화인민공화국		A.D 1949~현재, 모택동이 국민당을 몰아내고 북경에서 공산당 정부수립	

17

1. 사마천의 『사기(史記)』에 나타난 원래 의미는 군주가 없을 때 공경재상(公卿宰相)이 서로 화합하여 행하는 정치로, 근대에 들어서는 전근대적 군주제에 반하여 등장해 복수의 주권자가 통치하는 정치체제를 의미하며, 현대의 공화정은 국가의 주권이 국민에게 있고 국민이 선출한 대표자가 국민을 위한 국정을 집행함을 뜻한다(네이버 백과사전 참조).

2. 진시황이 황제로 즉위하기 전까지 중국의 천자, 곧 천하를 다스리는 사람은 왕이라고 불리었고 그 밑의 제후들은 공(公)이라고 불리었다.

3. 중국 주나라 시대 경(卿), 대부(大夫) 등 사족(士族)을 가리키는 말이다. 주나라는 전국의 땅을 제후들에게 분봉(分封)하여 봉건제도(封建制度)를 실시하고, 혈연에 근거한 종법(宗法) 제도로 천자를 정점으로 하는 지배 질서를 유지하였다. 주나라 왕실의 직할지를 '왕기(王畿)'라 하였고, 제후들에게 분봉한 땅을 '국(國)'이라고 하였다. 제후들은 경, 대부와 다시 봉건 관계를 맺고 있었는데, 이들을 주나라 시대에는 국인이라고 불렀다.

4. 위衛(B.C ? ~ 209)나라는 주나라 무왕(武王)의 동생 강숙(康叔)을 시조로 하는 제후국으로, 여기서는 춘추전국시대 국가이며, 한편 위魏(B.C 220~265) 나라는 후한이 쇠퇴한 후 형성된 삼국시대에 가장 강대했던 나라다.

5. 주나라 왕실의 일족으로서 소(김)란 지금의 섬서와 기산 지역을 식읍(食邑)으로 한 소공(김公)의 후손을 일컫는다.

6. 원문은 "是障之也。防民之口, 甚於防川. 川壅而潰, 傷人必多, 民亦如之。是故為川

者決之使導, 為民者宣之使言."

7. 원문은 "民之有口, 猶土之有山川也, 財用於是乎出 ; 猶其原隰之有衍沃也, 衣食於是乎生. 口之宣言也, 善敗於是乎興.行善而備敗, 其所以阜財用衣食者也. 夫民慮之于心而宣之於口, 成而行之, 胡可壅也 ? 若壅其口, 其與能幾何 ? "

8. 전한시대 역사가이며 중국 최고의 역사가로 일컬어진다. 흉노의 포위 속에서 부득이하게 투항한 이릉 장군을 변호하다 황제인 무제의 분노로 치욕스런 궁형, 즉 생식기를 제거하는 형벌을 받았으나 옥중에서도 저술을 계속해 황제의 신임을 회복하고 환관의 최고직 중서령이 되어 『사기』를 완성했다(네이버 백과사전 참조).

9. 사마천이 상고시대의 황제에서부터 자신이 살던 한나라 무제 태초 년간(B.C 104~101)까지의 중국과 그 주변 민족의 역사를 포괄하여 저술한 통사로, 본기(本紀)12권, 연표(年表)10권, 서(書)8권, 세가(世家)30권, 열전(列傳)70권, 모두 130권에 이른다(네이버 백과사전 참조).

10. 원문은 "孔子曰 夫君者舟也, 人者水也. 水可載舟, 亦可覆舟. 君以此思危, 則可知也."
　　　　　－『후한서 황보규전(後漢書・皇甫規傳)』 주인(注引) 「공자가어(孔子家語)」

11. 원문은 "舟即君道, 水即人情.舟順水之道乃浮, 違則沒 ; 君得人之情乃固, 失則危. 是以古先聖王之居人上也, 必以其欲從天下之心, 而不敢以天下之人從其欲."

제1부 왕의 귀

전하, 귀 기울여 주시옵소서!

이 나라 안에서 울려 퍼지는 온갖 목소리를 밝은 눈으로 거듭 살피시어 들어야 할 목소리가 무엇이며, 적절히 규제해야 할 목소리가 무엇인지 균형을 잡아 주시기를 간하옵나이다. 그리하여 엄형과 위세의 통치로 민심을 잃지 마옵시고 인의 정치로 만인을 행복하고 평화롭게 하시옵소서.

지도자는 마음의 귀를 넓게 열고 폭넓은 아량으로 공직자와 언론, 국민의 목소리를 들어야 한다. 앞서 언급한 주나라 10대 천자 여왕과 소목공, 송나라 여조겸이 발언한 역사를 보는 눈, 한나라 초기 유안이 엮은 회남자에 담긴 교훈, 조선 숙종조 김창협의 간언, 당태종 이세민의 언론정책과 치세, 광해군과 임숙영의 대화, 간신의 목소리를 갈파한 성대중의 경고, 당나라 최고의 명재상 위징의 소통법, 위징이 태종에게 올리고 조선조 충신들이 왕에게 바친 십점소에 담긴 지도자의 도리, 위징 이후 간언의 대가 육지의 간언, 퇴계 이황이 선조에게 올린 올바른 국정 운영 원칙, 인사의 원칙을 제시한 농암 김창협의 명문 사직서, 당태종의 치세와 당 현종의 난세를 결정한 인사정책, 우계 성혼이 논한 인재 등용 법칙과 왕의 포용력, 인재를 귀하게 여기라는 허균의 유재론, 국적과 계층을 넘는 눈과 귀를 연 진시황 시대 외국인 장관 이사의 세계화 전략이 담긴 간축객서, 중원을 제패했던 제나라 환공의 치세를 열어젖힌 관중과 포숙아의 정치철학인 관용과 백성을 부유하게 하는 원칙, 은나라 무정 왕 시대 명재상 부열의 독선 견제론…! 한중 동양사가 생생히 증언하는 태평치세 제1의 법칙, 올바른 소통의 정치가 무엇인지 살펴본다.

네 가지 잘못

제1장

정권이 몸부림을 쳐도 민심을 잃는 이유

• • •

광해군을 옥좌에서 몰아내고 정권 잡기에 혈안이 된 조정이 인조반정에 성공하는 동안 북방에 대한 경계를 느슨히 한 결과 인조와 신하들은 생각지도 못한 변란을 겪는다. 그 틈을 타서 후금이 치고 내려왔고 관군은 전투에서 패하여 나라는 도탄에 빠졌다. 이 때 인조는 민심을 잃고서 외침에 제대로 대처하지 못하게 된 목전의 위기에 당면해 통절한 자기 반성을 한다. 즉 백성에게 실질적인 혜택이 돌아가지 못하여 신의를 잃은 것과 억울한 옥사 등으로 원한이 사무치는 것과 과도한 사대주의로 백성의 물자를 쥐어짠 것, 그리고 군역과 조세를 채우려고 압박적인 제도를 밀어붙인 것을 그때야 깨달았다. 모든 것이 왕의 잘못은 아니지만 결정권자의 파급력이란 그만큼 막대하다는 것은 오늘날도 매한가지다.

두만강 넘어 만주일대에 흩어져 살던 여진족이 누르하치라는 영명한 지도자를 중심으로 떨쳐 일어나 나라를 세우고 이름을 후금後金, 곧 금金, (1115~1234)을 잇는 나라를 선언한 것이 1616년. 후금은 광해군光海君의 적절한 외교정책으로 조선왕국과 큰 마찰이 없이 지냈으나 1623년 반정反正, 즉 군사 구데타로 광해군을 몰아내고 집권한 인조仁祖가 명明나라에 대한 의리를 내세우며 후금에 불리한 정책을 추진하자 배후를 위협하는 조선을 정복하여 후환을 없앨 필요가 있었다. 1627년 1월 3만의 후금의 군대가 압록강을 건너 의주를 공략하고 이어 용천과 선천을 거쳐 청천강 넘었다. 광해군을 몰아내느라 북방에 대한 경계를 풀었던 인조 이하 신하들은 큰일이 났다. 관군은 전투에서 패하고 후금에 대항할 군사가 없었다. 인조는 조선 팔도에 의병을 소집하라는 긴급 지시를 내린다. 인조 5년 1월

24일에 내린 이 지시, 곧 교서教書는 당시의 문장가인 장유張維(1587~1638) 가 작성한 것인데, 당시 몹시 급하고 어려운 상황에서 자신의 정치에 대한 잘못을 통절痛切하게 써내려간다.

"왕은 말하노라. 아, 치란治亂(나라가 잘 다스려지고 잘 안되고 하는 것) 과 흥쇠興衰(흥망성쇠)야말로 나라마다 필연적으로 면할 수 없는 일이 기는 하다. 그러나 그것이 초래된 원인을 따져 보면 임금의 잘못에 기인하지 않은 적이 한 번도 없다. 사변事變이 아직 일어나지 않았을 적에는 나태하게 무사 안일만을 즐기면서 법도를 어그러뜨리고 덕을 잃어, 위에서 분노하고 아래에서 반기叛旗를 드는데도 멍청하게 반성할 줄을 모르다가 결국은 화를 당하고는 훌쩍훌쩍 울지마는 그때는 어찌할 수가 없게 되고 마는 것이다. 내가 옛날 역사를 살펴보면서 이 점을 늘 가슴 아프게 생각해 왔었는데 오늘날 그만 이런 전철을 밟게 될 줄이야 어떻게 생각이나 했겠는가."

인조는 자신이 네 가지의 잘못을 저질러 민심을 잃었기에 외적의 침입으로 나라가 풍전등화風前燈火, 곧 바람 앞의 등불이 되었다고 말한다.

"즉위 초에 백성의 고통에 뜻을 두고 견제蠲除(면제)해 주도록 여러 차례나 명령을 반포했건만 이를 걸맞게 봉행奉行(뜻을 받들어 행함) 하지 못한 나머지 실질적인 혜택이 끝내 돌아가지 못하게 하였으니,

도탄塗炭에 빠져 슬피 부르짖는 자들의 입장에서는 내가 백성을 속였다고 하지 않겠는가. 이것이 바로 내가 민심을 잃게 된 첫 번째 이유이다. 역적과 관련된 사건이 누차 일어나 큰 옥사獄事가 서로 잇따르게 되었는데, 원흉과 괴수야 물론 그 죄로 복주伏誅(사형에 처함)당하는 것이 당연하겠지만, 여러 가지로 연루連累된 자들 가운데 어찌 억울하게 걸려든 자가 없겠는가. 필부 한 사람이라도 원한을 품게 되면 하늘의 화기和氣를 상하게 하기에 충분한데, 더구나 필부 한 사람 정도로 그치는 것이 아닌데야 더 말해 무엇하겠는가. 이것이 바로 내가 민심을 잃게 된 두 번째 이유이다. 세 번째 이유는 공연히 명나라 장수를 지원한다고 군량을 보내니 물자를 보내니 해서 백성들을 피폐하게 한 것이고, 네 번째 이유는 백성 가운데 유랑민이 많아져 세금을 낼 사람들, 군대 보낼 인원이 부족해지자 이를 해결한다고 호패법號牌法(일종의 주민등록법)을 너무 급격하게 강력 시행하다가 사람들의 자유를 속박하고 너무 괴롭힌 것이라고 말한다. 거기에다가 일단 제도를 시행하고 나니 중도에 그만둘 수 없어서 계속하다보니 민심이 완전히 등을 돌리고 떨어져 나갔다는 것이다. 내가 덕이 부족한 사람으로서 불운한 시대를 만나 국가가 장차 패망할 지경에 이르렀으므로 앉아서 보고만 있을 수가 없기에 삼가 하늘의 밝음을 두려워하며 높은 자리에 오르게 되었는데 그 뒤로는 밤이나 낮이나 걱정하고 근심하면서 나라를 보전하고 백성을 편안하게 해줄 방도를 생각해 왔다. 그러나 돌아보건대 나는 사리를 밝히기에 지혜가 부족하고, 인덕仁德이 생령들에게 은택을 내려 주기에 부족하고, 믿음이 사람을 감화시키기에 부족하고, 무덕武德(무인이 갖춘 위엄과 덕망)이 난을 제어하기에 부족하였다. 그리하여 정사를 펴고 일을 계획함에 있어 걸핏하면 도리에 어긋나기 일쑤였고, 부역賦役이 번거롭고 무거워 백성은 고달퍼지고 군사는 피로에 지치게 되었다. 그 결과 갑자년(1624, 인조 2)에 변란變亂(이괄의 난을 뜻함)이 일어나면서 역적이 거꾸로 물어뜯어 묘모廟貌(종묘)가 엎어지고 신기神器(왕위)가 위태롭게 되고 말았는데 그 변란을 초래한 원인을 깊이 생각해 보면 허물이 실로 나에게 있는 것이었다."

정치를 하면서 일어난 일을 다 왕의 책임으로 돌릴 수 있을까? 그것은 아니지만, 크고 작은 결정을 왕의 이름으로 하는 것이기에 결국에는 왕의 책임이라고 할 수 있다. 정치라는 것은 권력을 올바르게 쓰는 것이고, 권력의 방향과 속도를 정해주는 것이라면 한 시대 정치의 성공과 실패는 결과적으로 당시를 다스린 왕에게 묻지 않을 수 없다. 마찬가지로 현대에 와서도 정치의 성공과 실패의 책임은 궁극적으로 대통령에게 있을 수밖에 없다. 그렇게 되니 임기제 대통령이 집권 마지막 해를 맞으면 대통령의 책임론이 급부상하면서 심지어는 자기가 속한 정당을 탈당하는 사례가 우리의 헌정사에 숱하게 있었으며 반복되고 있다.

인조의 네 가지 반성을 보면 결국 정치라는 것은 국민들을 편안하게, 배부르게 하는 일이라고 정의할 수 있다. 그런데 그것으로 가는 길이 어렵다. 올바른 정치의 길은 무엇이고 어떻게 그 길을 가야하는가? 이전에 제왕은 이 문제를 어떻게 생각했고 신하들은 또 어떤 것을 요구했나? 현대에 와서 민심民心이란 말을 많이 한다. 국민들의 마음이라는 뜻일텐데, 국민들의 마음이라는 것은 또 얼마나 어려운 이야기인가?

조선왕조가 정치의 근간으로 삼은 유학儒學에서는 정치의 본질을 의義와 이利, 두 글자로 푼다. 의義와 이利 두 글자로 해서 잘못邪과 올바름正이 나누어지고 국가 정치의 성패가 결정난다. 국민들의 기본적인 마음, 곧 민심은 이利를 추구하는 마음이라고 하겠다. 그러나 나라가 유지되고 튼튼해지려면 의義가 살아야 한다. 그것은 또 천하가 올바로 가는 도道라고 할 수 있다. 이 두 가지가 고르게 균형을 유지한다면 정치는 성공하는 것이고 그렇지 않으면 정치를 실패한다. 대개 현대의 정치사에서 대통령이 임기 말에 물러나거나 당적을 이탈하는 등 수난이 뒤따르는 것도 이것으로 풀 수 있는데, 친인척 비리가 문제가 되는 것은 의義를 제대로 세우지 못했기 때문이며, 백성들이 살림살이에 불만이 많아진 것은 이利가 적절한 선에서 구현되지 못했기 때문이 아니겠는가? 그런데 나라라는 것은, 정조正祖대왕이 아래의 기록에서 한탄한 것처럼, 참으로 복잡하고 정치는 참으로 어렵다

"아, 우리나라 400년의 규모를 유지하고 이끌어 온 것은 실로 사대부의 의리에 힘 입었다. 그런데 오늘날의 시속으로 본다면 유생은 벼슬길을

이익으로 여겨 작문 솜씨로 요행을 맞는 기술로 삼고, 평민은 한가롭게 노는 것으로 이익을 삼아 밭 갈고 길쌈하는 것을 등한한 일로 여긴다. 탐관은 재물을 이익으로 삼아 백성을 학대하는 정치가 많고, 청렴한 관리는 명예를 이익으로 삼아 도리에 어긋나는 명성이 앙등한다. 심지어 조정은 모든 것의 표준이 되어 인솔하는 입장인데 의리와 이익이 더욱 혼잡하며, 선발은 공평하지 못하다는 개탄이 많고 언론은 사사로움을 따르는 폐단이 많다. 강론을 하거나 대책을 논의하는 자리에는 의리를 논하는 것이 양양하게 많지만 식견 있는 이가 곁에서 본다면 천 가지 길과 만 가지 도로가 모두 이익으로 치닫고 한 갈래 의리의 바른길은 거의 잡초에 묻혀 버릴 지경이다."

－『홍재전서(弘齋全書)』권(卷) 48「책문(策文)」1

인심이 발동하는 것은 칼날과 같고 사나운 말과 같아서 제어할 수 없다. 이런 조건 속에서 바른 정치의 길은 무엇이고 방법은 무엇인가? 우리는 동양 5천년의 역사가 곧 정치사라고 한다면 그 속에서 정치의 바른 길을 찾아보고자 한다. 그리고 그 핵심을 추출하려고 한다.

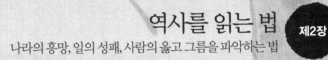

역사를 읽는 법 제2장

나라의 흥망, 일의 성패, 사람의 옳고 그름을 파악하는 법

. . .

주자와 함께 『근사록』을 편찬한 송나라 대표학자 여조겸의 역사 독법은? 숙종 시대 홍문관 수찬 김창협은 여조겸의 역사 읽기를 역사를 공부하는 모범 답안이라고 밝힌다. 역사속으로 들어가 옳고 그름과 시대의 병폐를 보고 현재의 대처 방안을 찾아야 한다. 작은 사건에 매몰되지 말고 한 시대, 나라 전체를 관통하는 역사를 파악하라. 사건의 성패로 시비를 판단치 말고 시대의 실상을 이치와 도리로 판단해야 한다. 역사 기록은 '이치를 아는 일'이며 지도자는 역사를 통해 사사로운 총명에 의지하지 않고 사물의 이치를 궁구하고 근본 도리에 따라 역사의 거울에 오늘을 비춰야 한다.

송나라의 여조겸呂祖謙(1137~1181)은 주자朱子(1130~1200, 주자는 존칭이며 원래
이름은 주희朱熹)와 동시대에 살면서 송나라의 도학, 이른바 성리학을 연구
하고 주자와 함께 『근사록(近思錄)』이란 도학자들의 어록을 함께 편찬
한 대표적인 학자로서 유명하다. 여조겸은 성리학을 연구하는 데 머물
지 않고 역사연구도 많이 했는데, 평소 다음과 같이 주장했다.

"역사서를 읽을 적에 잘 다스려진 것을 보면 잘 다스려졌구나 생각하고
어지러운 역사를 보며 어지러웠구나 라고 생각하는 등, 한 가지 일을 보
고서 한 가지만을 아는 데에 그친다면 역사를 보는 의미가 어디에 있겠
는가? 역사를 읽을 때에는 마치 자신이 그 속에 있는 듯이 여겨, 어떤 일
의 잘 되고 잘못됨, 어느 시대의 병화나 곤란을 보면 반드시 책을 덮고 만

일 자신이 그런 일을 당한다면 어떻게 대처할까 생각해야 한다. 이렇게 역사를 보아야 학문도 진보되고 지식도 높아질 것이고, 그래야만 유익할 것이다."[1]

–『문집(文集)』권(卷) 19「사설(史說)」

송나라의 여조겸. 『근사록』의 저자이며 주자와 동시대 학자.

라고 말했다. 이 말은 역사에서 무엇을 어떻게 볼 것인가를 갈파한 중요한 문장으로 기억되거니와 더 구체적으로는 전체와 부분을 통찰해서 그 의미를 찾아야 한다는 것으로 요약된다. 다시 말하면 작은 사건에 깊이 매몰돼 사건의 의미를 놓치면 안 되며, 한 나라의 한 시대, 한 나라의 역사 전체를 관통하는 성격을 파악하고 그런 큰 흐름 속에서 각각의 역사를 보고 보다 나은 역사를 위한 대책을 찾아야 한다는 말이다.

"역사서를 읽을 때에는 자신의 생각으로 이해해야 좋다. 전국 시대戰國時代(B.C 403년부터 진(秦)이 중국 통일을 달성한 기원전 221년까지)에 진(晉)나라가 셋으로 나누어진 문제2를 놓고 보더라도 이미 당시 천하의 전체적인 성향이 있었고 다시 한 나라의 성향이 있었던 것이니, 이 시대의 역사를 볼 때에도 역시 앞서의 예와 같이 보아야 한다. 대체로 먼저 한 시대 전체의 성향을 안 뒤에 그 속에 들어가서 한 나라 전체의 성향을 보아야 하니, 이 두 가지는 서로 관련이 있기 때문이다. 전체적인 성향을 안 뒤에는 관건이 되는 요소를 보아야 한다. 나라의 흥망, 일의 성패, 사람의 사정邪正(간사하거나 올바름)은 작은 단초나 싹에서 그 원인을 찾아볼 수 있는 바, 이를 관건이 되는 요소라고 한다. 역사를 읽을 적에 성패를 가지고 옳고 그름을 판단해도 안 되고 경솔히 의견을 세워 의견을 함부로 내어서도 안 된다. 반드시 이치로서 판단하고 그 속에 들어가서 마음을 평온하게 가지고 자주 보면서 이것저것 참고도 하고 숙련을 거친 다음에서야 시사時事(세상 돌아가는 일)의 실상을 잘 식별해 낼 수 있다."3

– 같은 책 (상동)

조선 후기 숙종肅宗(1674년 ~ 1720년)때 숙종의 총애를 받던 소의昭儀 장씨가 아들을 낳자 숙종은 이 아들을 원자로 삼고 소의를 희빈禧嬪4으로 승격시켰는데, 송시열宋時烈 (1607~1689)을 대표로 하는 서인 세력이 이를 극력 반대하자 숙종은 당시 정권의 우두머리인 송시열을 유배 보내 사사賜死케 하였다. 이로 인해 정치의 중심은 서인 세력에서 남인 세력으로 일시 이동한다(기사환국(己巳換局), 숙종 15년인 1689년).

이 사건으로 당대의 대학자 송시열이 몰락한 것과 동시에 그를 떠받치던 서인 김수흥金壽興(1626~1690)과 김수항金壽恒(1629~1689) 형제가 파직되어 유배를 당해 사사되는 비극을 맞는다. 김수항의 아들 김창협金昌協(1651~1708)은 대사성을 지내는 등 일찍 관계에서 이름을 날렸으나 이 기사환국으로 아버지 수항이 사사된 뒤에는 일체 관직을 사양하고 시골에 은거하면서 문학과 유학에 정진해 우리나라뿐 아니라 중국에도 이름을 날렸다. 그러한 김창협이 일찍이 30살, 곧 1681년(숙종 7년) 홍문관 수찬5으로 있을 때 임금인 숙종에게 경연에서 역사를 읽는 방법에 대해서 논한다.

"신들이 살펴보건대 역사서를 읽는 방법에 대해 과거의 학자들이 논한 것이 많지만 여조겸의 말처럼 자세한 것은 없습니다. 경서는 이치를 논하고 역사서는 사건을 기록한 것이니, 배우는 사람은 공부할 적에 경서經書(사서오경 등 유교의 근본경전)를 근본으로 삼고 역사서는 말단으로 삼아야 합니다. 그러나 일이 이치 밖에 있지 아니하고 이치가 일 밖에 있지 아니하니, 그렇다면 역사서에 기록된 것도 모두 이치가 아닌 것이 없습니다. 비록 이롭고 해로움, 옳고 그름, 다스려지고 어지러움, 흥하고 망한 기록이 수천만 가지라서 궁구하기 쉽지 않을 듯 하지만 사건에 따라 그 이치를 연구해 보면 모두 다 그렇게 된 까닭이 있으며 모두 다 대처하는 방도가 있으니, 만일 잘 보고 터득하는 것이 있으면 사물의 이치를 궁리하여 도리에 밝아지는 공부가 어찌 이 밖에 더 있겠습니까. 만약 그렇게 하지 않고 한갓 섭렵하여 기억하고 읽을 뿐이라면 이치를 알거나 마음에 터득하는 것이 없을 뿐만 아니라, 사사로이 총명을 발휘하여 지식이나 넓히고 올바른 의지를 잃어 실제적인 공부를 해치는 수단이 되고 말 뿐입니다. 이 또한 경계해야 할 것입니다."6

- 『농암집(農巖集)』권지십(卷之十) 「강의(講義)」 옥당고사부(玉堂故事附)

경연강의(經筵講義)

과거에 기록된 역사를 제대로 보는 것은 이렇게 어렵다. 우리가 살고 있는 이 시대를 바로 보기는 더 어렵다. 그러나 정신을 차리고 곰곰이 생각해보면 이 시대의 역사라고 보이지 않을 턱이 없다. 멀리 중국의 상고시대만을 찾아갈 필요는 없다. 가까운 최근세사에서도 역사의 교

숙종조 서인의 거두 우암 송시열.
ⓒ국립중앙박물관 (허가번호 중박 201202-1179)

훈은 비일비재하다. 왜 조선이라는 왕국이 문명의 발전에서 뒤쳐져 다른 나라의 식민지가 되고 많은 사람들이 고통을 받아야 했던가? 왜 이 땅에는 북에서부터 남으로의 전쟁이 일어났고, 왜 북이 전쟁의 유혹을 받았을까? 우리나라가 좌와 우로 갈리어 아직도 이념전쟁을 하고 있는 이유는 무엇인가? 아주 최근으로 보면 일본이 문명의 정점에서 후퇴하고 한국과 중국이 그 뒤를 추격하고 있는 상황은 어떻게 해서 오는 것인가? 그 기미를 우리가 파악하지 않으면 역사의 가르침을 받을 수 없다.

그렇지만 보다 더 쉽게 이 시대를 읽는 방법은 역시 지나간 수많은 기록

속에서 이 시대의 현상을 미리 전해주는 공간을 찾아 들어가서 역사적인 사례들을 보고 그것으로서 오늘을 비추는 것이다. 우리가 역사를 공부하는 것이 오늘과 내일을 위한 것이라면 무작정 아무 곳간이나 들어간다고 역사가 보이지는 않는다. 어두운 창고라면 햇살이 필요하며, 만약 물체를 비추어보려면 거울이 필요한 것이다.

먹줄과 나무

중국사 최고의 태평성대를 연 당태종까지도 망하게 한 것은?

제3장

• • •

중국 최고의 태평성대 '정관의 치'를 연 당태종 이세민의 비결은 무엇인가?
반면 광해군의 한계는 무엇인가? 인심이 극악하여 나를 헐뜯고 욕하는 경박한 무
리들이 폐단을 일으킨 것인가? 간신이 '소통'을 이용해 바른 이들을 해치기도 하
는 현실 속에서 리더의 필수 조건, 목소리를 바로 듣는 법과 지나침에 대처하는
지혜를 역사는 가르쳐 준다.

우리가 무슨 얘기를 하려할 때에 중국의 고사성어나 서양의 속담을 인용하면 더 근사해보이고, 실제로도 더 근사하게 생각하는 경향이 있다. 우리말로 하면 너무 빤해서 금방 실력이 들통이 난다고 생각하기 때문인가? 아무튼 그러다 보니 꼭 어디어디 무슨 고사를 인용해야만 된다고 하는 강박관념이 글을 쓰는 사람들에게는 있다. 그렇더라고 해도 글의 성격 상 꼭 필요할 때는 할 수밖에 없는 것도 현실이자 글을 쓰는 사람들의 딜레마가 아니겠는가? '목종승정'木從繩正이란 말이 그런 사례 중의 하나이다. 원래의 뜻은 "나무木는 승繩에 따라가면 바르게 된다"는 것인데 승繩은 먹줄(나무를 곧게 자르기 위해 먹으로 곧게 치는 줄)이니까 "굽은 나무라 할지라도 먹줄을 친 대로 켜면 곧바른 재목을 얻을 수 있다"는 뜻이다. 곧 "임금이 신하의 곧은 말을 잘 들으면 올바른 정치를 할 수 있다"는 의미이다.

이 말은 당唐나라 태종太宗(599~649)시대에 나왔다. 당태종 이세민李世民은 신하들이 간하는 것을 적극 수용할 뿐 아니라 신하들에게 적극적으로 요구한 현군이었다. 태종은 "내가 비록 밝지가 못하지만 여러분들이 바로잡아 주어야 좋은 정치를 행할 수 있다. 바라건대 직언直言과 기개 있는 의론에 의해 천하를 태평하게 하고자 한다."고 했다. 이 말을 듣고 간의대부諫議大夫[7] 왕규(王珪)가 이르기를,

"신이 듣건대 나무는 먹줄을 따르면 곧아지고 군주는 간언에 따르면 밝아진다(木從繩則正 君從諫則聖)고 합니다."[8] 라고 회답했다. 태종은 왕규의 말을 옳다고 여기고 조칙詔勅(황제의 명령)을 발하여 국가의 정책을 논의할 때 반드시 간관諫官[9]을 배석하여 의견을 개진하도록 제도화했다. 간관을 배석하도록 한 것은 정책의 비평, 비판가를 함께 두어 정책의 타당성을 검토시킨다는 뜻이며, 그것은 곧 언론의 활성화다. 그것이 당나라 최고의 태평성대인 '정관貞觀의 치治'[10]를 연 비결이었다. 목종승정이란 말이 여기에서 나왔다.

그러나 신하가 임금에게 간하는 일은 결코 쉽지가 않다. 실제로 간하다가 왕에게 죽음을 당한 간관은 수를 헤아리기 어렵다. 죽음을 면한다고 해도 온갖 수난을 당한다. 조선조 중기 선조가 죽고 광해군이 왕으로 올라서자 젊은 청년들에게서 나라를 다스리는 경륜을 듣고 싶어했다. 그래서 과거 시험에 문제를 이렇게 낸다.

"어리석고 사리판단도 할 줄 모르는 내가 나라의 대업을 이어받긴 했지

만 나는 지혜도 모자라고 현명하지도 않다. 깊은 못과 살얼음을 건너야 하는 데 건너갈 방법을 모르듯, 지금 당장 해야할 일이 무엇인지 모르겠다. 무엇보다도 지금 당장 시급하게 인재를 불러모아 나랏일을 해결해야 하는데, 선비들은 의견이 달라 서로의 차이를 조정할 길이 없고, 서로 마음을 다해 공경과 화합을 이루려는 미덕도 찾아볼 수 없다. 그대들은 모두 뛰어난 인재들이다. 필시 마음 속에 북받쳐 오르는

중국사 5천년을 통틀어 가장 위대한 왕으로 손꼽히는 당태종 이세민.

뜻을 품고 있었을 테니, 저마다 자기 생각을 다 표현해 보라. 내가 직접 살펴보겠다."

이에 대해 글을 잘하는 임숙영任叔英(1576~1623)이 답안을 냈다.

"오직 어진 신하만이 바르게 간언을 할 수 있고, 현명한 임금만이 간언을 받아들일 수 있습니다. 이런 도리를 지켜야만 군주와 신하가 허심탄회하게 정치를 논의할 수 있습니다. 더욱이 나라에서 언관을 둔 것은 충심으로 간언할 수 있는 길을 마련하기 위한 것입니다. 그런데 근래에 몇몇 언관이 간언한 일로 죄를 받았으니, 이는 결국 전하께서 언관을 둔 까닭이

그들의 말을 받아들이고자 해서가 아니라, 오히려 그들에게 죄를 짓게 하려고 한 것이 되고 말았습니다. 임금의 허물을 바로잡으려다가 도리어 임금에게 죄를 받았으니, 이 때문에 위로 조정에서부터 아래로 초야에 이르기까지 모두가 말하는 것을 조심하게 되었습니다."

－『조선왕조실록』「광해군일기」3년 신해 (1611) 3월17일

당시 정부가 사람을 쓰는 인사가 왕비, 곧 왕의 처가에 의해 좌지우지 되고 있는데 이를 비판한 언관들이 벌을 받은 일에 대해서 강력히 항의한 것이다. 이 답안을 본 모든 시험관들이 일등으로 뽑아 올렸다. 그런데 최종 결재자인 광해군은 수석이 아니라 합격자체도 인정할 수 없다며 합격을 취소하라고 명령한다. 광해군이 합격을 취소하라고 요구한 말이『조선왕조실록(朝鮮王朝實錄)』11에 이렇게 실려 있다.

"과거시험에서의 응제문應製文(답안지)은 정해진 법식이 있으니, 옛날 사람들은 아무리 과격하고 곧은 말이라도 모두 질문한 제목에 나아가서 도리와 욕심, 공과 사를 논했을 뿐이었다. 그런데 요사이 인심이 극악하여 오직 임금을 헐뜯고 욕하는 것을 능사로 여기고 있으니, 너무나 무리하다. 내가 응시자 임숙영의 응제문을 보니, 그 답이 질문에 대한 것이 아니고 별도로 제목을 벗어나 방자하고 거리낌 없이 패악한 말을 하였다. 그런데 또 시관이 합격시켰으니 숙영의 임금이 된 자는 너무도 괴롭지 않겠는가. 그가 만약 하고 싶은 말이 있어서 상소를 하여 극구

말하였다면 그래도 괜찮지만 과거장에서 감히 제목을 벗어나 글을 지어 온갖 말로 비방하였다. 만약 이 글을 합격시킨다면 말세의 경박한 무리들이 반드시 앞을 다투어 군상을 욕하는 글을 미리 지어서 시관의 눈을 현혹하여 합격하는 수단으로 삼을 것이니, 그 폐단은 앞으로 바로잡기 어려울 것이다. 임숙영을 방목에서 삭제하도록 하라. 내가 안질로 그 즉시 살펴보지 못했기 때문에 지금에야 말하는 것이니, 이러한 뜻을 해조에 이르라."

–『조선왕조실록』「광해군일기」3년 신해 (1611) 3월17일

이에 대해서 대신들이 간곡한 만류를 하는 바람에 무려 넉 달이나 지난 후에 거우 꼴찌로 합격허가를 받기는 받는다. 이런 경우는 그나마 다행한 케이스라 하겠고 목숨을 잃은 사례는 부지기수였다.

옛날 왕들은 왜 간관을 두었을까?

조선시대 정치 권력은 일차적으로 왕권과 신하의 권력의 대립으로 이해된다. 신하는 왕권을 견제하려 했고 왕은 신권을 견제했다. 권부 내부의 상호견제에서 가장 큰 역할을 했던 것은 대간, 곧 사헌부의 대관臺官과 사간원의 간관諫官이었다. 대관은 관료들의 부정부패를 척결하는 역할을 했으며, 간관은 국왕의 잘잘못을 논박함으로서 국왕의 전제를 앞장서서 저지하는 노릇을 했다. 시간이 흐르면서 대관은 간관의 영역인 국왕에 대한 간쟁의 임무를 함께 수행했고, 간관 또한 대관의 영역인 고위관료에 대한

탄핵을 자기 할 일 속에 포함시킴으로서 그 구별이 흐려졌다. 어찌됐든 이들은 양반 지배층의 여론을 대변하는 언관, 곧 오늘날의 감사원과 언론이었다. 왕은 싫든 좋든 이 대간이란 언론을 통해 관료와 스스로의 직분을 점검했기에 대간은 군주의 눈과 귀라고 불렸다. 조선시대 여론정치의 주역이었던 것이다. 때문에 이들은 직책은 낮았지만, 권위와 위신이 다른 어느 관리보다 높았고 또 왕 앞에서 목숨을 걸고 직언을 해야 했기 때문에, 학식이 높고 청렴하며 강직한 사람이어야 했다.

조선 정조의 치세 때 학자였던
청성 성대중

그러기에 대간들이 왕에게 올바른 소리를 하다가 견제를 당하게 되면 신하들이 모두 들고 일어나 적극 변호했다. 그러나 그러다 보니 대간들의 목소리가 너무 커지게 됐다. 조선조 중기 이후 당쟁이 격화되면서 왕이나 벼슬아치에 대한 반대와 탄핵이 너무 잦아지고 상대 당파를 공격해 정권을 획득하고 유지하는 도구로 악용됐다. 이처럼 대간의 폐해가 극심해지자 영조는 대간 임명권을 쥔 이조전랑吏曹銓郞(요즈음으로 말하면 총무처 인사국장)의 권한을 유명무실화시키고 대간의 언론권을 무력화했다. 그러나 이 조처는 정조 이후 세도정치를 낳고 급기야는 망국의 길로 치달았음을 우리들은 안다. 신하의 목소리를 듣지 않아도 문제지만 또 목소리가 너무 크고 자주 나오는 것도 문제이다. 흔히 조선왕조의 역사는 임금의 권력과 신하의 권력이 서로 주도권을 잡기 위해 싸운 역사라고 보는 견해가 많은데, 그런 점에서 본다면 조선왕조의 역사, 조선의 정치사는 왕과 간관들의 대립과 합의의 역사라고 하지 않을 수 없다. 말하자면 현대의 여론정치가 죽 계속돼 왔다고 할 수 있다. 그러므로 신하의 목소리를 바로 듣는 방법, 지나친 목소리에 대처하는 방법과 지혜, 이런 것들이 지도자에게는 필수적이다. 그런 과제가 현대에도 내려와서, 일국의 지도자가 되거나 지도자를 모시는 사람들은 이런 사례를 더 철저히 연구하고 앞으로 발생하는 사례도 그 바탕위에서 해결책을 찾는 일이 중요하다고 하겠다.

조선조 정조 때 문신이며 학자인 성대중成大中(1732~1812, 호는 청성)은 그의 문집『청성잡기(靑城雜記)』에서 간관의 폐해를 이렇게 걱정한다.

> "대간臺諫은 권세 있는 간신을 제어하기 위해 설치한 것이다. 그러나 권세 있는 간신들이 어질고 바른 이를 해칠 때에도 역시 대간의 손을 빌리지 않았던가. 이는 군대를 이용해서 난리를 평정하지만 난리 역시 군대로 인해 일어나는 것과 같다. 그러므로 치세에는 대간이 국가의 귀와 눈이 되지만 난세에는 권세 있는 간신의 발톱과 이빨이 되어 나라에 화를 입히니, 이들을 어떻게 다루느냐에 달려 있을 뿐이다."12
>
> –『청성잡기(靑城雜記)』「성언 (醒言)」

이처럼 언론은 항상 당파에 따라, 생각과 이념의 차이에 따라 지나친 목소

광해군 이혼. 임진왜란 시 국가의 안위를 도모하고 대동법과 실리외교를 행하는 등 업적을 남겼으나 쿠데타(인조반정)로 폐위되어 유배지에서 죽었다.

리로 득得보다는 실失이 많은 때도 왕왕 있었다. 더구나 현대로 넘어와서는 언론 때문에 정치 못하겠다는 말이 나올 정도로 언론의 극성과 극렬함에 불만이 높은 것도 사실이다. 이 때문에 언론환경을 자신에게 유리하게 만들고 싶은 것이 모든 현대 우리나라 지도자들의 한결 같은 희망이었고 그러다 보니 자신의 통치이념을 잘 이해하고 맞추어갈 사람이 언론의 수장이 되어야 한다는 생각을 갖게 된다. 그리고 때때로는 입을 막고 싶은 유혹을 느끼게 된다. 그러나 여기서 다시 신문이 없는 정부보다 정부가 없는 신문을 택하겠노라는 토마스 제퍼슨의 말[13]을 인용할 필요도 없이, 언론의 지나친 주장이 우려되기는 하지만, 언론의 정당한 비판이 없을 경우에 생기는 문제에 비하면 아무 것도 아니므로 언론에 재갈을 물리고 싶은 유혹에 넘어가지 않도록 자제력을 발휘하지 않으면 안 된다.

먹줄이 없다면

사방이 막힌 내부 언론, 국민의 분노 일으키는 정책 생산

제4장

· · ·

응제문(과거시험 답안지)를 통해 광해군 정비 유씨 일가의 횡포를 지적한 임숙영은 수석으로 꼽혔으나 최종 결재자 광해군의 분노로 말석으로 합격한다.『조선왕조실록』의 기록자는 이 사건을 '국가의 망함이 여기에 있다. 직언을 하고 해를 당하지 않은 사람이 없으니 위기가 조석에 닥쳐도 말할 사람이 없다'는 준엄한 평가를 내린다. 광해군은 점차 직언을 겁박하게 되었으며 간신이 들끓어 비참한 최후를 맞았다. 조선왕조 역사는 국민과 공직자의 입막음보다 자유로운 생각을 발하게 하여 정권의 오류를 줄이도록 해야 함을 수없이 증명하고 있다. 국민의 목소리가 지도자를 이끄는 먹줄이며, 먹줄을 끊지 말라는 역사의 요구다.

시대가 바뀌어 현대로 오면서 과거 대간의 역할은 오늘날 언론이 수행하고 있다. 입법, 행정, 사법이 서로 정립해 권력의 남용을 견제하는 가운데, 제4부라 불리는 언론이 외곽에서 권력의 일거수일투족을 살피며 권력집중이 낳을 부정과 부패를 방지하도록 하고 있다. 그 가운데 가장 큰 언론의 관심은 역시 대통령이다. 과거 왕과는 비교할 수 없겠지만 현대의 대통령이란 자리도 상당히 많은 권력을 가지고 있으면서 그 권력의 행사가 곧 국가의 진로나 국민들의 신상에까지 영향을 주기 때문이다.

앞서 소개했던 칼칼한 논객 임숙영은 광해군에게 왕비 유씨의 전횡에 대해 이렇게 비판했다.[14]

"후비의 친척이나 후궁의 족속은 은택을 희망하고 녹리를 열심히 구하느라 밖으로는 임금의 외척이라는 이름을 빙자하여 그 위세를 떨치고 안으로는 궁궐의 세력을 끼고 자기들의 욕심을 채우는가 하면, 벼슬자리에 임명할 사람을 물색하는 사이에 어느새 일을 꾸미고 먼저 임명하는 등 분주하게 해서 세상 사람들로 하여금 구실거리를 삼게 하였습니다. 그리하여 임명 단자가 내려지기도 전에 먼저 물색하여 임명대상을 하나하나 세면서 말하기를 '아무개는 중전의 친척이고 아무개는 후궁의 족속이다. 지금 아무 관직이 비었으니, 반드시 아무개가 될 것이고, 아무 읍에 수령이 비었으니 반드시 아무개가 될 것이다'고 하는데, 임명 단자가 내려짐에 이르러서는 그 말과 부합되지 않는 적이 드뭅니다. 그럼에도 불구하고 인사 담당부서銓曹가 금하지 못하며 대간이 논쟁하지 못하니, 이 때문에 공도公道가 행해지지 않는 것입니다. 국가가 존재하는 것은 반드시 뽑지 못할 중심 세력이 있기 때문입니다. 인심을 두텁게 매고 풍속을 굳건하게 세워 꺾어도 꺾이지 않고 흔들어도 흔들리지 않아야만 비록 내란이 일어나더라도 방지하여 승리하지 못함이 없으며, 비록 외적의 침입이 있더라도 막아서 이기지 못함이 없는 것입니다. 지금은 그렇지 않은 점이 있어서 백성은 나라에 의지하고 있으면서도 뜻을 위에 통하지 못하고, 나라는 백성을 보호하고 있으면서도 은택을 아래에 입히지 못합니다. 게다가 관직을 맡은 사람은 조그맣게 이루어지는 효과를 즐겨서 깊고 먼 염려를 잊으며, 일을 맡은 사람은 한 때의 이익에 얽매어 장구한 계획에 소홀하니, 위에서 직분을 태만히 하여 아랫사람들이 생업을 잃고, 위에서 은혜가 적어 아랫

사람들이 노여움을 품고 있습니다. 이로 말미암아 전하가 계신 이 나라가 혼란해지기도 전에 벌써 먼저 위태로우니, 이는 마치 나무가 속이 썩고 집이 안에서 무너지는 것과 같아서 비록 겉모양은 변함이 없으나 당장에 쓰러지고 무너지게 될 것입니다. 그러므로 이야말로 군신과 상하가 경계하고 면강하여 천명을 맞이하여야 할 시기입니다만 이것은 힘쓰지 않고 한갓 겉치레만 일삼아 마치 태평 시대처럼 여기고 있습니다. 이것은 다만 전쟁이 사방의 국경 안에서 터지지 않았다 뿐이지 어찌 이러한 상태를 편안하게 여길 수 있겠습니까.”

–『조선왕조실록』「광해군일기」3년 신해 (1611) 3월 17일

광해군이 이 글을 보고 노발대발하여 합격을 취소하도록 요구했지만 시험관 중의 한 명인 심희수沈喜壽(1458-1622)가 왕의 명령에 버티어 결국 말석으로나마 합격이 됐는데, 이 사건을 두고 왕조실록을 담당한 사관史官은 이렇게 실록에 준엄한 평가를 남긴다.

“사신은 논한다. 국가가 망함이 바로 여기에 있지 않은가. 충직하고 곧은 말을 비방이라고 하여 도리어 엄중히 책망하고 삭제의 벌을 내렸으니, 위태롭고 망하는 화란禍亂이 조석朝夕에 닥치더라도 누가 말을 하여 자기 몸을 위태롭게 하겠는가. 이와 같이 하고서 망하지 않는 자는 드무니 통탄을 금할 수 있겠는가”

–같은 책 (상동)

이 사건이 일어난 것이 광해군 3년인 만큼 집권 초기의 광해군은 그나마 임숙영을 떨어뜨리지 않고 합격을 유지시켜 줄 정도로 신하들의 말에 마음이 열려 있었으나 곧이어 곧은 신하가 없어지고 간신들이 들끓어서 결국 쫓겨나는 비극을 당하게 되었다. 광해군 때의 처가 유씨의 문제처럼 현대의 대한민국에서는 항상 역대로 대통령 친인척 문제가 불거졌다. 대통령 측은 어떻게든 이를 조용히 수습하려고 하지만 비리는 계속되고 결국에는 임기 끝에 다들 이 문제 때문에 벼랑 끝에 몰린다. 그런데 관련 공무원들이 일찍부터 문제가 되는 사안들을 공개하고 적극적으로 시정노력을 했다면 대통령이 말년에 국민들에게 사과하는 일이 없었을 것이고 대통령의 임기 동안에도 국민들의 신뢰를 계속 받았을 것이다.

몇 년 전 몇몇 언론에 기고나 인터뷰를 한 고위 공무원들이 대통령의 홍보책임자로부터 감사보고서나 경위보고서를 내도록 요구받았고 예정된 회견이나 기고를 잇달아 취소한다는 소식이 들렸다. 이같은 조치는 고위직 공무원들에게 앞으로 문제가 되는 언론에 대해서는 기고를 말든지 공무원을 그만 두든지 둘 중에 하나를 택하라는 것에 다름 아니었다.

현대에 와서 역대 정부가 가장 힘들어하는 것은 신문과의 관계였다. 지난 정부에서는 신문시장의 60%이상을 과점하고 있는 3대 신문과의 대립관계가 특히 문제가 됐다. 김대중 정부(국민의 정부)때에는 보수성향의 노선이 비슷했으므로 그렇게까지 정부에 대해 비판의 각도를 세우지 않았지만 노무현 정부(참여 정부)에 들어서서는 개혁과 사회평준화를 추구하는 정부의 노선과 비교적 보수성향이 강한 3대 신문과의 노선이 다른 탓에 대립의 강도가 과거에 비교할 수 없을 정도로 강했다.

정권과 언론과의 싸움의 절정은 2001년에 있었던 동아일보에 대한 세무조사였다. 2001년 당시 반DJ 선봉에 섰던 동아일보가 DJ에게 누가 봐도 정치적 보복이라고 하지 않을 수 없는 세무조사를 당해 회장의 자택까지 압수수색을 당하는 과정에서 김병관 회장 부인인 안경희씨가 투신자살을 한 사건은 정권과 언론의 치열한 대립의 정점이었다. 회장 부인의 장례식이 끝나자마자 동아일보의 김회장이 구속된 데서 보듯 정권과 언론의 싸움은 피차 목숨을 건 싸움이었다. 자연히 언론사들은 친 정권으로 갈 것인가 반 정권으로 갈 것인가를 결정하지 않으면 안 될 정도로 당시 언론은 심각한 상황을 맞았다. 김대중 정권을 이어 받은 노무현 정권에서도 이러한 언론과의 싸움은 치열했고, 조중동으로 표현되는 보수적 언론들은 물론 진보적인 언론들까지도 청와대로 부터 강도 높은 비판을 받아야 했다. 그런 과정이 확대되면서 언론매체에 대한 단속을 넘어서서 관련 공무원들이 언론에 기고나 인터뷰 하는 것을 통제하는 데까지 이르게 된 것이다. 이명박 정부로 넘어와서는 이들 3대 보수적인 신문들이 정부와 노선을 같이함으로 해서 상대적으로 개혁성향의 신문들과의 관계가 문제가 되었고 정부와 언론의 거리가 많이 좁혀지자 이번에는 기존의 신문이나 방송을 벗어난 새로운 뉴미디어 매체들에 의해 여론이 흔들리는 시대가 된다.

어떤 상황이 되든 해당 언론사가 정부로 부터 정치적인 이유로 통제나 간섭을 받고 공무원들이 해당 신문들과 일체의 인터뷰나 기고를 못하도록 경위서를 받는 등의 통제를 받는 것은 해당 언론에 대한 통제로 끝나는 것이 아니라 공무원들의 필요한 의사 발표까지 막는 역할을 하게 된다. 해당 공무원들의 입을 막는 것은 곧 정부 내부 언로까지도 차단하는 것이 된다. 그런 입을 막는 것은 과거 정부에서는 눈에 보이게 했다면 현 정부에서는 눈에 보이지 않게 진행된 측면이 있다고 하겠지만 어떤 식으로든 언론과 공무원들의 입을 막게 되면 그만큼 국정이 잘못 갈 소지가 많아진다는 데서 이러한 언론 통제, 언론 억압을 그냥 지나쳐 볼 수가 없다. 언로라는 것은 외부의 언론기관에 의한 것도 있지만 내부의 공무원들 사이에서도 언로가 있는 것이고, 그러한 언로는 여러 가지 경로로 표출되고 있다. 정책을 세우고 집행하는 공무원들로서는 국민들에게 그들의 정책에 대해 자세히 설명해 주는 것이 중요하고 그러기 위해서는 영향력이 큰 언론을 활용하는 것이 효과적이다. 언론을 통해 정책을 설명하는 과정에서 정부 내의 인사들도 정책에 대해 더 많은 이해를 하게 되고 그렇게 되면 다른 부서의 정책수립에도 도움이 된다. 그러한 설명을 막는다면 정부가 세운 정책은 국민들의 이해나 동의를 생략한 채 일방적으로 추진될 우려가 커지고 그만큼 정책 집행의 효율성이 떨어질 수밖에 없다. 그런 조직에서는 내부적인 언로가 닫히는 결과가 된다. 그런 조직에서 만들어지고 집행되는 정책은 문제가 생길 소지가 크다.

오늘날의 언론을 옛날의 간관들의 역할과 비교할 수는 없다. 옛날의 간관들은 공무원이었고 국왕에 목이 매어 있었으므로 함부로 말을 할 수 없고 무슨 말을 하려면 항상 목숨을 내걸고 해야 했다. 오늘날의 언론들은 설혹 정부나 대통령을 비판한다고 해도 옛날처럼 직접적인 제재를 받지 않으므로 그만큼 자유로울 수 있다. 그러다 보니 때로는 무책임한 보도도 나오는 것이지만, 지나치게 악의적인 보도에 대해서는 이미 여러 가지 대응방법이 마련되어 있고 잘못을 제재할 방법도 있지 않은가? 언론에 대한 것도 그럴진대, 그 언론에 해당 공무원들이 인터뷰나 기고하는 것까지를 시비하고 문제를 삼으면 결국 모든 공무원들의 입을 닫으라는 것이나 다름없다. 그것은 먹줄에 따라 곧은 나무가 되어야 하는 대통령이 곧아질 수 있는 기회를 막는 결과로 이어질 것이다.

비판에는 항상 귀가 아프고 속이 쓰리다. 그러다 보니 우리는 대통령 주변의 사람들이 지나친 대응으로 문제를 일으킨 경우를 지난 정권에서 자주 보아왔다. 어떤 때에는 대통령 자신이 나선 경우도 있었다. 정권을 맡은 측에서는 부당한 비판에 대해 입을 다물고 있을 수만은 없다는 생각이겠지만 이런 저런 이유로 입을 단속하다 보면 결국은 잘못되는 정치를 바로 잡을 계기를 놓치게 된다. 그것은 꼭 행정부만의 문제가 아니라 사법부도 마찬가지다. 사법부가 판결을 내릴 시점을 놓치거나 국민들의 보편적인 법 감정과 대치되는 판결로 그 권위를 의심받는 경우를 우리는 최근에 보지 않았던가?

정부든 누구든 부당한 비판에도 무심해야 한다고는 아무도 말할 수 없다. 그러나 언론에 대한 간섭이나 대응은 큰 그림에서 올바른 대응이 되어야 한다. 큰 그림에서 맞는 목소리라면 누가 기꺼이 받아들이지 않겠는가? 정부의 대응이나 홍보정책이 작은 가지에 머물러 있어서는 안 된다는 것이다. 그러니 이제는 공무원이든 시민이든 그들의 입을 막을 생각보다는 그들이 입을 열어서 그들의 생각을 올바른 방향과 시각에서 자유롭게 말할 수 있고 그것을 통해 사회의 오류를 애초부터 바로 세워나가는 방식으로 나가야 할 것이다. 옛 신하들의 입만이 아니라 이제는 국민들의 입과 목소리도 지도자를 바로 이끌어주는 먹줄이다. 먹줄이 계속 탱탱하게, 곧바르게 쳐줄 수 있도록 먹줄의 먹을 충분히 입히고 먹줄이 끊어지지 않도록 해주어야 할 일이다.

때늦은 후회

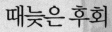

제5장

'그가 있었더라면!' 다른 목소리가 나올 수 없는 조직은 망한다

· · ·

5천년 중국사를 통틀어 가장 뛰어난 제왕으로 평가되는 당태종의 뒤에는 잘못을

진언하는 명재상 위징이 있었기에 찬연한 문화를 꽃피운 황금기가 열렸다. 위징은

태종에게 준엄했으며 정면으로 비판했으나 태종은 귀를 열고 200차례가 넘도록

위징의 간언을 수용하여 잘못을 바로 잡았다. 정치의 교과서, 『정관정요』는 당태종

과 위징의 대화록이라 일컬어질 정도다. 그러나 위징은 먼저 세상을 뜨고 '태종의

거울'은 깨어진다. 괴롭히는 신하가 없어진 태종은 노재상이 목숨 걸고 반대하는

고구려 전쟁을 일으키고 연개소문에게 대패하여 나라가 흔들리자, 권력은 측천무

후에게 넘어가고 당나라는 그 화려한 막을 내리고 망국의 길로 접어들었다.

5천년 중국 역사에서 가장 뛰어난 지도자로 평가받는 당태종, 그는 사방을 정복해 중국의 영역을 확장했으며, 그의 치세는 그 이후 중국의 역사와 문화에 막대한 영향을 미쳤다. 학문을 애호했던 태종은 직접 역사책도 편찬했고, 서예에도 뛰어나 비석에 새겨진 그의 글씨는 천년 이상이나 각급 학교에서 본받을 만한 서체 중의 하나로 여겨져 왔다. 중국의 8세기에 해당하는 당나라 중기는 중국사상 가장 찬연한 문화를 꽃피운 시기 중 하나로 평가받는데, 이는 태종이 나라를 안정시키고 제도를 개혁하여 사회 경제적 발전을 이룩한 덕택이라는 것이다.

그런 태종의 정치를 가능하게 한 요인은 무엇일까? 태종 자신이 천성이 총명하고 사려가 깊으며, 무술과 병법에 뛰어난 동시에 결단력과 포용력도 갖추고 있어서 신하들의 지적을 과감히 받아들였기에 가능한 것임은 앞서서 지적한 바와 같다. 그것을 보다 구체적으로 말한다면 바로 위징魏徵(580~643)을 대표로 하는 많은 인재들이 황제에 대해서 하고 싶은 말을 마음껏 할 수 있었기 때문이라는 지적이다.

위징은 누구인가?

역사가들은 위징을 춘추전국시대의 관중管仲(?~B.C 645)과 후한 말기 삼국 병립시기의 제갈공명15 諸葛孔明(181년~234년)의 맥을 잇는 명재상으로 평가한다.재상이면서도 강직한 면에서 위징은 앞의 두 재상을 능가한다. 그의 명성은 황제에게 직언을 서슴치 않았던 것으로서 높아졌다. 목숨을 건 그의 직언에 대해 당태종은 때로는 기분이 나쁘고 때로는 죽이고 싶었지만 꾹 참고 그의 말을 들음으로 당태종은 역사상 최고의 성군이 될 수 있었다.

> "정관貞觀 8년(634)에 당 태종은 궁궐을 몇 채 더 짓고 싶어 재상들에게 알리지도 않고 공사를 멋대로 시작했다. 재상인 방현령房玄齡(578~648)과 고사렴高士廉(575~647)이 길에서 영조營造, 곧 대궐의 공사 책임을 맡아보는 소부감少府監인 두덕소를 만나 물어보았다. "북문, 곧 내정內廷에서는 요즈음 새로 무슨 공사를 하고 있는가?" 두덕소가 이 사실을 태종에게 아뢰었다. 이에 태종이 방현령 등에게 말했다.
> "그대들은 다만 재상의 관아의 일만 알고 있으면 되는 것이다. 내가 궁궐

안에 공사를 조금 한다고 해서 그것이 그대들의 직책과 무슨 관계가 있는가?" 이에 방현령 등은 황공해서 사과해 마지않았다. 이에 위징이 진언하였다.

당태종의 회초리였던 명재상 위징.

"저는 폐하께서 방현령 등을 꾸짖으시는 까닭을 이해할 수 없습니다. 또 방현령과 고사렴이 사과하는 이유도 이해할 수 없습니다. 방현령은 일찍부터 대신으로 일하고 있어, 말할 것도 없이 폐하의 손과 발, 눈과 귀에 상당하는 사람입니다. 그러므로 궁전 안에서 공사가 있다면 어찌 모르고 지낼 수가 있겠습니까. 방현령이 담당 책임자에게 물었다고 해서 꾸짖으시는 것은 저로서는 이해할 수 없는 점입니다. 거기다가 공사에 대해서는 역시 방법에 좋고 나쁨이 있고, 공사하는 사람을 쓰는 데에도 많고 적음이 있습니다. 그러므로 폐하께서 하시는 일이 정당하다면 당연히 폐하를 도와드려서 완성하게 하지 않으면 안됩니다. 그러나 만약 하시는 일이 정당하지 않다고 하면, 이미 공사가 착수되었다고 하더라도 당연히 폐하께 말씀드려서 중지시켜야 합니다. 이것이야말로 군주가 신하를 부리고, 신하가 군주를 섬기는 정당한 도리입니다. 방현령 등이 공사를 담당한 관원에게 물은 일은 본디부터 죄가 되지 않습니다. 그러함에도 불구하고 폐하께서는 그것을 꾸짖으셨습니다. 그리고 방현령 등은 자신들의 지킬 바 정당한 직분을 분별하지 못하고, 다만 꾸지람을 받아들여 사죄하는 것만을 알고 있을 뿐입니다. 이것 또한 저로서는 이해할 수 없는 점입니다."

위징의 간언을 듣고 태종은 깊이 자신의 잘못을 부끄럽게 여겼다.

정관 15년 태종이 측근에게 물었다. "나라를 유지하는 것은 어려운 일일까, 쉬운 일일까?" 위징이 대답했다. "매우 어려운 일입니다."

태종이 반문했다. "뛰어난 인재를 등용하고 그들의 의견을 잘 들으면 되지 않겠는가. 반드시 어려운 일이라고는 생각되지 않는데 말이오."

그러자 위징이 대답했다.

"지금까지의 제왕을 살펴보십시오. 나라가 위태로울 때에는 훌륭한 인재를 등용해서 그 의견에 귀를 잘 기울이지만, 나라의 기반이 튼튼해지면 반드시 마음이 해이해집니다. 그렇게 되면 신하들도 자기 몸을 제일 소중하게 여기고 군주에게 잘못이 있어도 굳이 간하려고 하지 않습니다. 그리하여 국정은 날로 어지러워져서 끝내 망하게 됩니다. 예로부터 성인이 '편안할 때 위태로운 때를 생각하라居安思危'고 한 것은 이 때문입니다. 나라가 편안할 때야말로 마음을 다잡고 정치에 임해야 합니다. 그래서 신은 어려운 일이라고 아뢰었던 것입니다."

―『정관정요(貞觀政要)』「납간(納諫)」

당태종의 치세(627~649)는 흔히 '정관의 치貞觀之治'라 하여 중국사에서 최고의 정치 황금시대로 길이 추앙되는데, 그것은 위징이 항상 직언으로 태종의 잘못을 스스로 고치도록 했고 태종도 그 말을 잘 들었기에 가능했다. 당태종은 무슨 일을 할 때에 늘 위징으로부터 꾸지람을 당할까 조심했다.

위징이 일찍이 휴가를 청하여 묘제墓祭(무덤 앞에서 지내는 제사)를 지내고 돌아와 당 태종에게 아뢰기를, "사람들의 말에 의하면 폐하께서 남산으로 행차하기 위하여 행장을 끝마치고 난 뒤에 결국은 행차하지 않았다고 하는데, 무엇 때문에 그리하였습니까?"라고 하니, 태종이 웃으면서 말하기를, "경이 꾸짖을까 두려웠기 때문에 중간에 철회한 것이다"라고 하였다.

아무리 좋은 소리도 자꾸 들으면 짜증이 나는 법이다. 성군인 당태종도 매일 자신을 혼내는 위징에게 드디어 울화가 치밀대로 치밀었다.

하루는 황제가 조회를 마치고 들어와 얼굴이 붉으락푸르락하여 황후에게 말하기를 "그 촌놈을 죽여 버려야지…" 하면서 단칼로 목을 칠 것 같은 위세를 보이기에, "왜 그러십니까?" 하고 황후가 물었다. 그러자 당태종은 "위징이란 놈이 조회 때마다 나를 욕보인단 말이요."라고 말한다. 황후가 듣고 물러갔다가 조복朝服(조정에 나아갈 때 입는 붉은 빛 비단으로 지은 옷)을 갈아입고 황실에 들어와 황제께 넙죽 절을 한다. 황제가 의아해서 물으니 황후의 말이 이러했다. "임금이 밝으면 신하가 곧다(君明臣直)"라고 하였습니다. 이제 위징이 곧은 것을 보니 폐하의 밝음이 드러나는지라 경하 올리옵니다." 황제가 황후의 깊은 뜻을 알아차리고는 자신의 화를 풀고 기뻐하며 직언하는 위징의 모습을 되새겼다고 한다.

– 같은 책 (상동)

위징의 간언은 준엄했으며, 때로는 태종을 정면으로 비난하기도 했다. 태종은 이에 대해 화를 내는 일도 간혹 있었으나 200여 차례에 걸친 그의 간언을 대부분 받아들였다. 그러나 위징은 당태종보다 18살이나 많아서 태종보다 먼저 죽었다. 태종은 위징이 죽자 자기가 비춰보던 거울이 깨졌다고 애통해했으나 곧 직언을 하는 신하가 없어지자 편해졌다. 그래서 마지막 꿈이었던 고구려 침략에 나선다. 이제는 그를 말릴 사람이 아무도 없다. 병상에 누워 위독한 재상 방현령은 이 전쟁이 나라를 위태롭게 할 것을 미리 알고 죽음을 무릅쓰고 전쟁을 그만두라고 간했으나 듣지 않는다. 결국 당태종은 몸소 고구려 침략에 나섰으나 연개소문이 이끄는 고구려군에 대패해 거의 몇 백기만 이끌고 물이 질퍽거리는 요하를 건너 간신히 중국 땅으로 도망쳐온다. 당태종의 유명한 탄식이 여기서 나온다.
"만약 위징이 살아 있었다면 이 전쟁을 막았을텐데…."

결국 당태종의 뛰어난 통치는 대고구려 전쟁의 실패로 빛을 잃게 된다. 그리고 후계구도의 불안으로 결국 측천무후에게 권력이 넘어가게 된다. 그 뒤 현종 대에 대규모 반란이 일어나는 등 당나라는 흔들리게 된다. 참으로 뛰어난 재상의 역할이 이만큼 중요하며, 황제가 어진 신하의 말을 잘 듣는 것이 얼마나 중요한가를 역사가 보여주고 있다.

우리가 정치의 요체라고 즐겨 읽는 『정관정요(貞觀政要)』[16]라는 책은 실은 당태종과 위징의 대화록이며, 동시에 신하는 어떻게 황제에게 직언을 해야 하고 황제는 또 신하의 말이 옳다면 어떻게 받아들여야 하는가를 가르쳐주는 정치교과서이다. 신하들의 옳은 말을 받아들이면 황제는 성공하고 그들을 물리치고 아집을 부리면 황제는 망한다. 그러기에 우리나라에서도 조선의 선비나 관리들은 왕이 올바른 정치를 시행하지 못한다고 판단되면 위징이 지은 십점소十漸疏라는 열 가지 조항의 호소문을 병풍에 써서 왕에게 올리고 바른 정치를 해달라고 주문했다. 당태종과 위징의 관계는 꼭 옛날 군주와 신하의 관계만을 의미하는 것은 아닐 것이고 꼭 대통령과 관료 사이만을 의미하는 것은 아니다. 정당의 지도자, 단체의 지도자, 회사의 경영자 모두에게 해당되는 교과서이다. 지도자는 누구나 자신과 다른 소리를 듣기 싫어한다. 그렇다고 그런 소리를 외면하거나 나아가서는 아예 소리도 못 내게 하는 것은 자신이 실패의 길을 택하는 것에 다름 아니다. 더구나 바른 소리를 해야 할 측근들이 바른 소리를 차단하는 역할을 하면 그것은 더욱 더 망하는 길이다. 언로가 막히거나 왜곡되면 그것을 뚫고 바로잡으려는 노력이 항상 있어왔다. 더구나 지금은 과거와 달리 제도권 언론을 통하지 않고도 여론을 형성하고 그 여론을 전달할 수 있는 공론의 장이 활짝 열려 있다. 이미 트위터 등 사회관계망서비스(SNS)를 활용한 1인 미디어가 제도권 언론보다 더 큰 힘을 발휘하는 것도 나라 안팎에서 목격되고 있다. 지난 해 선거 때 SNS가 위력을 발휘하자 이를 애초부터 막아보자고 중앙선거관리위원회가 규제하는 방안을 찾았지만 곧바로 헌법소원에서 헌법불합치 판결이 나옴으로서 SNS를 통한 선거운동 자체를 규제할 수가 없는 상황이 되었다. 현대에서도 이런 만큼 이제는 언로를 막으려는 소극적인 자세에서 벗어나서 언로를 어떻게 열어줄 것인가 하는 적극적인 자세로 전향해서 그 방법을 고민해야 한다. 그것을 틀어막을 생각을 하는 순간 그것을 보는 사람들의 생각은 부정적으로 변할 것이다. 어느 당에서 SNS 전문가를 영입해 다가오는 선거에서 이를 활용하겠다는 발표를 하자 어떤 사람에게서는 SNS라는 것은 무슨 대책이 필요한 어려운 문제가 아니라 정당이면 정당, 정권이면 정권이 마음을 열고 국민들의 소리에 귀를 기울이는 것을 시작하면 저절로 풀리는 문제라고 말하는 소리가 들린다. 언로를 열고 귀를 기울여야 한다는 얘기다. 시대가 바뀌어도 언로를 트고 여론을 듣는 원리는 그대로라고 하겠다. 자신의 생각이나 계획을 비판하는 목소리를 포용하는 지도자는 성공할 것이지만, 그것을 꺼리는 지도자는 성공과는 거리가 멀어질 것이다. 마찬가지로 어느 조직이든, 지도자의 생각이나 방침과 다른 목소리가 나오지 않는 조직은 결코 성공할 수 없다. 비판이 없으면 곧 독선이 되기 때문이다. 한 정권이 새로운 정권으로 넘어가는 시점이 되니 다시 정치의 공과를 논하게 되고 그 과정에서 임금과 신하의 관계에 대해서 더 많이 살펴보고 싶어진다. 그것은 곧 지금까지의 정치에 대한 반성이요, 곧 이어 새로 정권을 맡을 사람에 대한 경고가 되기 때문이다. 2011년 말부터 집권당인 한나라당이 기존의 당권조직을 해산하고 비상대책위원회를 설치하면서 26살짜리 젊은 두뇌를 영입한 것도 당 운영을 하면서 젊은이들의 비판적인 목소리나 의견을 수용하지 않아서 국민들의 지지를 잃은데 대한 심각한 반성에서 나온 조치라고 본다면 자신에 대해 비판하는 목소리를 적으로 대하는 것이야말로 자신이 무너지고 타락하는 지름길임을 다시 한 번 확인시켜 준다.

열가지 깊은 생각

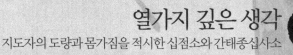

제6장

지도자의 도량과 몸가짐을 적시한 십점소와 간태종십사소

＊＊＊

조선 3대 태종 이방원에게 경기관찰사 윤사수가 올린 병풍과 9대 성종에게 경
상도관찰사 김흔이 올린 족자에는 옛적 당태종에게 위징이 올린 '십점소'가 담
겨 있었다. 위징은 시간이 갈수록 사치와 방종에 빠지고 있는 당태종에게 '시작
은 좋지만 끝내 지키기 어려운 지도자의 덕목'을 간언하여 경계했다. 특히 지도
자는 뜻이 있어도 일의 도모가 천하의 안정을 해칠 정도로 과욕하지 말라는 중
용의 도를 적시했다. 청정, 겸허, 검약, 부지런, 신중, 상하의 단결, 민생 안정을
호소한 이 글은 인과 덕의 마음과 몸가짐을 끝까지 유지해야 하며 엄형과 위세
와 노기로 국민을 억압하게 되면 국민의 마음은 떠나고 지도자는 흔들릴 수밖
에 없음을 호소하고 있다.

조선의 3대 왕 태종 이방원은 형제들을 죽이는 병란을 통해 권력을 자신에게 집중시킨 뒤에 종국에는 형인 정종으로부터 왕위를 물려받았지만 정식으로 왕으로서 치하를 받은 것은 집권 2년후인 태종 2년인 1402년 1월1일이었다. 그리고 2년이 지난 1404년 새해를 맞아 다시 궁궐에서 새해맞이 큰 잔치가 열렸는데, 이때 경기관찰사 윤사수尹思修가 병풍을 하나 만들어 바친다. 이 병풍 안에는 십점소十漸疏라는 글이 있었다. 조선의 9대 왕인 성종 7년(1476년) 7월, 왕의 생일을 맞아 경상도 관찰사 유지柳輊도 십점소를 써서 병풍으로 만들고 금색 명주실로 장식하여 올렸다. 임금이 기분이 좋아 직접 글을 써서 의복, 술과 함께 내려보냈다. 10년 뒤인 1486년 7월에도 홍문관 직제학弘文館直提學17 김흔金䜣(1448~1492, 세종에서 성종까지의 문신)이 십점소 족자簇子(그림이나 글씨 따위를 벽에 걸거나 말아둘 수 있도록 양 끝에 가름대를 대고 표구한 물건) 를 성종에게 바친다.

도대체 십점소가 무엇이관대, 조선의 왕이 새로 등극하면 신하들이 다투어 올리는가? 십점소는 바로 당 태종의 '정관의 치'를 이끌어 낸 위징이 말년에 당태종에게 올린 글이다. 조선왕조의 신하들이 이 글을 왕에게 올린 이유는 무엇일까? 앞의 김흔이 성종에게 십점소 병풍을 올리면서 함께 올린 글에서 드러난다.

"엎드려 바라건대 전하께서는 위징의 이 疏(소)를 좌우에 걸어 두고 되풀이하며 보고 살피되 늘 위징의 낯을 보고 위징의 말을 듣는 듯이 하시어 숭고하고 충만한 지위에 계시되 지족止足(만족함을 알고 멈춤)하고 겸손하는 도리를 생각하시며, 일욕逸欲(제멋대로 놀다)을 절제하고 연안宴安(몸과 마음이 한가하고 편안하다고 느끼고 안주하는 것)을 경계하며 총명을 가리는 자를 막고 참소하는 간사한 자를 내치소서. 그리하여 벌주고 상주는 것이 공정하되 조금이라도 기쁨과 노여움 때문에 흔들리지 않고, 어진 사람과 재능 있는 사람이 쓰이되 조금이라도 사사로이 가까운 자가 끼어들지 않게 되면, 위징이 죽었더라도 아직 죽은 것이 아닐 것입니다. 신이 우매하기는 하나, 성조聖朝(지금 왕의 시대)의 정치가 정관貞觀을 초월하여 삼오三五(삼황오제)의 수준에 오르는 것[18]을 힘 안들이고 볼 수 있으니, 어찌 행복하지 않겠습니까? 그 위징의 疏(소) 한 축을 삼가 차자箚子(두루말이 글)와 함께 올립니다."

그렇다면 당 태종 때의 명재상 위징이 당태종에게 바친 십점소에는 어떤 내용이 있기에 신하들이 이렇게 난리를 치는가? 당 태종을 성군으로 만든 위징은 원래 태종의 형이자 태자였던 건성建成의 최측근 참모로 활약했지만 태종이 쿠데타를 일으켜 건성을 죽인 다음, 건성의 부하였던 그의 인품과 실력을 믿고 중용한다. 처음 태종의 집권 초기 백성에 대한 착취가 심해지자 위징은 이렇게 건의했다.

"신이 듣건대 못을 말려 고기를 잡으면 고기를 잡지 못하지는 않겠지만 내년에는 고기가 아예 없을 것입니다." 그런 태종을 도와 나라를 잘 다스렸지만 후기로 가면서 태종이 점점 사치와 방종에 빠지자 이를 시정할 것으로 요구하는 십점소를 올린 것이다.

흔히 십점소라고 말하지만 정확히 말하면 '십점불극종소十漸不克終疏', 즉 차츰 차츰 진행돼 끝까지 하지 못하게 된 열 가지다. 다시 말해 원래 잘하던 것을 시간이 길어지자 점점 끝까지 고수하지 못하게 된 것들을 지적하고 그렇게 되면 안 된다는 것이다. 그것은 다음과 같다.

첫째, 좋은 말을 구하고 보배를 사려 하니, 이것은 청정과 과욕한 마음을 점점 끝까지 갖지 못하게 된 것.

둘째, 백성의 재물과 노동력을 가벼이 쓰니, 이것은 절약해서 백성을 사랑하는 마음을 점점 끝까지 갖지 못하게 된 것.

셋째, 방종한 생활에 간언을 물리치니, 이것은 자신을 덜어 남을 이롭게 하는 마음을 점점 끝까지 갖지 못하게 된 것.

넷째, 군자를 멀리하고 소인을 가까이하니, 이것은 습관을 신중히 하고 선량한 이와 함께하려는 마음을 점점 끝까지 갖지 못하게 된 것.

다섯째, 사치스러운 것을 즐기니, 이것은 순박한 마음을 점점 끝까지 갖지 못하게 된 것.

여섯째, 비평과 칭찬이 신중치 못하여, 어진 이를 임용하려는 마음을 끝까지 갖지 못하게 된 것.

일곱째, 이리 저리 말을 달리며 사냥하는 것을 너무 즐겨, 유희를 경계하는 마음을 점점 끝까지 갖지 못하게 된 것.

여덟째, 상하의 단결을 도모하는 마음을 점점 끝까지 갖지 못하게 된 것.

아홉째, 즐거움에 겨워 자만하므로 삼가고 겸허한 마음을 점점 끝까지 갖지 못하게 된 것

열째, 민생에 재앙이 만연하니, 이것은 재앙을 막기 위해 부지런히 다스리는 마음을 점점 끝까지 갖지 못하게 된 것.

이처럼 십점소에 나타난 대로 당태종은 초기의 관대하고 순박한 정치로서 유종의 미를 거두지 못하고 점점 사치와 방종에 몰두했다. 겸허와 검약을 소홀히 여기는 풍조가 심해진 것이다. 이러한 태종을 위해 충언을 한 것이

다. 당태종도 그 십점소를 병풍을 만들어 좌우에 두고 몸가짐을 다시 바로 했다고 한다.

이 십점소를 오늘날에 다시 읽어 보면 이 시대에 적용시키기 어려운 조항이 꽤 있다. 그런데 일관된 목소리는 자만하지 말고 국민을 생각해서 재물이나 공금을 낭비하지 말며 항상 겸손하고 겸허한 마음으로 주위 사람들의 참된 소리를 들으라는 것이고, 그런 마음을 끝까지 지녀야 훌륭한 군주가 될 수 있다는 것이다. 그런 의미에서 오히려 위징이 태종에게 상소한 또다른 글이 오늘날 우리에게는 더 의미가 있다. 그것이 곧 10가지 생각이란 이름으로 태종에게 올린 '간태종십사소'諫太宗十思疏이다. 태종에게 간하는 10가지 생각에 관한 소疏(상소)이다.

"신은 '나무가 크게 자라기를 바라는 자는 나무의 뿌리를 견고하게 해주고 물이 멀리까지 흘러가기를 바라는 자는 그 물이 시작되는 곳에 도랑을 쳐주며 나라가 안정되기를 바라는 사람은 반드시 덕과 의를 쌓아야 한다' 고 들었습니다. 물의 근원이 깊지 않은데 어찌 그 물의 흐름이 멀리 갈 수 있으며 뿌리가 견고하지 못한데 어찌 나무가 크게 되기를 바랄 수 있겠습니까? 우둔한 사람도 덕이 없으면 나라가 잘 다스려지기를 바랄 수 없다는 것을 잘 알고 있는데 하물며 명철한 사람이야 말할 것이 있겠습니까? 천자는 나라를 다스리는 중임을 맡고 있어 나라에서 가장 높은 지위에 있는 사람입니다. 숭고하고 지극한 지위에 올라 영원히 나라의 안정을 누리려고 하면서 편안할 때에 위태로움을 생각하지 않고 사치스러움을 경계하여 근검하지 않으며 덕을 깊이 쌓지 않고 마음이 욕망을 누르지 못하면 바로 나무의 뿌리를 베어 내고서 나무가 무성하기를 바라고 물의 근원을 막고서 물이 멀리까지 흐르기를 바라는 것과 같은 것입니다.

무릇 역대 군주께서는 하늘의 큰 사명을 받아 어려운 시기에 덕을 나타내지 않음이 없었으나 성공한 이후에 오히려 덕이 쇠락해졌습니다. 처음 시작을 잘하는 사람은 많지만 좋은 결과를 가져오는 사람은 매우 적습니다. 천하를 얻는 것은 쉽고 지키는 것이 어려워서였습니까? 옛날에는 천하를 얻고도 여유가 있었는데 지금은 천하를 지키기에도 모자라니 왜 그렇겠습니까? 어려움에 처해 있을 때는 아래 사람을 진심으로 대하지만 뜻을 이루고 나면 멋대로 하고 오만하여 사람들을 능멸하기 때문입니다. 정성을 다하면 호胡와 월越처럼 멀리 떨어져 있어도[19] 하나가 되고 사람들을 능멸하면 골육간이라도 남남이 되어 버립니다. 비록 엄한 형벌로 바로잡고 위세와 노기로 사람을 제압한다 하더라도 사람들은 요행히 법률에 저촉되지 않으려는 생각만을 가지게 될 뿐 인의 마음은 갖지 않게 됩니다. 겉으로는 공경하는 체하지만 마음으로는 복종하지 않습니다. 원한은 큰 데서만 생기는 것이 아니며 무서워 할 것은 백성뿐입니다. 물은 배를 나아갈 수 있도록 하지만 배를 뒤집어엎을 수도 있습니다. 그러나 아주 신중히 하셔야 합니다. 다 썩은 수레 끈으로 빨리 달리는 수레를 부리는 격이니 어찌 소홀히 할 수 있겠습니까?"

이렇게 멋진 도입부로 시작해서 '간태종십사소'는 열 가지를 황제에게 당부한다.

> 첫째, 군주 된 사람은 좋은 물건을 보면 욕심을 낼 수 있지만 스스로 경계하여야 하고, 둘째, 하고자 하는 바가 있어도 적당한 곳에서 그쳐 백성을 안정시켜야 합니다. 셋째, 지위가 높아지고 위험이 커질까 걱정되면 겸허하게 자기의 덕행을 쌓고 넷째, 차고 넘치는 것이 걱정되면 바다와 강물이 냇물보다 더 낮은 곳에 있다는 생각을 하십시오. 다섯째, 이곳저곳 사냥하며 놀고 싶을 때에는 세 번 이상 나가서는 안 된다는 것을 생각하며 여섯째, 나태하고 게을러질까를 두려울 때는 시작을 신중히 하고 끝을 잘 맺어 함을 생각해야 합니다. 일곱째, 상하의 의견이 막힐까 걱정될 때는 마음을 비워 아랫사람들의 말을 받아들여야 하며 여덟째, 간사한 사람의 참소가 걱정되면 스스로 몸을 바르게 하고 악한 사람을 물리쳐야 합니다. 아홉째, 상 내리기를 좋아하면 기분이 좋아서 상을 잘못 내리지 않도록 해야 하며 열째, 벌을 내릴 때는 노여움을 발해서 벌을 남용해서는 안 된다는 것을 생각해야 합니다. 이상 열 가지 생각을 총괄한다면 바로 옛 사람의 아홉 가지 덕을 넓게 펴는 것입니다.

정치지도자의 힘은 능력 있는 사람을 선발해서 임용하고 훌륭한 말을 가려서 듣는 데서 나온다. 그러면 총명한 사람들을 자기의 계획을 내놓을 것이고 용한 사람은 자기의 힘을 다할 것이다. 어진 사람은 사랑을 펴고 신실

한 사람은 그의 충성을 다할 것이다. 문무백관이 다투어 그들이 잘 하는 바를 하고 임금과 신하 간에 평안할 것이다. 그래야만 지도자가 편하고 정치의 기쁨과 즐거움을 지도자와 그 신하, 그리고 백성들이 나눌 수 있다. 그래야만 그 기쁨이 오래 간다. 그런 정치에서는 굳이 많은 말이 필요 없다.

우리는 정치지도자들이 너무 많은 말을 하는 것을 보면 뭔가 정치가 제대로 돌아가지 않음을 알 수 있다. 국민들이 정치에 대해서 짜증을 느끼고 국민들이 지도자를 싫어해서 바꾸고 싶어하는 그런 정치 대신에 많은 말이 필요 없는, 국민들이 마음으로 정치지도자의 노고를 느끼고 고마움을 느끼는 그런 정치는 불가능한 것인가? 아니, 위징이 천 몇 백년 전에 간곡히 당부한 10가지 생각, 10가지 잘못되는 일을 다시 읽고 그것을 염두에 두고 자신의 귀와 마음을 연다면 가능하다고 믿는다. 위징이 살아 돌아와야 하는 곳은 당태종 후반기가 아니라 21세기 한국인 것 같다.

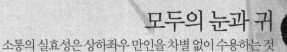

모두의 눈과 귀 제7장

소통의 실효성은 상하좌우 만인을 차별 없이 수용하는 것

· · ·

유교 경학만이 국가 정신이던 한무제 시대 자유로운 사상의 정수였던 회남왕 유안이 편찬한 『회남자』는 한나라 초기 지식인 3천명이 집대성한 책으로 고대에서 현대까지 적용되는 모든 소통 문제의 근본을 다루고 있다. '소통'도 중요한 문제다. 지도자는 천하 만민의 눈으로 보고 만민의 귀로 듣고 만민의 지혜로 생각하고 만민의 힘으로 이뤄나가야 한다. 그래야 명령이 아래까지 도달하고 신하의 말이 임금의 귀에 들리며 백관이 서로 통하고 군신들이 활발히 움직인다. 국가와 국민의 방종도 억압도 아닌 '적절한 규제'를 위해서는 최고지도자가 너무 나서서 일일이 괴롭게 말며 국민이 순리대로 갈 길을 터주고 마음을 공유해야 한다. 이러한 트임과 소통은 "배를 탔기에 수영을 못해도 큰 강을 건너는 것"이다.

소통!

우리 시대에 가장 많이 나온 말이다. 사람들은 모두 이 단어가 지향하는 바가 제대로 되지 않아 정치가 실패했다고 규정한다. 무슨 말인가? 결국은 국민들이 말하고 싶은 것을 들어주지 않았다는 뜻이다. 그럼으로써 소통이 되지 않았다는 것이다.

이런 소통문제를 근본적으로 지적한 것이 중국 한(漢)나라 초기에 만들어진 『회남자(淮南子)』라는 책이다. 고조 유방의 손자인 유안劉安(B.C 179~122)[20]이 회남(淮南)땅의 왕으로 있으면서 편찬한 사상집약서이자 그 시대의 지침서이다. 그 책장을 들쳐보면 주술훈主術訓(군주에게 말하는 교훈)

편에 이런 구절이 있다.

> "임금은 천하 만민의 눈으로 보고 만민의 귀로 듣고 만민의 지혜로 생각
> 하고 만민의 힘으로서 쟁취를 해 나가는 것이다. 그렇게 해야 호령은 저
> 아래까지 능히 도달하고 신하들의 정이 임금의 귀에까지 들리게 되고
> 백관이 서로 통하고 군신들은 활발히 움직인다."[21]
>   － 『회남자(淮南子)』「주술훈(主術訓)」

그야말로 현대의 여론 정치, 소통정치를 간파한 것이 아니던가? 자신이
하고 싶은 말, 채택하고 싶은 정책이 있어도 국민들의 소리로, 국민들의
뜻에 따라는 것으로 해서 추진하라는 것이 아니던가?

『회남자』는 회남왕 유안이 3천여 명의 지식인들을 불러 모아, 당시까지
중국에 전해지던 온갖 지식을 정리한 책으로, 유교 경학으로 나라의 정신
이 하나로 강제 통일되던 시기에 자유로운 정신의 발현을 꿈꾸었던 사상
의 정수가 모인 책이다. 상벌에 관한 것도 있다.

> "기쁘다고 함부로 상을 내리거나 성이 난다고 죽이거나 벌을 가하지
> 않는다. 그렇게 해서 위엄이 서고, 막힘이 없으며, 총명이 빛나고 갇힘
> 이 없다. 법령을 잘 살펴서 가혹하지 않게 하고, 눈과 귀가 뚫려 몽매하
> 지 않고, 잘하고 못하고가 눈 앞에 환하게 드러남으로써 잘못 되는 일

이 없다. 바로 그렇게 되면 현명한 사람은 그 지혜를 다 짜낼 것이요, 좀 모자란 사람도 그 힘을 다할 것이다. 덕의 윤택함이 치우침이 없이 골고루 시행되며 모든 신하들은 태만하지 않고 열심히 할 것이다. 가까이 있는 사람은 그 성품을 편안하게 할 것이요, 멀리 있는 사람은 그 덕을 생각할 것이다."22

– 같은 책(상동)

사실 정치의 근간은 예로부터 현대까지 크게 바뀐 것이 없다. 그저 사람들에게 등 따습고 배부르게 하는 것이 우선이요, 타인에게 피해를 주지 않고 화목하게 잘 지내도록 하는 것이요, 그렇게 하지 않는 사람에 대해서는 적절하게 규제하여 주는 것이리라.

그것을 위해서는 왕이든 대통령이든 너무 나서서 일일이 사람들을 괴롭히기 보다는 그들이 순리적으로 갈 수 있도록 길을 열어주고 마음을 공유하도록 하면 되는 것이다. 『회남자』는 그런 경지를 수영을 하지 않고도 배를 타고 큰 강을 건널 수 있는 경지로 표현한다.

"이것은 왜 그런가? 사람을 쓰는 방법을 알게 되어 자신의 재주에만 의존하려 하지 않는다. 그것은 가마나 말을 타면 힘 안들이고 능히 천리를 갈 수 있고 배에 타는 사람은 수영을 하지 못해도 큰 강이나 바다를 건널 수 있는 것과 같은 이치이다."23

『회남자』가 보는 임금의 길, 임금의 지혜를 현대의 대통령이란 자리로 치환해서 다시 읽어보자. 의외로 그 가르침은 너무나 쉽다.

> "임금이란 사람은 나라의 온갖 지혜를 다 쓰고 모든 사람의 힘을 다 쓰고 싶은 것이 당연하지만, 신하들의 입장에서 보면 그 뜻을 다 펴고 충성을 다하려 하더라도 그 몸을 다 괴롭히지 않고는 쉽지 않은 것이 현실이다. 그 말하는 것이 옳다고 한다면 비록 베옷을 걸친 천한 나무꾼의 말일지라도 버려서는 안 되며 그 말하는 것이 틀리다면 재상이나 장관이 묘당에서 하는 것이라도 꼭 써야 하는 것이 아니다. 말이 옳고 그른 것은 신분의 귀천이나 자리의 높고 낮음에 따라 논하고 평가하는 것이 아니다."[24]
>
> – 같은 책 (상동)

결국 신하들의 말, 관료들의 말 가운데 옳고 그른 것을 가려내고 이를 골라서 채택하는 것에 모든 것이 있으며, 사람들의 말을 듣는 데는 자리의 높낮이를 무시하고 모든 사람에 귀를 열어야 한다는 말이다.

> "그러므로 밝은 군주는 여러 신하들에게서 들어보고 그 계책이 쓸만 한 것이라면 자리의 높낮이를 생각하지 않아야 하고, 그 말이 마땅히 실천

해야 하는 것이라면 말의 잘하고 못하고를 따지지 말아야 한다. 어두운 군주는 그렇지 못하다. 가까이서 어울리고 친한 사람은 잘못되고 바르지 않더라도 그것을 보지 못한다. 멀리 있거나 지위가 낮은 데 있는 사람의 말이라면 힘을 다하고 충성을 다하는 말이라도 그것을 알지 못한다. 그래서 말 하는 사람에 대해서 꼬투리를 잡아 추궁하고 간하는 사람에 대해서는 죄를 뒤집어 씌워 죽인다. 이렇게 하면서도 사방에 만방에 덕을 쐬려고 하는데, 그것은 귀를 막고서 청탁을 분별해내고 눈을 가리고 푸른 색 누런 색을 구분하려는 것과 같다. 그것을 어찌 총명하다고 하겠는가?"[25]

– 같은 책 (상동)

새로 대통령이 되신 분이라면 물론 이런 『회남자』의 글을 읽어보셨겠지만, 혹시 못 읽으셨다면 꼭 이 글을 읽어 주십사 하고 권하고 싶다. 그리고 혹 꼭 대통령이 아니라도 이미 정권을 운영해보신 분이라면 지나간 시간에 이러한 회남자의 가르침을 실천하셨는지 자문해보라고 하고 싶다. 신분이 낮은 사람의 말이라고 우습게보지 않아야 하며, 말을 어눌하게 한다고 그 말을 듣지 않으려 한다면 지혜를 놓칠 것이다. 결국에는 유창하게 말을 잘하는 사람만 중용할 것이고 좋은 말만 들으려 할 것이다.

그렇게 되면 점점 귀가 좁아지니 천하 사람들의 말은 들리지 않는다. 천하 사람들의 눈, 천하 사람들의 귀, 천하 사람들의 마음을 읽고 보고 듣고

하기 위해 그러한 여론을 수집하고 분석하고 채택하는 작업을 할 수 있는 시스템을 가동해야 한다. 그것은 아무리 위대한 사람이라도 일 개인이 혼자서 할 수 있는 일은 아니다. 현대의 소통과 여론 정치, 이미 2천여 년 전부터 사람들은 그 중요성을 알고 있었던 것이다.

듣기 싫으시더라도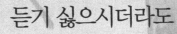

제8장

당덕종 시대 육지, 명종조 기대승, 선조조 퇴계 이황이 간언한 불통의 해결책

· · ·

위징 이후 당덕종 시대 간언의 대가 육지는 "간하는 자가 광망한 소리를 하고 속
인다면 군주의 관대함을 증명하는 것"이라 했다. 그는 군신과 상하 간 소통을 가
로막는 9가지 병폐를 제시하였다. 조선조 명종 때 사림의 대표학자 기대승은 육
지의 말을 받아 학자 군주상을 제시하였으며 이로써 의리에 통달한다고 진언한
다. 그는 '언로가 열려야 국가가 편안한다'고 강조하고 사리에 맞지 않고 경솔한
말도 용납하여 아랫사람이 소회를 말할 수 있는 시스템을 주장하였다. 선조 때는
퇴계 이황이 낙향하여 아뢰었다. "자질이 고명하다고 일을 독단적으로 하게 되면
정직한 인물이 없어지고 기회를 타서 간신과 소인배가 득세하여 못할 짓이 없어
집니다."

중국 역사상 최고의 성대를 이룬 당태종 이후 100여 년이 지난 당나라는 난국에 직면했다. 당시 하북河北과 하남河南의 각 번진藩鎭26이 동맹하여 당나라 조정과 전쟁을 벌였고, 관중關中27에서도 이회광李懷光 등이 난을 일으켜 황제는 2차례에 걸쳐 수도인 장안長安을 탈출하여 피난길에 올라야 했다. 이럴 때 당나라를 구한 사람이 육지陸贄(754~805)이다.

육지는 780년 당시 황제인 덕종德宗28의 신임을 얻어, 난국에서 항상 황제의 곁에 있으면서 조칙詔勅(황제의 명령 또는 그 명령을 적은 문서)의 기초와 정책 입안을 담당하는 등 실질적으로 재상의 역할을 했다. 세금을 과다하게 거두어들이자는 신하들을 황제의 측근에서 물리치고 조용조법租庸調法29의 정신에 따라 세금의 폐해를 시정하고 당태종의 예를 따라서 널리 간언할 수 있는 길을 여는 등 정국을 수습했다. 그러나 황제에게 직언을 너무 자주하여 점차 덕종의 불만을 사기도 해
결국에는 지방으로 좌천돼서 그곳에서 죽었다. 그
러나 그는 위징 이후 가장 간언을 잘 한 사람으로 역
사에 기억된다. 육지가 황제에게 간언諫言을 받아들
이도록 권한 말이 있다.

당덕종

> "간하는 자가 많은 것은 우리 군주가 간언을 좋아한다는 것을 표시
> 하고, 간하는 자가 곧은 것은 우리 군주가 포용을 잘한다는 것을 표
> 시합니다. 간하는 자가 광망한 소리狂妄(미친 소리, 망언)를 하고 속
> 이는 말을 하는 것은 우리 군주의 관대함을 증명하는 것이고, 간하는
> 자가 하기 어려운 말을 입 밖에 꺼내는 것은 우리 군주가 잘 들어준다
> 는 것을 증명하는 것입니다." 30
>
> －『자치통감(資治通鑑)』권(卷)229 덕종(德宗) 4

또 이런 말도 했다.

> "군주가 이기기를 좋아하면 반드시 아첨하는 말을 달게 여길 것이요. 군
> 주가 허물을 부끄러워하면 반드시 직간直諫을 싫어할 것이요. 군주가
> 위세를 부리면 인정을 내려주어 국민들과 가까워지는 것이 안될 것이
> 요. 군주가 방자하고 괴팍하면 반성하여 법을 지킬 수 없을 것이다." 31
>
> － 같은 책 (상동)

육지는 임금과 신하 사이, 윗사람과 아랫사람 사이에는 9가지의 병폐가 있어서 소통이 잘 안된다고 지적한다. 그 9가지는 다음과 같다.

> "이른바 아홉 가지 폐단이라는 것은 남에게 이기기를 좋아하는 것好勝人과 잘못을 가르쳐 줌에 듣기를 부끄러워하는 것恥聞過과 변설에 능란 한 것騁辯給과 총명을 자랑하는 것衒聰明과 위엄을 돋우는 것厲威嚴과 강퍅을 함부로 부리는 것恣剛愎으로 이 여섯 가지는 주군과 윗사람의 폐단입니다. 아첨하는 것諂諛과 눈치보는 것顧望 그리고 두려워하는 것畏懦 이 세 가지는 신하의 폐단입니다.[32]
>
> – 같은 책 (상동)

중국과 우리나라에서 시행된 왕정은 왕의 독재체제라기보다는 왕과 신하들의 협의에 의한 합의정치체제로 보는 것이 순리이다. 조선이 건국되고 유학자들이 관직을 맡으면서 유학자들은 제왕을 성인聖人으로 만드는 데 주력했다. 성인이 되면 정치를 잘 할 수 있을 것이라는 믿음 때문이었다. 그리해서 왕에게 경연經筵(왕이나 동궁의 앞에서 학문을 강의하던 일, 시강)을 열어 성인의 가르침을 조목조목 가르치고 따졌다. 경연은 왕에게 유학의 경서經書와 사서史書를 진강進講하고 논의하는 교육 제도이다. 중국 전한前漢 때에 황제에게 유교 경전을 강의하는 관례가 생겼던 것이 원류로서 우리나라에는 고려 문종 때에 처음으로 도입되어, 조선에서는 제도가 정비되고 기능이 강화되어 일명 '경연 정치'가 발달하게 되었다.

이러한 제왕의 교육시스템에서 가장 우수한 학생은 세종과 성종이었다. 그러나 반면 세조나 연산군은 경연을 귀찮아했다. 자신들의 행위에 대해 유교적인 명분론은 항상 비판적이었기 때문이다. 그래서 『세조실록』에는 경연 관련 기사가 매우 빈약하며 연산군의 경우에는 초기에 경연을 자주 거르거나 오랫동안 쉬다가 신하들로부터 다시 참석하라고 자주 주청을 받기도 한다. 그러다가 결국에는 스스로 학문이 성취되었다며 경연을 폐지하겠다는 전교를 내리기도 했는데 그 이후 연산군이 독단에 흘러 정치가 엉망이 되고 결국에는 왕위에서 쫓겨나야 했음을 우리는 알고 있다.

조선조 명종 19년(1564년) 2월13일, 오랜만에 경연이 열렸다. 중종의 둘째 아들로서 즉위 8개월 만에 숨진 인종의 뒤를 이어 12살의 나이에 왕위에 오른 명종은 어머니인 문정왕후가 수렴청정을 하는 바람에 그 등살에 왕 노릇을 제대로 하지도 못하다가 재위 20년 가까이 지난 1565년 문정왕후가 세상을 떠난 후에야 비로소 왕으로서 역할을 제대로 시작한다. 경연이 열린 것도 문정왕후가 연로해서 힘을 쓰지 못하던 때였다. 모처럼 경연이 열리자 신진 사림士林(벼슬에 진출한 젊은 선비그룹)을 대표하는 고봉高峯 기대승奇大升(1527~1572)[33]이 왕에게 아뢴다.

"근래에 성상의 체후體候(신체상태)가 편치 못하시고 국가에 또 변고가 있었던 데다가 날씨 또한 추워서 오랫동안 경연을 열지 못했으므로 신 등은 늘 걱정되었습니다. 요즈음 삼가 임금이 내리는 글이나 뜻을 보건대 강학(講學, 신하들이 유교의 경전 등을 강의하며 학문을 가르쳐 드리는 것)에 연연하는 뜻이 있으니, 이것을 듣고 보는 자들이 누구인들 감격하지 않겠습니까. 학문의 도는 신하를 접대하는 데에 있어서도 공경을 지극히 하는 것만이 아니니, 한가로울 때에 더욱 몸을 닦고 살펴야 합니다. 옛날 부열傳說34이 고종高宗에게 경계하기를 '생각의 처음과 끝을 학문에 둔다면 저도 모르게 덕이 닦일 것이라고 하였으니念終始 典于學 厥德修 罔覺, 학문의 길은 모름지기 시작과 끝이 있어야 합니다."

하니, 상이 이르기를

"군주가 학문을 좋아하여 신하들을 접견하여 자주 강론하는 것이 옳지만 근래에 행하지 못하였구나. 나의 뜻을 승정원에 모두 내려 보냈다. 대체로 아뢴 뜻이 마땅하다."

하였다. 이에 힘을 얻은 기대승은 또 아뢰기를,

"언로言路는 국가에 있어서 매우 중요합니다. 언로가 열리면 국가가 편안해지고 언로가 막히면 국가가 위태로워집니다. 그러나 지금 언로가 크게 열려 있는지는 알 수 없습니다. 지난번 하늘의 변고로 인하여 직언을 구하였을 때 5개월이 지나서야 비로소 상소하는 자가 있었는데, 이제 또 상께서 그 말의 근원을 끝까지 힐문하고 있습니다.35 신은 이 뒤로부터 더욱 진언進言하는 자가 없을까 두렵습니다. 옛날 당나라 육지가 덕종에게 말하기를 '간하는 자가 광망한 소리를 하고 속이는 말을 하는 것은 곧 우리 군주의 관대함을 입증하는 것입니다.' 하였으니, 행여 사리에 맞지 않고 경솔한 말이 있더라도 심상하게 여기고 용납하여 신하들로 하여금 자기의 소회가 있으면 반드시 아뢰게 하여야 합니다."

대체로 명종은 1565년 문정왕후가 죽자 인재를 고르게 등용하여 선정을 펴려고 노력하였으나 그 뜻을 이루지 못하고 2년 후인 1567년에 34세의 젊은 나이로 죽었다. 그 뒤를 이은 선조도 나중에는 동서붕당에다가 임진왜란을 당하는 등 수난의 왕이었지만 처음 즉위한 때에는 여러 현인들의 말을 들으려 애를 썼다. 즉위 1년 남짓 지난 1569년 정월, 선조는 당시 가장 덕망이 높은 선비인 퇴계 이황을 이조판서에 임명했다. 그러나 퇴계는 늙고 병들었다는 이유로 세 번이나 사양을 했다. 선조는 일단 그 사양을 받아들였다가 도저히 그냥 보낼 수 없다며 의정부 우찬성에 다시 임명했으나 퇴계는 거듭 고향으로 돌아가겠다는 뜻을 밝힌다. 그 뜻이 너무 강한지라 선조는 같은 해 3월 1일 퇴계 이황을 만나 물어본다. 실록은 당시 장면을 이렇게 기록한다.

"상이 이르기를, "경은 지금 돌아갈 것인데 무슨 하고 싶은 말이 있는가?" 하니, 이황이 대답하기를, "옛 사람들은 '치세治世(잘 다스려지는 시대)가 걱정이 되고 명주明主(똑똑한 군주)가 오히려 위태롭다'고 하였습니다. 이는 명주는 남보다 뛰어난 자질이 있고 치세에는 걱정할 만한 일이 없으므로, 독단적인 슬기로 대중을 제어하면서 여러 신하들을 경시하는 마음을 갖게 되고, 따라서 교만하고 사치스런 마음이 생기기 때문입니다. 지금의 세대가 비록 치평治平의 시대인 듯 하나 남쪽과 북쪽에 전쟁의 단초가 있고 민생은 지쳐 있어 걱정할 만한 일이 없다고는 할 수 없는 것입니다. 성상의 자질이 고명하신데 비해 여러 신하들의 재지 才智가 성상의 뜻에 만족스럽지 못하기 때문에, 일을 논의하고 처리하는 과정에서 독단의 슬기로 세상을 이끌어가려는 조짐이 없지 않으므로, 식자들은 그 점에 대해 미리 염려하고 있습니다.

신臣이 전날에 『주역』의 건괘乾卦[36]에 '날으는 용이 하늘에 있다 飛龍在天'는 것과, 또 '높이 오른 용이 후회가 있다 亢龍有悔'는 말에 대해 아뢰었습니다.[37] 이것은 바로 임금이 지나치게 스스로 뛰어난 체하여 신하들과 마음을 같이하고 덕을 함께 하지 않으면 어진 이들이 아래에서 도우지 못하게 되는 것이니, 이른바 높이 오른 용이 후회가 있다는 것입니다. 그러므로 반드시 학문의 공정이 무너지지 않아야 사의私意를 이겨 낼 수 있어 그러한 병통이 사라질 것입니다."

하였다. 상이 다시 하고 싶은 말을 묻자 대답하기를,

"예로부터 임금의 초반 정치는 청명하게 하여야 정직한 인물이 등용되므로 임금이 과실이 있으면 간쟁諫諍(간관들이 국왕의 과오나 비행을 비판하는 것)하였는데, 임금이 이에 대하여 싫증을 내게 마련입니다. 이때 간사한 무리가 그 기회를 노려 온갖 아양을 부리게 되는데, 그러면 임금은 마음속으로 만약 이런 사람을 임용하면 내가 하고 싶은 대로 다 할 수 있겠다고 여겨 그때부터 소인배와 합하게 되어, 정직한 사람은 손 댈 곳이 없게 됩니다. 따라서 사태가 이에 이르면 소인배가 득세하여 못 하는 짓이 없게 되는 것입니다. 지금 신정新政의 초기라서 모든 간쟁에 대해 뜻을 굽혀 따르고 있으므로 큰 잘못이 없습니다. 그러나 오랜 세월이 흘러 성상의 마음이 혹시라도 달라진다면 꼭 오늘 같으리라고 어떻게 보장할 수 있겠습니까? 만약 그리 된다면 그때는 간인들이 필시 승세를 타게 되어 초정初政과는 크게 상반될 것입니다. 당 현종唐 玄宗의 개원開元시기[38]에는 어진 신하가 조정에 가득하여 태평을 이루었으나 현종이 욕심이 많은 것을 기화로 이임보李林甫[39]와 양국충楊國忠[40]이 오직 봉영逢迎(윗사람의 뜻에 맞추는 일)을 일삼았으므로, 군자는 모두 떠났고 소인배만 남게 되어 끝내 천보天寶의 난[41]을 일으켰습니다. 똑같은 한 사람의 임금이면서 마치 두 사람의 일인 양 달랐던 것은, 처음에는 군자와 마음이 맞았다가 끝에 가서는 소인과 친했기 때문입니다.

바라건대 상께서는 이 점을 큰 경계로 삼아 선류善類(성품이 어진 사람들)를 보호하여 소인배들로 하여금 모함을 못하도록 하소서. 이것이 바로 종사宗社와 신민臣民의 복이며 신이 경계의 말씀으로 드리고 싶은 것이 이보다 더 큰 것이 없습니다."

이 말을 들은 선조는 "내 이를 마땅히 경계로 삼으리라."하며 퇴계의 가르침을 잊지 않으려 애를 썼다."

–『선조수정실록』[42] 선조 2년 기사(1569) 3월 1일(을사)

현대 한국에 있어서 정부가 출범할 때에 국민들의 많은 기대를 받으며 출범하는 관계로 과거 어느 정부보다도 의욕이 넘쳐 있다. 특히 대통령은 그동안 마음속에만 있던 과감한 개혁조치를 곧바로 시행하려 한다. 그런데 국정을 해 나가면서 초기에는 정책에 대한 비판의 목소리를 참아내었지만 얼마 있지 않아 자신의 정책에 대한 비판의 목소리를 듣기 어려워한다는 소리가 흘러나온다. 그것은 퇴계가 "성상의 자질이 고명하시어 여러 신하들의 재지才智가 성상의 뜻에 만족스럽지 못하기 때문에, 일을 논의하고 처리하는 과정에서 독단의 슬기로 세상을 이끌

퇴계 이황

어가려는 조짐이 없지 않다"고 걱정한 그대로였다. 우리나라의 대통령처럼 앞에서 이끌어가는 스타일의 지도자일수록 그런 우려가 높았고 역대 대통령을 거치면서 그것이 어느 정도 현실로 드러났다.

그러므로 대통령이든 누구든 지도자는 자기 귀를 언제나 열어놓아야 한다. 방송이나 신문이 정책에 대해 비판을 가하는 것을 '발목을 잡는다'는 식으로 받아들이기 시작하면 자신의 귀에 달콤한 말만 가려서 듣고 국민의 뜻을 알 수 없게 되어 국민들의 마음이 떠난다는 것은 수 없는 역사가 증명한 바이다. 사람들은 "정치는 경영과는 다르다. 나와 다른 사람들의 목소리를 존중하지 않으면 정치는 독선이 된다. 그 독선은 위험하다"고 말해왔다. 우리나라는 역대로 정권이 끝나기도 전에 이미 정권이 잦은 비난에 힘을 잃고 심지어는 대통령이 출신 당적을 버리는 일이 잦는 것이 바로 이런 문제점에서 연유했다고 하지 않을 수 없다.

우리가 역사를 배우는 것은, 바로 그 성공과 실패의 원인을 스스로 미리 알고 잘 대처하라는 뜻일 게다. 예전에 왕은 아침저녁으로 그러한 역사공부를 경연이라는 형식을 통해서 했지만 이제는 그런 자리가 없고 대신 감사원, 국정원 등의 감찰보고나 언론을 통해서 듣게 되는데, 비판을 싫어하고 멀리하는 것이야말로 국민들로부터 눈과 귀를 닫는 일이 될 것이다. 국민의 비판은 언제나 겸허히 듣고 그 중에서 옳은 소리, 잘못된 소리를 구별하며, 자신의 부하 가운데서도 소인배를 물리치고 선류를 받아들이도록 해야 할 것이다.

참으로 일국의 지도자라는 자리는 어렵고도 힘들다. 그것은 구중궁궐처럼 인의 장막에 둘러싸인 외로운 섬이다. 일반 사람들과의 소통이 그만큼 어렵다. 처음 시작하는 사람은 누구나 각오를 단단히 하지만 끝내 귀가 막히고 눈이 닫히는 경우가 비일비재했다.

그리고 매번 정권이 바뀔 때마다 우리들은 5년이 결코 길지 않다는 점을 실감하곤 한다.

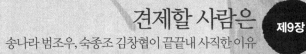

견제할 사람은

송나라 범조우, 숙종조 김창협이 끝끝내 사직한 이유

제9장

· · ·

송나라의 범조우는 우정언에 발탁되자 장인 여공저가 재상이라 간관의 자리를 피했다. 단지 사위라는 것을 혐의로 여겼던 것이다. 이 정신대로 숙종조 농암 김창협은 대사간에 제수되었지만 아버지가 영의정으로 재직하는 의정부를 견제해야하는 직책을 피해야만 '공사간의 사리에 다행'이라는 명문 사직서를 숙종에게 올렸다. 퇴계 이황 또한 친형인 온계 이해를 피해 자리를 스스로 옮겼다. 고려와 조선시대에 있던 '상피제도'는 조선조에서 더욱 엄해지는데, 특정 지역에 연고가 있는 관리는 그 지역에 재직하지 못하도록 하였다. 특히 언관은 사돈 간에도 적용되었으니 그 사리 분별이 얼마나 엄격했는지 알 수 있는 대목이다. 정치가 성공할 수 있는 길은 이와 같다. 가까운 사람, 인맥으로 얽힐 사람보다는 객관적으로 비판할 수 있는 인물을 쓰는 것이 원칙이라는 것을 역사는 보여주고 있다.

숙종 임금이 등극하고 서인 세력이 집권한 이후 가장 촉망받고 빛나는 관리는 농암農巖 김창협金昌協[43] 이었다. 글을 잘 하기 때문이었고 그 명성으로 출세가 이어진다. 37세 때인 1687년(숙종13) 1월 19일 김창협은 대사간에 제수된다. 그러나 이 때 아버지 김수항金壽恒(1629~1689)은 묘당廟堂(의정부 곧 행정부)의 대신, 곧 영의정에 있었다. 그러자 촉망받는 젊은 신하인 김창협은 대사간이란 자리를 사직하겠다고 나선다. 대사간이란 자리는 의정부의 일을 견제하고 비판하는 것인데 어떻게 아버지가 영의정으로 있는 의정부를 견제할 수 있겠느냐는 것이었다. 왕은 김창협이 올린 사직서를 보고는 이 뜻을 받아들여 약 열흘 후에 그를 성균관 대사성成均館 大司成[44]으로 전보시켜 준다. 이 때에 올린 글이 명문으로서 기억되고 있다.

숙종조 영의정 김수항, 농암 김창협의 아버지
ⓒ국립중앙박물관(허가번호 중박 201202-1179)

"대사간을 사직하는 소

정묘년(1687)

삼가 아룁니다. 신은 용렬한 자질과 못난 재주로 후한 성은을 받고 시운이 좋은 때를 만나 벼슬한 지 4~5년 사이에 갑자기 하대부下大夫(정3품 당하관)의 반열에 올랐으나 대열을 따라다니기만 할 뿐 조금도 국가에 도움을 주지 못하였습니다. 그래서 평소에 내심 부끄러운 나머지 영광을 누리는 것을 두렵게 생각하였습니다. 그런데 뜻밖에 이번에 또 새로 대사간에 임명되었으니 놀랍고 황송한 마음 더욱 심합니다. 어리석은 신은 직무를 맡아 관직에 있는 문제에 있어 직책이 높거나 낮거나, 한가하거나 복잡하거나 간에 어느 한 군데도 걸맞은 것이 없습니다. 더구나 대각臺閣(사간원)의 임무에 있어서는, 스스로 헤아려 보건대 남들만 못한 신의 풍채와 기개로는 아무리 진부하고 무딘 자질을 가다듬어 바른말을 하여 직책을 저버리지 않으려 해도 결코 그럴 수 없음을 잘 압니다. 더구나 한 원院(부처)의 장관은 지위와 명망이 특별하고 책임이 더욱 중한데 신 같은 자에게 얼굴을 쳐들고 외람되이 그 자리를 차지하여 논의를 주관하게 한다면 어찌 조정에 크나큰 수치가 아니겠습니까.

그리고 신이 삼가 생각건대 나라에서 대각(사간원)을 설치한 것은 사실 묘당(행정부)과 서로 견제하도록 하기 위한 것입니다. 묘당에서 옳다 하는 일을 대각에선 그르다 하고 묘당에서 어질다 하는 사람을 대각에선 그렇지 않다 하는 경우에는 피차간에 의견을 달리하는 가운데 극심한 마찰을 빚는 일이 흔히 있습니다. 그리고 묘당에 과실이 있을 경우에 오직 대각에서만 그것을 지적하고 탄핵할 수 있으니, 그렇다면 조정의 체모로 볼 때에 또 어찌 묘당에 있는 사람의 자제를 묘당과 서로 견제하는 자리에 있게 하여 거리낌 없이 가부를 논의하는 일을 요구할 수 있겠습니까. 이는 비단 이치상 옳지 않을 뿐만 아니라 행해질 수도 없는 일입니다. 신의 소견은 이와 같습니다. 그래서 처음 벼슬에 나왔을 때에 사헌부 관원이 되자 혐의를 피하기 위해 사직을 요청하면서 이러한 사리를 구체적으로 진술하였으나 조정에서는 그런 사정을 깊이 살피지 않고 그 뒤에 다시 여러 차례 대각의 관직에 제수하였습니다. 이에 신도 처음의 견해를 고수하지 못하고 간간이 한두 번 공무를 수행하지 않을 수 없었지만 허수아비처럼 묵묵히 입 다물고 있었을 뿐입니다.

요사이 처음으로 『송사(宋史)』[45]를 보게 되었는데 원우元祐연간[46] 초기에 범조우范祖禹[47]가 우정언右正言[48]에 발탁되자 자신의 장인 여공저呂公著가 재상이라는 이유로 혐의를 피하려고 사직하고 저작랑著作郎(도서의 보관과 상소문 담당)으로 옮겨서는 그 뒤로 여공저가 벼슬에 있는 동안 다시는 간관을 담당하지 않았습니다. 단정하고 성실하고 정직한 범조우의 학식과 언론은 당시에 실로 대각臺閣(감찰과 간쟁을 담당)에서 으뜸이었고 단지 여공저의 사위일 뿐이었는데도 이 점을 혐의로 여겨 간관으로 있지 않았으니, 여기에서 옛사람은 의리를 지키기를 구차하게 하지 않았음을 알 수 있습니다. 그리고 당시 조정에서도 그의 체직遞職(교체)을 허락하여 더 이상 그 직임을 맡기지 않았으니, 어찌 이 일이 실로 국가의 큰 체통에 관계되어서 비단 한 사람의 사적인 일뿐만이 아니기 때문이 아니겠습니까.

신은 이제 비로소 전날 혐의로 여겼던 것이 애초에 옛사람의 의리에 어긋나지 않는다는 것을 믿을 수 있겠습니다. 이제 아비를 피해야 하는 신의 처지를 논하자면 또 장인을 피했던 옛사람에 비할 바가 아닌데도 신의 천박한 소견을 견고히 지키지 못하고, 또 조정의 윤허를 받아 있어야 할 곳에 있지 못한 결과 끝내 나라의 체통과 개인적 의리를 모두 손상시키고 만 점이 한스러우니, 이는 신의 죄입니다.

그러나 과거의 잘못을 되풀이해서는 안 되고 옛일의 좋은 점은 뒷사람이 본받아야 할 것이니, 신은 오늘날 절대로 다시 대각에 들어가 마침내 옛사람의 의리를 잊고 국가의 체통을 거듭 손상시키는 짓을 할 수 없습니다. 신은 이미 이러한 결심을 하였으니, 인자하고 너그러우신 성상께서도 분명 사리상 행할 수 없는 것을 신하에게 요구하지 않으실 줄로 믿습니다. 진심으로 바라건대 전하께서는 특별히 살피시어 속히 신의 체직을 윤허하시고 전조(銓曹, 인사담당부서)에 다시는 신을 간관에 의망하지 말라 명하시면 공사(公私) 간의 사리에 실로 모두 다행이겠습니다. 신은 두려운 심정으로 간절히 기원해 마지않습니다."

현재의 우리나라로 돌아와 보면 정부의 잘잘못을 비판하고 견제하는 역할은 감사원과 언론이 나눠서 한다고 하겠다. 감사원은 공무원들의 잘잘못을 규찰하는 행정부서이지만, 정부나 대통령의 잘잘못을 따져주는 역할은 현재는 언론들이 한다. 언론이라면 물론 신문과 방송이 있는데, 최근 우리 사회 일각에서 계속 문제를 삼는 것은 과거 신문에 비해서 역할이 커진 방송에 관한 한 그 정책이 올바로 세워졌거나 집행되지 못해 언론으로서의 역할을 제대로 수행하지 못하고 있다는 지적이었다. 물론 현재의 언론의 구도가 보수와 진보라는 두 가지로 나눠있다 보니 서로 상대방을 비난만 해왔다는 점이 지적되기는 하지만, 보다 근본적으로는 대통령의 친구가 언론정책의 수장을 맡은 것에 대해서는 여러 번 의문이 제기되었다.

조선시대에 아버지와 아들, 송나라 시대에 사돈과 장인이 서로 견제를 제대로 못할까봐 자리를 피한 사례를 보더라도 적어도 나라의 정책을 비판하는 자리를 책임지는 사람은 대통령의 친척이나 친구가 맡는 것이 바람직하지 않다는 것이 입증되었다고 하겠다.

사실 우리나라에서는 이렇게 중요한 자리에 친 인척을 앉히지 않는 것이 관례화 아니 제도화되어 왔다. '상피相避'라는 것이 그것이다. 일정 범위 내의 친족 간에는 같은 부서나 종속관계從屬關係에 해당하는 부서에 나아가지 못하게 하거나, 혹은 청송관聽訟官, 시관試官(송사를 처리하는 관원과 시험을 채점하는 관원) 등이 될 수 없게 하는 제도이다. 조선시대 퇴계退溪 이황李滉이 단양군수로 있을 때에 그의 형인 온계溫溪 이해李瀣가 충청감사로 오자 퇴계는 스스로 자리를 옮겨줄 것을 청원해서 경상도 풍기로 옮겨간다. 어느 지역에 특별한 연고가 있는 관리는 그 지역에 파견되지 못하게 하는 것도 포함된다. 고려 시대의 상피제도는 선종 9년(1092)에 제정되었는데 오복친제五服親制에 근거하여 본족本族과 모족母族·처족妻族의 4촌 이내와 그 배우자가 적용대상이 되었다. 특히 대성臺省, 곧 언관들의 경우는 사돈 사이에도 상피제도가 적용되었다. 조선 시대에는 고려 시대와 마찬가지로 친족·외족·처족 등의 4촌 이내로 규정되고 있는데, 이 시대에는 법외法外에까지 확대, 적용되는 경우가 많았다. 즉 고려 시대에 비해서 보다 엄격히 적용되었던 것이다.

이처럼 견제가 필요한 자리에는 정말로 제대로 견제하고 비판할 사람을 두어야 한다는 것이 옛 사람들이 우리에게 가르쳐 준 교훈이다. 이번 정권에서 이 문제에 관한 한 그 자리에 인물이 적합지 않다는 지적이 수 없이 있어왔지만 개선이 되지 않고 5년이 지남으로서 결국은 대통령의 치적에 좋은 점수를 보태지는 못했음을 우리는 알고 있다. 언론을 자신에게 유리한 쪽으로 몰고 가고 싶은 것은 모든 지도자의 공통된 경향이지만 진정으로 정치를 성공하려면 비판을 하는 자리에 대해서는 가까운 사람보다도 더 객관적인 사람을 임명하는 것이 정치의 성공의 지름길임을 우리는 다시한번 생각해 본다.

인재를 믿어주어야

소하, 조참, 등우, 제갈량, 방현령, 요숭, 왕맹…중국사 최고의 임용 사례

．．．

당태종의 '정관의 치'와 당현종의 '안록산의 난'은 근원적으로 인사 정책에서 판가름 났다. 조선 중기 문신 우계 성혼은 선조에게 벼슬을 마다하며 직언하기를 멈추지 않았다. 선조는 성혼에게 자문을 요청했고 성혼은 한에서 당에 이르기까지 10가지가 넘는 임용 사례를 제시하며 국가 병폐의 치란의 근원을 밝혔다. 그는 "군자를 임용하면 치세요, 소인을 임용하면 치란인 것은 고금의 진리"임을 강조하였다. 선조에게 성혼은, 관직이 높다는 이유로 덕이 후하다 하고 공손하고 과묵한 자에게 칭찬을 하고 강직한 자를 융통성 없다고 하니 선비의 기상이 저하되고 천하가 아는 데도 간신에 둘러싸여 선조만 모르고 있다고 직언하였다. 그는 말했다. "난세에 소인을 알아보는 것보다 치세에 간신을 알아보기 더 어려운 법"이다.

역사서를 읽다 보면 치란治亂이란 말이 나오고 일치일란一治一亂이란 말도 나온다. 治는 '다스릴 치'이니까 잘 다스려진 때를 말하고 亂은 '어지러울 난'이니까 정치가 제대로 되지 않아 천하가 혼란스러운 때를 의미한다고 하겠다. 일치일란이란 말은 한 번 잘 다스려지면 다른 때에는 잘 다스려지지 않음이 있다는 뜻을 담은 사자성어라고 하겠다.

당 태종 때 '정관의 치'는 정치가 잘 된 대표적인 사례이지만 당 현종 때 '안록산의 난'[50]은 정치가 잘못된 가장 대표적인 사례라고 하겠다. 안록산의 난은 그 자체로 세상을 어지럽힌 것이지만 이런 난리가 그냥 일어난 것이 아니고 반드시 그 선행 이유가 있었을 것이다. 안록산의 난이 일어난 것은 현종 후반기인 개원開元(당 현종 때의 연호) 24년(736)에 장구령張九齡

을 파면시키고 이임보李林甫를 재상으로 삼은 데서[51] 비롯됐다는 시각이 많다. 바로 이 점에서 역사를 읽을 때에는 정치가 잘 되고 못 되고 하는 분기점, 곧 기미를 파악하는 일이 중요한 과제가 된다.

말 없는 청산(靑山)이요 태(態)없는 유수(流水)로다
값 없는 청풍(靑風)이요, 임자 없는 명월(明月)이라.
이 중에 병 없는 이 몸이 분별 없이 늙으리라

우리가 잘 아는 이 시조의 작가는 조선 중기의 문신 성혼成渾(1535~1598)이다. 그는 율곡 이이와 함께 기호지방을 대표하는 학자였다. 성혼이 살던 곳은 파주 우계리牛溪里라서 우계라는 호를 갖게 되었는데, 같은 파주군의 율곡리에 살면서 율곡이라는 호를 갖고 있던 이이보다는 한 살이 더 많아, 나이 스물에 두 뛰어난 젊은이는 서로가 일생의 벗이 되기를 맹세하고 평생 노선을 같이 했다. 그러나 율곡 이이가 현실정치에 깊숙이 개입하다가 말년에 당쟁에 몰렸다면 우계 성혼은 퇴계 이황처럼 나라에서 주는 벼슬을 계속 사양하고 학문과 제자양성에 정진해서 당대에 높은 이름을 얻었다(그러나 율곡과 친한 관계로 율곡이 죽은 후에는 서인의 우두머리로서 공격을 받았다고 한다).

그런 성혼이기에 당시 새로 즉위한 선조의 각별한 관심을 받았다. 선조는 즉위 초부터 퇴계를 비롯한 당시의 이름 있는 현사들에게 정치를 잘 하기 위한 자문을 자주 요청했는데, 성혼은 선조 14년인 서기 1581년 3월 내섬

시內贍寺(오늘날의 조달청) 첨정僉
正(종4품)에 임명을 받고 왕으
로부터 자문을 요청받는다.
선조는 제일 먼저 대도大道의
요점, 치란의 원인에 대해서
언급하면서 현 시대에 급히
이룰 일, 생민生民의 고통에 대

우계 성혼과 율곡 이이.

해서도 하문했으며, 끝으로 마음을 비우고 선한 말을 따르겠으니 임금의
잘못에 대해서 말하라고 하였다. 이에 성혼은 장문의 글을 올린다.

"신은 생각건대, 고금 이래로 일치일란一治一亂(정치를 잘 하다가 못하
는 것)이 오랫동안 반복돼 왔는데, 그러한 차이는 천하의 동태와 흐름을
어떻게 파악하느냐에 따라 나뉘어지고, 그것을 파악하는 것은 임금의
마음에 달려 있는 것이니, 임금의 한 마음이 밝으냐 어두우냐에 따라서 인
재를 기용함에 사邪(잘못)와 정正(잘됨)이 있게 되고 인재 기용에 옳고 그
름이 있음으로 인하여 천하의 안위가 판가름나는 것이라고 봅니다. 세상
일이 잘 되고 안 되고는 알기 쉽다고 하겠지만 지극히 은미한 본심은 지키
기 어려운 것이며, 민정民情의 향배는 알 수 있으나 좋고 나쁘고를 파악하
는 마음은 일정하지가 않아서 매우 두려운 것입니다.
그러므로 우禹 임금은 나랏일에 근면하여 스스로 편안한 여가를 누리
지 않는 것으로서 자신을 다스렸고, 반면 순舜 임금은[52] 어진 이를 의심

111

하지 않고 위임하며 간사스런 소인을 미련 없이 제거하는 식으로 인물을 썼습니다. 하, 은, 주 등 삼대의 융성한 시절에는 임금이 왕도를 세우고 현명한 임금과 충량한 신하가 서로 만나서 임금의 마음을 바르게 하여 나라를 안정시키고 상하가 서로 통하여 태평을 이루었으니, 제대로 된 정치의 훌륭함이 이보다 더할 수 없었습니다. 중세로 내려와서도 시대마다 인재가 있었는데 결국 임금의 역량의 대소가 인재를 얻어 잘되고 못되는 관건이 되었습니다."

－『국조보감(國朝寶鑑)』[53] 제27권 선조조 4

이렇게 훌륭한 인재를 찾아내 쓰는 일이 지도자의 가장 중요한 책무임을 강조한 성혼은 역사 속에서 그런 사례를 제시한다. 그가 제시한 인재를 잘 쓴 사례는 다음과 같은데 그것을 검토해보자.

먼저 한나라 고조 유방劉邦을 도와 한나라의 기틀을 다진 소하蕭何(?~BC 193). 그는 한신韓信·장량張良·조참曹參과 함께 고조의 개국공신이지만 한신이 난을 일으킨 데 비해 소하는 끝까지 유방을 도와 한신의 반란을 평정하고 신하로서 가장 높은 상국相國에 제수되었으며, 재상 시절에는 진나라의 법률을 취사선택하여 『구장률(九章律)』[54]을 편찬함으로써 한나라를 다스리는 법률의 기초를 마련했다.

조참曹參(?~BC 190)은 유방이 군사를 일으키자 그를 따라 한신韓信과 더불어 주로 군사면에서 활약하였는데 몸에 70여 군데의 상처가 있으면서도

진군을 공략하여 한漢나라의 통
일대업에 이바지한 공으로 건국
후에는 평양후平陽侯로 책봉되
고, 그 후 경포黥布의 반란 등을
평정하였다. 고조가 살아있을
때에는 소하가 더 인정을 받았
으나 고조가 죽은 뒤에는 공을

한 고조 유방의 개국공신 소하와 조참.

다투던 소하蕭何가 오히려 그를 추천해 상국相國55을 맡도록 해서, 다음 황
제인 혜제惠帝를 잘 보필하였다. 이들 두 명 신하로 해서 당시 한나라에서
는 "소하는 정연한 법령을 만들고, 조참은 그를 이어받아 준수하며 청정
한 정치를 하였다"는 노래가 널리 불려졌을 정도라고 하니, 그 두 사람이
야 말로 인재발탁의 대표적인 사례가 되지 않을 수 없다.

후한 광무제光武帝(BC 6 ~ AD 57)때의 명신인 등우鄧禹(AD 2~ 58) 역시 그러하
다. 광무제는 유방이 세운 한나라가 중간에 외척인 왕망에 의해 신新이라
는 나라로 바뀐 상황에서 왕망의 군대를 격파하고 즉위해 후한을 연 황제
로서 중앙집권화를 꾀했고 학문을 장려하고, 유교주의를 택해 예교주의
의 기초를 다진 지도자이다. 선정을 베풀어 민심을 얻었다. 하북으로 순
행갔을 때 죄수들을 풀어주고 학정을 폐지하였으며, 군대의 규율을 엄하
게 하여 추호도 범법을 하지 못하게 하였다. 그리고 노비를 석방할 것과
노비에 대한 잔혹한 행위를 금지하라는 칙령을 여러 차례 반포하였다. 빈
민들이 몸을 팔아 노비가 되는 것을 줄이기 위하여 항상 구제미를 발급하

고 조세와 요역을 경감시켰으며, 수리시설을 건설하여 농업생산을 발전시켰다. 진상품을 받지 않았고 '장례를 간소화해야 한다'는 등의 조치는 모두 백성들의 환영을 받았다.

후한 광무제와 등우.

등우는 전쟁터에서 처음 광무제를 만났을 때, "님의 위덕威德(위엄과 덕망)이 사해에 전해지는데 제가 촌척寸尺(한 자 한 치라는 뜻으로 얼마 되지 않는 조그만 것)의 도움을 드려서 공명을 죽백竹帛(역사를 기록한 책을 일컫는 말로 종이가 발명되기 전에 대쪽이나 헝겊에 글을 써서 기록한 데서 생긴 말이다.)에 남기고자 할뿐입니다."라고 진심으로 말하였고 이에 광무제는 그를 참모로 삼았다. 악양樂陽을 탈취했을 때, 등우는 이렇게 간하였다. "바야흐로 지금은 온 천하가 혼란스러워 백성들은 명군을 생각하기를 갓난아이가 자애로운 어머니를 그리워하는 것과 같습니다. 예로부터 나라의 흥함은 지도자의 덕이 얇은가 두터운가에 달려있지 그 땅이 얼마나 큰가 작은가에 달려 있는 것이 아닙니다." 등우는 유수보다 여덟 살이나 어렸으나 훌륭한 군지휘관이었으며 특히 인물을 꿰뚫어 보는 힘이 탁월하여 유수로 하여금 수많은 인재를 얻게 했고 후한의 창시자로서 성공하도록 보필했다.

전한前漢 문제文帝때 가의賈誼(BC 200~168)는 하남성 낙양 출신으로 시문에 뛰어나고 제자백가에 정통하여 문제의 총애를 받아 약관으로 최연소 박사가 되었다. 1년 만에 태중대부太中大夫가 되어 진秦나라 때부터 내려온 율령·관제·예악 등의 제도를 개정하고 관제를 정비하기 위한 많은 의견을 상주하였다. 그러나 당시 고관들의 시기로 장사왕長沙王의 태부太傅로 좌천되었다가 4년 뒤 복귀하여 문제의 막내아들 양왕梁王의 태부가 되었다. 그러나 왕이 낙마하여 급서하자 이를 애도한 나머지 1년 후 33세로 죽었다. 저서에 『신서(新書)』 10권이 있으며, 진秦의 멸망 원인을 추구한 『과진론(過秦論)』은 널리 알려져 있다. 좌천되었을 당시 자신의 불우한 운명을 굴원屈原(BC 343 ?~BC 278 ?)[56] 에 비유하여 복조부鵩鳥賦와 조굴원부弔屈原賦를 지어 이름을 알리기도 했다.

또 다른 사례로 『삼국지』의 가장 중요한 주역이었던 유비劉備를 도운 촉한蜀漢의 재상 제갈량諸葛亮(181-234). 앞서 말한 당나라 태종 때의 방현령房玄齡과 위징魏徵도 마찬가지다. 그 외에도 당나라 현종玄宗을 도운 요숭姚崇(650~721)이 있다. 그의 본명은 원숭元崇이지만 현종의 연호가 개원開元이므로 피휘避諱, 곧 황제나 왕이 쓰는 이름자를 피해서 성을 원元에서 요姚로 바꾸었다. 측천무후則天武后에게 발탁되어 관직에 오른 이래 중종中宗·예종睿宗과 현종 초기에 걸쳐 여러 번 재상의 직에 올라 국정을 숙정하고 민생의 안정에 힘을 썼으며, 716년에 은퇴하였다. 송경宋璟과 함께 개원의 명재상으로 숭앙되고 있다. 이로써 당시 현종의 치세를 개원開元의 치

治라고 하는데, 이 치세의 기반을 제공한 사람이다. 요숭을 아는데 가장 쉬운 말이 '반식재상伴食宰相(자리만 차지하고 있는 무능한 재상을 빗대어 이르는 말)' 이라는 말이다. 요숭과 함께 재상에 있던 노회신은 청렴하고 검소한 사람 이었지만 요숭이 10여 일 간의 휴가를 갔을 때 혼자서 정무를 보았는데, 요숭처럼 신속히 처리하지 못해 정무가 크게 지체되었다. 노회신은 자신 의 능력이 요숭보다 크게 뒤떨어지는 것을 알고, 그 후부터는 모든 일에 요숭을 앞세우고 요숭과 상의해 처리해 나갔다고 한다. 그래서 사람들은 노회신을 반식재상 이라고 불렀고 이 말은 뒤에 능력도 없이 월급만 축내 는 고위관리를 의미하게 되었다고 한다.

그런데 성혼은 여기에 덧붙여 전진前秦의 부견符堅(재위 357~385)때 재상인 왕맹王猛(325~375)을 소개하면서 의미 있는 말을 한다. 곧 이들 지도자와 재 상들은 서로 믿고서 의심하는 법이 없었다는 것이다. 미천한 가문 출신이 지만 어려서부터 경서와 병서 등 공부를 많이 한 왕맹은 자신의 뜻을 펼 기회를 노리고 있었다. 32살이 된 357년 부견이 스스로 대진천왕大秦天王 에 올라 인재를 구했고, 신하의 천거로 왕맹을 만났다. 왕맹과 부견은 이 야기를 나누자 서로 뜻이 맞았고, 부견은 그를 삼국 시대 제갈량에 비견 했다. 부견의 정책과 전략의 대부분은 왕맹에게서 나왔다. 왕맹은 문벌 과 귀족을 억누르고, 내정을 정비하고 법제를 정비했다. 현인을 발탁하 여 중상重商보다는 중농重農정책을 추친하는 등 여러 방면에서 전진의 중 국 왕조화를 진행하였다. 또한 수도 장안으로부터 각지에 이르는 도로를 정비하고 도로 양쪽에 수목을 심는 것을 시행하여 전진의 치안을 다른 어

느 곳보다 좋게 하였다. 왕맹
의 정책으로 전진의 국력은
강대해졌고, 이로 인해 전진
은 5호16국 시대 국가 중 가
장 광대한 영역을 지배하기
도 했다. 375년 7월 왕맹은
병으로 인해 죽었다. 죽기 직
전 왕맹은 마지막 충성심을

촉한의 재상 제갈량과 당태종조 재상 방현령.

담아 부견에게 경고했다. 동진을 정벌해 중국의 통일을 노리던 부견에게
정복전쟁을 반대하고 내치에 전념하라는 유언을 남긴다. 하지만 그의 유
언을 무시하고 전정을 개시한 부견은 비수의 전투에서 대패하고 만다. 그
것은 당 태종이 위징의 말을 듣지 않고 고구려 정복전쟁을 감행하다 망한
것과 같은 사례이다. 성혼은 선조에게 이렇게 말한다.

"전진의 부견이 왕맹에 대해서, 그리고 우문태宇文泰가 소작蘇綽에 대해
서도 서로 뜻이 맞아 의심하는 일이 없었기 때문에 넉넉히 국가를 건립하
고 영토를 확장하여 한 때의 영웅이 되었던 것입니다. 당무종唐武宗과 주
세종周世宗도 모두 영걸스런 임금이었는데, 이들도 이덕유李德裕와
왕박王朴 같은 사람을 얻어 의심 없이 위임시킨 뒤에야 계책을 결정하
고 승리를 제압하여 그 뜻을 이룰 수 있었으니, 이들도 세상에 보기 드
문 만남이었습니다."

–『국조보감(國朝寶鑑)』제 27권 선조조 4

그런데 그 말을 잘 들여다보면 유능한 인재를 발탁한 후에는 이를 믿고 맡겼다는 데 있다. 이와 관련해서 송나라 역사서에는 "사람이 의심되거든 쓰지 말고, 사람을 썼거든 의심하지 말라"는 말이 있다. 성공한 왕은 일단 좋은 사람이라고 인정돼 발탁하면 의심하지 않고 믿어주는 것이 중요한 덕목이라는 것이다.

이처럼 성혼은 임금에게 현명한 인재를 잘 골라 써야 한다고 충언한다. 재미있는 것은 난세에 소인을 알아보는 것보다도 치세에 간신을 알아보기가 더 어렵다는 지적이다. 치세治世(잘 다스려져 화평한 세상)의 소인들은 재간만 뛰어나서 그 죄악이 드러나지 않는데, 예전에 보면 "당시 임금들이 그를 좋아하고 속된 선비들이 추종하게 되는데, 이들은 은미하게 임금의 마음을 잘 맞추어 임금의 신임을 얻게 되고 자신의 간사스런 뜻을 펼 수 있게 되는 것"이라고 설명한다. 이들에게는 국가의 일 보다는 자기 세력 키우기에 힘쓰게 되는데, 임금이 바른 마음을 지닌다면 능히 구분해 낼 수 있다고 충고하면서 글 말미에 가서는 임금의 현재의 인재선택이 잘못됐다고 매섭게 지적한다.

"지금 전하께서 발탁하시는 자들은 매번 사람들의 기대 밖의 인물들이 었으니 인심을 무슨 수로 열복시키겠으며 여러 가지 치적이 어떻게 무

118

너지지 않을 수 있겠습니까? 전하의 뜻은 반드시 '선비들은 특이한 것을 좋아하여 과격스럽고 오활한迂闊(곧바르지 아니하고 에돌아서 실제와는 거리가 멀다) 병통이 있으니 그들을 쓰면 필시 안정시키지 못할 것이다. 속류들은 지난 일들만을 따라 하여 부리기가 쉬우므로 절로 일을 이루어나갈 수가 있고 과격스런 병폐도 없으니 이들을 쓰는 것만 못하다'고 여기셨던 것입니다. 그러나 이는 정치를 하자면 올바른 인재를 얻어야 한다는 것을 모르신 것인데, 인재를 얻지 못하고서도 잘 다스려질 리는 절대로 없는 것입니다.

속류들은 본디 고상한 뜻이 없고 오직 관직만을 아끼므로 그들에게 정치를 맡기면 단지 문서를 다루고 옛 일을 들먹이면서 자기의 벼슬자리를 잃지 않으려고만 할 뿐입니다. 이런 자들에게 인사 전형을 맡기면 사정私情을 앞세우고 공의公義를 뒷전으로 하여 인재를 뽑는 것이 자기들의 임무라는 것을 모르고, 법조나 역사적인 사례, 문서禮文(예문)을 강론하게 하면 재주와 식견이 용렬하고 캄캄하여 의리의 소재를 알지 못하며, 옥사나 송사를 주관하도록 하면 오직 청탁에만 따르고 관청의 병폐를 논의하라고 하면 그저 예전의 규례만을 지키려고 합니다.

이들이 평상시에 생각하고 있는 것은 오직 자신만을 이롭게 하는 것일 뿐 국가의 안위와 생민의 고난 따위는 예사로 보아 넘겨 염두에 두지도 않고 있으니, 전하의 국사로 하여금 조금도 진보는 되지 못하고 날로 퇴폐해져 수습할 수 없는 지경에 이르게 하는 것이 모두 이들의 소행인 것입니다. 그런데 전하께서는 이 점을 살피지 않고 관직이 높은 사람은 덕이 후하다고 하시고 공손하고 과묵한 사람에게는 화평스럽다고 하시면서, 이들을 우대하고 포상까지 하십니다. 이리하여 풀잎을 휩쓰는 바람의 형세로 몰아침에 따라 이런 것을 본받는 풍습이 생겼고 그에 반해 선비들의 기풍士氣은 날로 저하되었습니다. 그리하여 말류의 폐단이 임금을 돌보지 않는 지경에까지 이르게 되었는데도 고려할 줄 모르고 있으니 어찌 차마 말할 수가 있겠습니까."

– 같은 책 (상동)

성혼은 이같이 왕이 국사가 잘못되는 본질을 보지 않고 표피만을 보면서 국사가 잘못 되 어가는 것을 근심하는 것은 의미가 없다며, 그런 사태를 밖에서는 다 아는데 안에서만 모르고 있다는 것이 문제라고 지적한다.

"전하께서 이러한 병근의 소재를 강구해 보시지 않으시고 단지 국사가 날로 잘못되어 가는 것만을 근심하고 계십니다만 국사가 잘못되는 것이 어찌 다른 이유가 있겠습니까. 지금 이러한 병폐에 대해서 모르는 사람이 없는데 전하께서만 모르시는 것은 지금의 조정에 나라를 걱정하는 사람이 적기 때문입니다. 모두들 이런 말이 한번 제기되어 전하께서 깨닫게 되면 자신들의 세도와 이익을 잃게 될까 염려하고 있는데 누가 말을 하려고 하겠습니까. 그 중에 한두 사람의 충성스럽고 현명한 신하들이 시대를 걱정하여 비분강개해 하면서도 감히 말하지 못하는 것은 실로 전하에게 신임을 받지 못하여 융통성이 없다는 말만 들을 뿐, 일에 있어는 도움이 없기 때문인 것입니다."

– 같은 책 (상동)

어느 시대 어느 왕이든 즉위 초에는 좋은 인재를 뽑아 국사를 맡김으로서 성공한 왕이 되고 싶지 않은 왕은 없을 것이다. 그것은 어릴 때부터 당시 의 학자들이 이런 왕도정치의 본질을 가르쳐왔던데 따른 것이다. 그런데 막상 현실이 되면 자신이 좋아하는 인재의 테두리를 벗어나기 어렵고 그 러다 보면 왕의 한계를 알아차린 총신들은 자신의 세력을 심느라 주위의 원성을 사고, 그것이 국사를 잘못된 방향으로 이끌어갔음을, 우리는 성혼 의 말이 아니더라도, 자주 보아왔다. 그런 상황에서 성혼의 말이 돋보이 는 것은, 임금의 잘못에 대해서 목숨을 내걸고 강력하게 개선을 요청하는 그 당당함이고, 그 말을 알아듣고 받아주는 자세다.

우리는 조선왕조 500년을 성공한 역사라고 평가하기 어렵다는 점을 잘 알고 있다. 그러나 왕이 신하에 대해서 바른 가르침을 언제나 요구해 왔 고 어진 신하들은 왕의 잘못에 대해서는 목숨을 걸고 지적을 해 온 그 전 통만은 우리가 평가를 해주어야 할 것 같다. 그런 전통으로 해서 조선왕 조는 나름대로 기강을 세우고 500년을 이어져 온 것이니까.

그런 면에서 인재를 잘 고르고 일단 고른 다음에는 철저히 믿어주어 마음 껏 정치를 할 수 있도록 하는 것이 중요하다는 성혼의 지적은, 당시의 왕인 선조에게만 해당되는 말은 결코 아니다. 현대로 들어와서 역대 대통령들이 자신의 정치를 일선에서 지휘해 줄 총리를 뽑고 장관을 뽑으면서 반년이 멀다 하고 교체하는 것을 볼 때, 물러가는 사람들이 합당한 이유가 있어서 물러가는 것이 아니라는 생각이 많이 든다. 대통령으로서는 인재의 발굴이나 선택이 그만큼 어렵다고 하겠지만 그만큼 대통령도 인재를 믿지 못하고 자주 교체함으로서 그가 책임 있는 시책을 펴나가지 못하게 되는 결과가 많이 초래되었다. 물론 과거 왕조시대처럼 조용한 시대가 아니고 변화가 많고 각계의 목소리 또한 커서 예전처럼 오래 사람을 쓰기가 어렵다고 할 수는 있지만. 한번 발탁된 인재는 믿고 써야, 그 인재가 인재로서 활약을 할 수 있을 것이다. 성혼 선생이 올린 인재론은 그런 이야기를 우리에게 해주는 것이 아닌가?

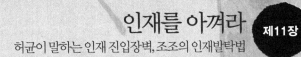

인재를 아껴라

허균이 말하는 인재 진입장벽, 조조의 인재발탁법

제11장

• • •

허균의 『유재론』은 귀천과 배경에 상관없이 공평하고 밝은 눈으로 인재를 찾아 화평을 거스르는 백성의 원성을 없애야 한다고 주장하였다. 나라가 복을 받는 것은 인재의 쓰임이 알맞고 재주를 마음껏 펼칠 때다. 왜 길을 막고서 땅이 좁고 인재가 없다고 탄식하는가? 『홍길동전』이 시사하듯 허균은 문벌과 과거에 재한된 조선의 인재 발탁을 안타까워하였다. 그는 송나라 재상 범중엄도, 진관과 반양귀 같은 곧은 신하도 이런 상황에서는 나올 수 없을 것이라고 말하였다. 삼국을 호령한 영웅 조조는 다섯 부하 중에서 네 사람이 적군 출신이었으며 수시로 '구현령'을 선포해 전국에서 인재를 모아들였다. 그리고는 인재를 대접하고 키웠다. 장관조차도 1년을 못 넘기는 대한민국의 현실은 어떠한가.

『홍길동전』이란 소설의 가장 큰 주제는 조선시대 서자에게서 난 사람들이 사람으로서 대접을 못 받고 그들의 재주를 활용하지도 못하고 억울하게 묻히는 현실을 타파하고 인재를 과감하게 발탁하자는 것이라 하겠다. 이 소설이 순수한 한글 소설이라는 것도, 굳이 한문으로 써서 안될 것은 없으되, 기왕이면 한문을 모르는 사람들도 읽고 뜻을 같이 했으면 해서 한글로 쓰지 않았을까 생각이 된다. 이 소설을 쓴 사람은 우리가 잘 아는 허균許筠(1569 ~ 1618). 일찍부터 서자들과 어울려 지내다 보니 그들의 억울하고도 한심한 사정을 깊이 체득하게 되고 그것의 타파를 위해 목소리를 높였던 것이다.

그런 주장의 대표적인 목소리가 인재를 아껴야 한다는 글『유재론(遺才

論)』이다. '유재'라는 말은 재주 있는 인재가 버려진다는 뜻으로, 반대로 말하면 인재를 잘 알아보고 그 재주를 다 요소요소에 발탁해 써야 한다는 것이다.

"나라를 다스리는 사람은 임금과 더불어 하늘이 준 직분을 행하는 것이니 재능이 없어서는 안 된다. 하늘이 인재를 내는 것은 본디 한 시대의 쓰임을 위해서이다. 하늘이 사람을 낼 때는 귀한 집 자식이라고 하여 재주를 넉넉하게 주고, 천한 집 자식이라 하여 인색하게 주지는 않았다. 그래서 옛날의 어진 임금은 이런 것을 알고, 인재를 더러는 초야에서 구했으며, 낮은 병졸 가운데서도 발착했다. 더러는 싸움에 패하여 항복해 온 오랑캐 장수 가운데서도 발탁했으며, 도둑을 강 누대樓臺(누각과 정자)에서 발견하거나 창고지기를 등용하기도 했다. 쓴 것이 다 알맞았고, 쓰임을 받은 자도 또한 자기의 재주를 각기 펼쳤다. 나라가 복을 받고 치적이 날로 융성케 된 것은 이러한 방법을 썼기 때문이다.

중국같이 큰 나라도 인재를 혹 빠뜨릴까 오히려 염려했다. 근심되어 옆으로 앉아 생각하고 밥을 먹을 때에도 밥 먹을 때에도 탄식하였다. 그런데 어찌하여 숲 속이나 연못가에서 살면서 보배를 품고도 팔지 못하는 자가 그토록 많고, 영걸한 인재로서 낮은 벼슬아치 속에 파묻혀 끝내 그 포부를 펴지 못하는 자가 그토록 많은가? 인재를 모두 얻기도 어렵거니와, 그들을 다 쓰기도 또한 어렵다. 우리나라는 땅덩이가 좁고 인재가 드물게 나서 예로부터 그것을 걱정하였다. 우리 왕조에 들어와서는 인재 등용의 길이 더 좁아졌다. 대대로 명망 있는 집 자식이 아니면 높은 벼슬자리는 통할 수 없었고, 바위 구멍이나 초가집에 사는 선비는 비록 뛰어난 재주가 있다 하더라도 억울하게도 등용되지 못했다. 과거에 급제하지 않으면 높은 지위에 오르지 못하니, 비록 덕이 훌륭한 자라도 끝내 재상 자리에 오르지 못했다.

하늘이 재주를 고르게 주었는데 이것을 문벌과 과거科擧로써 제한하니 인재가 모자라 늘 걱정하는 것도 당연하다. 예로부터 지금까지 이 넓은 세상에서, 첩이 낳은 아들이라고 해서 어진 사람을 버리고 어미가 시집을 다시 갔다고 해서 그 아들의 재주를 쓰지 못한다는 말은 듣지 못했다. 변변치 못한 나라인데다 양쪽 오랑캐 사이에 끼어 있으니, 인재들이 우리나라를 위해 쓰이지 못할까 두려워해도 오히려 나라 일이 제대로 될지 말지인데, 도리어 그 길을 막고는 "우리나라에는 인재가 없다, 인재가 없어"라고 탄식만 한다. 이것은 남쪽으로 가면서 수레를 북쪽으로 돌리는 것과 무엇이 다른가. 참으로 이웃 나라가 알까 두렵다. 한낱 아낙네가 원한을 품어도 하늘이 슬퍼해 오뉴월에 서리를 내려주는데 하물며 원망을 품은 사내와 홀어미가 나라의 반을 차지했으니 화평한 기운을 이루기란 참으로 어려우리라.

옛날 어진 인재는 보잘 것 없는 집안에서 많이 나왔다. 지금 우리나라와

같은 법을 그 때 썼다면, 문정공文正公 범중엄范仲淹[57]이 정승으로서
업적을 내지 못했을 것이요, 진관陳瓘[58]과 반양귀潘良貴는 곧은 신하라
는 이름을 얻지 못하였을 것이며, 사마양저司馬穰苴, 위청衛靑과 같은
장수와 왕부王府[59]의 문장도 끝내 세상에서 쓰이지 못했을 것이다.
하늘이 낳아 준 것을 사람이 버리니 이는 하늘을 거스르는 것이다. 하늘
을 거스르면서도 하늘에 나라를 길게 유지하게 해 달라고 비는 것은 있
을 수 없는 일이다. 나라를 다스리는 자가 하늘의 순리를 받들어 행한다
면 나라의 명맥命脈을 훌륭히 이어 갈 수 있을 것이다."

-『홍길동전 허균 산문집 (허경진)』

인재를 잘 발견해서 이를 골고루 활용을 잘 해 성공한 사례로 삼국지의
주인공의 하나인 조조曹操[60]가 있다. 조조는 능력이 있는 사람들을 널리
구해서, 사람에 맞게 적재적소에 배치해서, 그들이 자신의 역량을 충분히
발휘하게 했다. 현대판 능력위주의 인재발탁이다. 또한 인재라면 적군 아
군을 구별하지 않았다. 조조의 수하에 있는 유능한 장수 다섯을 꼽으면 장
료, 악진, 우금, 장합, 서황을 꼽는데, 이 가운데 조조가 발굴한 장수 악진
을 빼고 나머지 4명이 전부 적군 출신이라고 한다.

조조가 서기 200년에 유비劉備를 격파하고 관우關羽를 사로잡았을 때에도,
관우를 자기 수하에 두고 싶어 집도 주고, 미녀도 주고, 잔치도 벌이고, 좋
은 말도 주고 했던 것도 결국은 인재를 발탁하고 쓰겠다는 구체적인 사례

에 다름 아니다. 그것도 모자라 조조는 210년과 214년 217년 세 차례에 걸쳐 구현령求賢令을 선포하여 전국 각지의 인재를 모았다.

허균의 『유재론』은 고등학교 국어 교과서에 실려 있으므로 해서 우리의 젊은이들은 일찍부터 이 글을 배우고 집안 환경이 어렵더라도 우리 사회가 이같이 인재를 발탁하게 되면 자신도 발탁될 수 있다는 희망에 열심히 미래를 준비한다. 그러므로 만약에 그러한 인재발탁이 이뤄지지 않고 인맥이나 학맥, 재맥 아니면 부정한 방법에 의해 정작 필요한 사람이 필요한 자리에서 일을 할 수 있는 기회가 없어진다면 단순히 국가적 손실을 넘어서서 큰 사회불안과 불만의 요인이 되어 결국에는 나라발전에 큰 지장을 초래할 것이다.

인재를 발탁할 때에 아래 위를 가리지 않고 두루 널리 인재를 구하고 이를 아끼고 잘 활용해야 한다고 주장한 허균이, 장관이라는 중요한 자리도 겨우 1년도 못하고 계속 바뀌는 현대의 정치풍토를 본다면 아마도 스스로 말문을 닫을 것이다. 매번 땅덩어리가 좁다고 한탄하는 우리나라에서 많이 있는 인재를 찾아내지 못하고, 적은 인재를 함부로 쓰고, 또 쉽게 버리는 풍토문제는 나라를 맡는 사람들이 심각하게 고민하지 않으면 안 되는 문제인 것이다.

한 줌의 흙이라도

『간축객서』의 저자 초나라 출신 이사가 말하는 포용론

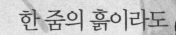

제12장

．．．

진시황을 도와 천하통일의 대업을 이룬 '이사'는 초나라 출신 외국인 장관이었다. 진나라 때 한나라 출신 '정국'이 진의 국력을 소모시키려는 의도로 운하사업을 벌인 것이 드러나자 진왕은 외국인 관리를 모두 축출하려 하였다. 이때 이사가 간절히 외친다. "태산은 한 줌의 흙이라도 사양치 않아 그 높이를 이루고 바다는 작은 물줄기도 가리지 않아 그 깊이를 이룹니다." 이사는 외국 관리를 씀으로써 자국이 구할 수 없는 보물을 얻는다고 강조한다. 출신지와 계층에 관계없이 어떤 사람이라도 포용할 때 나라가 살찐다는 논리다. 조선왕조는 관념적인 주자학 편향과 외국인의 문호를 막아 결국 나라를 잃었다. 2012년 대한민국, 극한 이념 대립과 갈등, 배타와 불포용이 난무하는 우리에게 무엇을 말해주는가?

진시황을 도와 중국을 통일하는 데 결정적인 기여를 한 이사李斯(?~BC 208)는 원래 초楚나라 사람이다. 그는 순경荀卿(B.C 298?~BC 238?)[61]으로부터 제왕의 통치술을 배우고 나서 서쪽 진秦나라로 갔다. 거기서 재상 여불위呂不韋의 눈에 띄어 점차 승진을 하다가 진나라 왕에게 유세하여 마침내 객경客卿(다른 나라에서 와서 공경(公卿)의 높은 지위에 있는 사람)의 자리에 올라가게 된다. 외국인으로서 장관급에 해당하는 자리를 받은 것이다.

그런데 한韓나라 출신으로서 치수治水사업을 맡고 있던 정국鄭國이란 자가 논밭에 물을 댄다는 이유로 운하를 만드는 일을 대대적으로 벌였는데, 이 사람이 한나라의 간첩으로서 진나라의 국력을 피폐하기 위해 일부러 이런 사업을 벌인 것으로 드러나자, 왕족과 대신들이 한결 같이 외국에서 온 관리들을 추방하자고 외친다. 이에 진왕은 진에 재직하고 있는 모든 외국 국적의 관리들을 추방하라고 명령을 내린다. 초楚나라 출신이어서 당연히 축출의 대상이 된 이사는 진왕에게 글을 올린다. 이 글이 천하의 명문으로 지금껏 기억되고 있는 이른 바『간축객서(諫逐客書)』곧 '손님을 쫓아내는데 대해 간하는 글'이다.

이사는 먼저 목공穆公(춘추시대 진(秦)나라의 제9대 군주, 재위 B.C 660~621) 이하 4대에 걸친 진왕들이 임용했던 외국인 관리들이 모두 진의 발전에 막대한 공헌을 했으며, 만일 이 현명한 신하들을 쓰지 않았다면 진이 강대한 명성과 내실 있는 부를 갖추지 못했을 것이라고 지적한다. 이어 지금 왕 당신의 주변에 있는 보물이나 준마, 미인, 음악 등은 모두 동방의 제후국들이 바친 것이고, 그것들이 자국에서 생산된 것이 아니라고 해서 거절한 경우가 없는데, 왜 중요한 인재 등용의 문제에서는 경솔한 태도로 외국 국적의 관료를 배척하려 하고 있느냐고 묻는다.

> "태산은 한 줌의 흙도 사양하지 않음으로 그 높이를 이룰 수 있었고, 바다는 작은 물줄기도 가리지 않음으로 그 깊이를 이룰 수 있었습니다(泰山不讓土壤, 故能成其大 河海不擇細流, 故能就其深). 왕은 어떠한 백성이라도 물리치지 않음으로 해서 그 덕망을 천하에 드러낼 수 있었던 것입니다. 이로써 국토는 사방으로 끝이 없고, 백성에게는 본국, 이국異國이 따로 없으며, 사시사철 아름다움이 충만하고, 귀신이 복을 내립니다. 이것이

바로 오제와 삼왕께 적이 없었던 이유입니다. 지금에 이르러 진나라는 백성을 버려서 적국을 이롭게 하고, 빈객을 물리쳐서 제후에게 공을 세우게 하며, 천하의 인재로 하여금 물러나 서쪽 진나라로 향하지 못하게 하고, 발을 묶어 진나라로 들어오지 못하게 합니다. 이것은 이른바 '적에게 병사를 빌려 주고 도적에게 양식을 보내 주는 격'입니다. 진나라에서 생산되지 않은 물건들 중에 보배로운 것이 많으며, 진나라에서 태어나지 않은 인재들 중에 충성하려는 자가 많습니다. 지금 빈객들을 축출하여 적국을 이롭게 하고, 백성을 줄여서 적국에게 보태 주어 나라 안은 텅 비고 나라 밖으로는 제후들에게 원한을 사게 되면, 나라를 구하고 위기를 일소하려 해도 어찌할 수가 없게 됩니다."

이 글을 읽은 진나라 왕은 빈객에 대한 축출 명령을 취소하고 이사를 머무르도록 함으로서 결국 그를 통해 20여 년 후에 대 야망이던 천하통일을 달성하게 된다.

사마천이 『사기(史記)』 「이사열전(李斯列傳)」에 실어놓은 이 『간축객서』는 한 나라의 지도자는 인재를 쓸 경우 출신지역이나 계층을 따지지 말아야 한다는 뜻으로 자주 인용된다. 특히 "태산은 한 줌의 흙도 사양하지 않음으로 그 높이를 이룰 수 있었고, 바다는 작은 물줄기도 가리지 않음으로 그 깊이를 이룰 수 있었습니다"라는 말은 어느 시대 어느 나라를 불구하고 개방적이고 포용력이 있는 마음을 포기하면 안된다는 뜻으로 해서 동양

사회의 중요한 지향점이 되어왔다.

그런데 조선조 500여 년 동안 사회는 지나치게 이념에 경도되어 다른 이념을 무조건적으로 배척하는 것이 습관화되어 왔다. 가장 현실적이라는 유학 가운데에서도 가장 관념적이고 철학적인 주자학을 받아들여, 그것의 가르침에서 오는 폐단을 조금이라도 벗어나려고 하면 사문난적이라고 몰아붙여 이단시함으로서 우리 사회의 발전을 가로막았다. 서로 다른 문벌, 동네를 배척하고 역적으로 몰아 죽였다. 그러다 보니 물질적으로 낙후되었다가 필경에는 외국의 침략을 받아 식민지로 전락하지 않았던가? 해방 이후에 남은 남대로, 북은 북대로 한쪽은 자유라는 이름으로, 한쪽은 평등이라는 이름으로, 조그마한 다른 가치를 용인하지 않음으로서 사회가 한 방향으로만 나아가고 그것이 결국은 오늘날까지 우리 남쪽 사회의 이념적 대립과 북쪽 주민들의 불행으로 이어지게 되지 않았던가?

그러므로 이런 우리 민족에게 있어서 2천 2백여 년 전 진 나라의 이사가 외친 이 말은 정말로 중요한 가르침으로 되살아나야 한다는 생각이 든다. 오늘날 중국이 세계 최대의 나라가 된 것도, 미국이 세계 최강국이 된 것도, 결국은 국민들이 외국이라는 것에 대한 경계심을 버리고 외국의 물자만이 아니라 사람과 사상, 정신까지도 다 수용하고 포용한 결과 결국은 나라의 크기가 그만큼 커진 것임을 우리는 알 수 있다.

우리들은 아직까지 갈등의 울타리를 넘지 못하고 있다. 과거 경제발전이 최고라고 생각하던 시절이나, 요즈음 분배가 최고라고 생각하는 시점이나, 서로의 생각과 가치관만을 최고라고만 여기고 다른 것을 받아들이지 않음으로서 여전히 사회의 포용력은 줄어들고 갈등이 증폭되고 있다. 사회 자체가 이런 문제점을 해결하는 포용능력이 없다보면 극단적인 해결에 기대고 싶어하는 마음이 늘어나게 되고, 그것이 정권이 바뀌면 또 다른 과거부정과 혼란으로 이어진다. 그러다가 그 급류에 예전에 쌓아놓았던 소중한 경험들이 또 휩쓸려버리고 만다.

현재 우리사회는 국제화, 개방화에다 FTA협상으로 교육 의료개방이니 농업개방이니 하는 개방문제가 도마에 올라 있다. 우리는 미국 등 선진국의 무역장벽을 얘기하면서 우리나라의 장벽에 대해서는 눈을 감고 있다. 외국과의 교류확대가 우리의 살 길이라고 외치면서 다른 한 쪽에서는 외국을 배척하려 하고 있다. 동아시아 문명의 부활을 얘기하면서 한자교육은 안된다고 목소리를 높인다. 외국에 수십 만의 학생들이 나가서 몇 십조 원의 돈을 뿌리는데, 국내에 외국 수준의 학교를 세우는 일에는 목숨을 걸고 반대한다.

외국인들의 국내투자가 중요하다면서 외국인들이 국내에서 돈 벌어 나가는 것은 허용할 수 없다고 외친다. 국내의 3D업종에 노동력이 없다고 외치면서도 외국 노동자들의 유입은 안된다고 막는다. 이미 한국만의 것,

한국인들만의 세계는 불가능한데도 여전히 한국은 외국인이 배제된 절해고도絶海孤島(뭍에서 아주 멀리 떨어져 있는 바다 가운데의 외로운 섬), 한국인만을 위한 낙원의 섬으로 남아있기를 고집한다.

해방 당시 경제력에서 월등하던 북한의 제치고 우리 남한 사회가 세계 10위권 경제대국으로 올라선 것도 결국에는 일찍 외국의 자본과 기술을 받아들이고 그것을 바탕으로 노력한 때문이라고 한다면 이제는 더욱 더 외국의 사상이나 제도, 인물까지도 필요한 경우 받아들여야 하지 않겠는가? 우리끼리도, 나만의 생각이 옳다며 자신의 명분에만 집착하지 말고 다른 사람의 생각을 인정하고 다른 사람의 명분도 인정하는, 그런 실질적으로 문제를 해결하는 자세를 가져야 하지 않겠는가?

2천 2백 년 전 이사가 한 말은 요즈음에도 여전히 유효하다. 바다는 아주 작은 물줄기도 버리지 않고 받아들임으로서 마침내 그 깊이를 이룰 수 있다는 것이다. 태산이 되기 위해서는 한 줌의 흙도 버릴 수 없다. 제프리 존스처럼 한국인과 결혼해야 받아준다면 언제 바다가 될 수 있겠는가?

우리 한국이라고 태산과 바다가 안될 이유는 없다!

나무꾼에 물어보고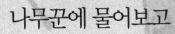

제13장

진나라 법가 상앙의 비현실성, 법령은 필부가 공감하는 타당성으로

• • •

진나라 법가 체제처럼 엄혹한 정치는 결국 수명이 길지 않았다. 형법으로 다스리기 보다 인의를 펼친 왕조가 태평성대를 이루었다. 자율 규제로서 국민이 스스로 통제할 수 있도록 만드는 자율성과 자유는 얼마나 중요한가. 모두가 고통스러워하는 위로부터의 강압은 역사에서 사라져 버렸다. 국민이 행복하지 않은 탁상공론과 독단, 비현실적인 엄형의 치리가 아닌 필부가 이해할 수 있고 공감할 수 있는 따뜻한 정치가 필요한 것이다. 지도력, 헤게모니는 괴롭히며 눌러서 생성되는 것이 아니라 밝은 눈으로 국민의 구석 구석을 살펴 자발적인 참여와 유도를 이끌어내야 가능하다.

조선 후기 철종 임금이 승하하고 후임자를 찾다가 발탁된 고종이 집권한
지도 2년, 아직 어린 왕에게 당시의 학자들이 강의를 하는 장면이 승정원
일기에 기록돼 있다. 1865년 음력5월15일의 일이다. 왕은 입시한 학자들
에게 차례로『통감』제1권을 읽고 해석한 뒤에 그 뜻을 설명하도록 했다.

> "상이 관물헌에 나아가 소대하였다. 이때 입시한 참찬관 서신보徐臣輔,
> 직각 이세용李世用, 시독관 남상룡南商龍, 검토관 이승고李承皐, 가주
> 서 이용만李容萬, 기주관 송택훈宋宅薰, 별겸춘추 조정섭趙定燮이 각
> 각『통감』제1권을 가지고 차례로 나와 엎드렸다.
> 곧 시독관 남상룡南商龍이 아뢰기를, "백성은 요순堯舜의 백성인데 법
> 은 요순의 법이 아니었기 때문에 상앙商鞅(?~기원전 338년, 고대 중국

의 전국시대 진나라의 법가를 대표하는 정치가)이 법령을 시행하자 백성들 모두가 고통스러워하였으니, 이것이 어찌 사해四海를 태평스럽게 다스리는 정치라 하겠습니까. 공자가 말하기를, '법으로 유도하고 형으로 다스리면 백성은 면하려고만 할 뿐 부끄러워하는 점이 없게 된다. 반면에 덕으로 이끌어 주고 예禮로 다스리게 되면 부끄러워하는 점이 있어 선한 방향으로 나아가게 된다'고 하였습니다. 형법을 숭상하느냐 덕을 숭상하느냐 하는 데 따라 이처럼 이해가 크게 나누어지는 것입니다."

하고, 검토관 이승고李承皐가 아뢰기를,

"진秦 나라 법이 한 번 변하면서 백성들이 감히 비평하지 못했던 것은 그 타당함에 심복하여 그랬던 것이 아니라 단지 벌을 받을까 두려워하여 입을 막고 있었던 것일 따름입니다. 무릇 나라의 정치란 나무꾼에게도 물어 보아 그 편부便否를 들은 다음에 행해야 하는 것이니, 이것이 바로 나라를 다스리는 방법입니다. 그렇기 때문에 당우62 삼대三代의 융성한 정치를 보면 감히 간諫할 수 있는 북이 설치되어 있었고 비방할 수 있는 게시판이 마련되어 있었던 것입니다. 이렇게 널리 여론을 수렴했기 때문에 그때의 정사에는 잘못된 점이 없었습니다.

그런데 상앙의 경우는 그렇지 않아 시비를 따지지 않고 자기의 견해만을 고집한 나머지, 법령을 가지고 여론에 재갈을 물리려 하고 백성의 입을 단속하려 한 것이 물의 흐름을 막는 것보다도 심했습니다. 그러니 백성들이 비록 입으로는 옳다고 하며 따르더라도 어찌 마음속으로야 복종을 한 것이겠습니까. 제왕의 정치는 인의仁義를 급선무로 삼는데, 백성이 일단 이에 심복하게 되면 명령을 내리지 않아도 행해지고 금지하지 않아도 멈춰지게 되는 것입니다. 정치의 대요大要는 인의라는 두 글자에서 벗어나지 않습니다."

하고, 참찬관 서신보徐臣輔가 아뢰기를,

"상앙은 오로지 각박한 정치에 입각하여 법을 제정하였습니다. 그 결과 이를 행한지 10년 만에 길

공자

에 떨어진 물건을 줍지 않고 산에 도둑이 없게 되는 데에 이르렀습니다만 이는 감복해서 그런 것이 아니라 바로 겁을 먹고 그렇게 하였던 것이니 진 나라 백성들이 신법新法을 두려워한 것은 악독한 호랑이나 이리보다 심한 점이 있었습니다. 만약 어진 사람이 덕교德敎로 이끌고 예의로 교화시켰다면 그 효과가 어찌 이 정도에 그쳤겠습니까. 명령을 내린 것의 타당성 여부에 대해서는 백성들이 각자 생각한 대로 말할 수 있어야 하는 것인데, 한 번 이에 대해 언급했다고 하여 중률重律을 적용했고 보면, 또한 너무나도 심한 것이 아니겠습니까. 후세에서 교훈으로 삼아야 하리라 여겨집니다."

하고, 직각 이세용李世用이 아뢰기를,

"유신과 참찬관이 빠짐없이 진달드렸으므로 신으로서는 더 이상 말씀드릴 것이 없습니다. 대체로 제왕이 인의에 입각하여 정치를 하면 아래에 있는 사람들이 자연히 염치를 알게 될 것인데, 그렇게 염치를 알게 되면 어떻게 도둑질을 할 수가 있겠습니까. 그런데 진 나라 백성의 경우는 그렇지

가 않아 안으로 염치를 모른 채 밖으로 형법을 두려워하기만 하였습니다.
이렇듯 성왕聖王의 심복시키는 정치가 못 되면 어떻게 오래 갈 수가 있
었겠습니까. 주 성왕周成王과 한 문제漢文帝 때에는 감옥이 모두 텅 비
었고 40년 동안 도둑이 성행했다는 말을 듣지 못하였습니다. 이를 통해
살펴본다면 그 층절層節(일의 차이)이 하늘과 땅 차이뿐만이 아니라고
말할 수 있겠습니다." 하였다.

－『승정원 일기』고종 2년 을축(1865) 5월15일

이 광경을 다시 보면서 선조들이 생각한 정치의 본질을 알게 된다. 가혹
한 법으로 세상이 구해지지 않는다는 것이다. 법을 정하기 위해서는 나
무꾼에 물어보고 그 적절성을 들어야 한다는 것인데, 요즈음 생각하면 말도
안 되는 소리라 하겠지만 그만큼 정치라는 것이 엄격한 법으로만 되는 것이
아니라는 말에는 반박할 수가 없다. 상앙商秧과 이사李斯로 대표되는 법가法
家, 곧 법으로 세상을 다스리자는 사람들이 주도한 진秦나라가 시황제 즉위
후에 3대를 가지 못하고 멸망한 것이 가장 확실한 증거라 하겠다. 백성들은
무력으로 복속服屬시키는 것이 아니라 마음으로 받아들이는 심복心服이 되
어야 한다는 가르침이다. 그런데 감옥이 텅 비는 시대가 다시 올 수 있을까?
주나라의 성왕, 한나라의 문제 때에 그랬다는 것인데, 과연 이 시대에 그것
이 가능하다고는 생각할 수도 없지만, 그런 것이 정치의 목표가 되려면 법
률을 정하고 집행할 때에 항상 국민 편에 서야한다는 것이고 그렇게 하면
감옥이 비는 시대가 아주 불가능하다고만 할 수는 없을 것이다.

백성을 부자로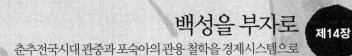

제14장

춘추전국시대 관중과 포숙아의 관용 철학을 경제시스템으로

· · ·

춘추전국시대 제나라 환공이 40년간 중원을 지배하고 2000년 중국사 제왕정치의 표본이 된 것은 관중이라는 걸출한 재상을 채용했기 때문이다. 친구를 위해 재상 자리를 양보한 포숙아와 자신이 죽이려던 임금을 위해 일신의 노력을 다한 관중은 국민을 따사롭게 하고 부유하게 했다. 은혜를 베풀어 치국의 근본을 잃지 않았고 충성스럽고 믿음직해 국민을 통합했으며 예의를 제정해 모본을 삼고 국민을 용맹스럽게 만들었다. 제 환공이 채택한 이 정치 철학의 요체는 부국과 치세가 민간을 부유하게 하는 것과 근면한 백성, 건전한 문화 기풍에서 나온다는 것이다. 대립으로 분열된 대한민국이 큰 마음으로 통합할 수 있는 지혜는 이 관용 정신에 있다.

'주지육림酒池肉林'이란 말은 애첩인 달기妲己에 눈이 먼 중국 은殷 나라의 마지막 왕인 주紂(BC1154~1111)왕이 술로 못을 만들고 여자들을 수풀처럼 불러다가 잔치를 벌이며 놀던 일을 빗댄 말로서 은나라가 이 때문에 망한 것으로 우리는 알고 있다. 이러한 주紂를 몰아내고 새로 중원의 주인이 된 주周나라도 400년을 버티지 못하고 노쇠해지자, 그 틈을 타서 곳곳에서 제후들이 일어나 이른바 춘추전국시대를 연다.

이 춘추전국시대의 첫 번째 지도자는 제齊나라의 환공桓公63, 그런데 이 환공이 중국 전역의 패자로 올라서게 된 것은, 관중管仲이라는 걸출한 정치가가 있었기 때문이고, 그 관중이 제나라의 재상이 되어 40년간 나라를 이끌 수 있었던 것은, 관중의 친구인 포숙아鮑叔牙가 있었기 때문이다.

애당초 관중과 포숙아는 환공이 아직 왕자이던 시기, 곧 환공의 형인 양공襄公이 제나라를 다스릴 때에 양공의 동생인 공자 규糾와 그의 동생인 공자 소백(小白, 곧 제 환공)을 각각 모시고 있었는데, 형인 양

관중과 포숙아.

공이 이들을 해치려고 하자 부득불 각기 외국으로 피난을 나가지 않을 수 없었다.

그러다가 양공이 죽자 서로 입국해서 왕의 자리를 차지하려고 했는데, 형인 공자 규를 모시고 있던 관중이 어느 자리에서 화살로 공자 소백을 쏘아, 그 화살이 공자 소백의 허리띠에 맞아 공자 소백이 말에서 떨어졌다. 그러자 공자 규는 경쟁자가 없어진 줄 알고 느긋하게 수도로 입성하고 있었는데, 말에서 떨어진 공자 소백은 곧바로 일어나 군사를 이끌고 입성해 먼저 왕이 된다. 그리고는 형을 이웃나라에 맡겨 살해한다.

새로 정권을 잡은 공자 소백, 곧 제나라의 환공은 자기를 돌봐주던 포숙아에게 나라를 맡기려 한다. 그런데 포숙아는 뜻밖에도 화살로 자기를 죽이려했던 관중을 천거하는 것이 아닌가? 당연히 환공은 포숙아의 말을 듣지 않으

려 했다. 그러나 포숙아는, 당신이 열국의 우두머리가 될 뜻이 있다면 관중을 써야 한다며 한사코 권고해 결국 관중을 재상으로 임명한다. 여기서 우리가 주목해야 할 것은 포숙아가 재상의 지위를 사양하면서 관중을 적극 추천한 대목이다.

> "신이 관중보다 못한 점이 다섯 가지입니다. 은혜를 베풀고 백성을 부드럽게 대하는 점에서 저는 관중만 못합니다. 국가를 다스림에 그 근본을 잃지 않는다는 점에서 저는 관중만 못합니다. 충성스럽고 믿음직하여 백성을 단결시키는 점에서 저는 관중만 못합니다. 예의를 제정하여 사방에서 본받게 하는 점에서 저는 관중만 못합니다. 북채와 북을 잡고 군문에 서서 백성들을 용맹스럽게 하는 점에서 저는 관중만 못합니다."
>
> —『관자(管子)』「소광(小匡)」

이 말을 듣고 제 환공은 관중에 대한 원한을 버리고 몸소 교외로 나가 관중을 맞아들였다고 한다. 제 환공의 큰 그릇을 느끼게 하는 대목이지만 우리는 여기서 큰 정치의 요체가 무엇인지를 새삼 생각해보게 된다.

그것을 다시 본다면 첫째 은혜를 베풀고 백성에게 부드럽게 대하라는 것이요, 둘째는 국가를 다스림에 그 근본을 잃지 말라는 것이다. 또 백성을 단결시켜야 하며, 예의를 제정해서 사방에서 본받게 하라는 것이다. 또한 백성들을 용감하게 해야한다는 것이다.

춘추전국시대 제나라 환공.

그의 정치철학과 그가 실시한 정치체제는 그 후 40년 동안 제나라를 제후들의 우두머리로서 중원을 지배하도록 했고, 그래서 그 철학과 방법은 2000년 중국 역사에서 제왕정권의 좋은 표본이었으며 오늘날까지도 그 가치를 지니고 있다고 하겠다. 대만출신의 석학인 남회근南懷瑾 선생은 그의 저서 『알기 쉬운 대학강의』에서 이러한 제 환공의 정치철학이 성공한 이유를 이렇게 분석했다.

첫째, 그는 먼저 상공업 경제를 발전시키고 재정을 정돈하고 세제를 개혁함으로서 무엇보다도 나라를 부강하게 만들고 백성들을 이롭게 하고자 했다. 둘째, 공유公有적인 정전제井田制64가 점차 변화되어 백성들이 합리적인 사유재산을 소유할 수 있게 되었고, 백성이 부유해져서 나라는 강해졌다. 셋째, 모든 백성이 병사인 동시에 농민이 되는 체제를 만들어내어 군대를 다스리는 제도를 가지고 민간사회를 조직했다. 후세의 지방자치의 원형을 만들어 낸 것이다. 넷째, 백성이 부유해지고 나라가 강해져서 사회형태가 변하자, 대담하게 공창제도를 세워서 사회적으로 어두운 그늘을 없애고 미풍양속이 파괴되는 것을 막았다.65

곧 나라를 잘 다스리고 부강한 나라를 만드는 요체는 상공업을 발전시켜 백성들을 부자로 만드는 것에서 시작해서, 백성들이 스스로 부지런해져서 자기 지방과 나라를 지키려는 마음을 갖도록 하며, 사회의 풍속이 너무 흐려지는 것을 막아 건전한 기풍을 세우는 것이라고[66] 할 수 있다.

노무현 대통령이든, 새로 집권해 5년이 다 되어가는 이명박 대통령이든 임기가 절반을 넘어서면 칭찬보다는 비난, 기대보다는 실망이 더 많아지고 시국과 상황에 대한 각계의 우려의 목소리가 높아지는 상황이 반복된다. 상황을 진단하는 기준이 제각각인 듯 쏟아지는 목소리도 혼란스러울 정도다. 대통령의 주위 인사에 대한 목소리가 커진다. 물론 나라를 이끌어가는 대통령이 그런 목소리에 너무 흔들릴 필요는 없지만, 중국에서 성공한 정치학인 제 환공과 관중의 시각에서 현재를 되돌아 볼 필요는 있다. 자기를 죽이려 했던 관중을 재상으로 앉힌 제 환공의 도량과 배짱, 그리고 백성에게 은혜를 베풀되, 국가를 다스리는 근본을 잃지 말라는 가르침, 백성을 단결시키고 예의를 제정해서 사방에서 본받게 한다는 것이다.

우리 사회에 아직도 필요한 것이 바로 그런 것이 아니던가?
상대에 대한 포용, 국민들 사이의 증오의 중단, 사랑의 부활, 국가라는 큰 자치체의 기강을 바로 세우는 일 등등이 그런 것들이 아니던가?

그리고 무엇보다도 먼저 국민 모두를 잘 살게 하고 그들이 희망을 갖게 하는 일이 중요하다. 최근 평등에 관한 책이 초베스트셀러가 되고 사람들이 소셜미디어에 몰리면서 새로운 미디어를 통해 불만을 호소하고 여론을 형성하는 과정을 보아도 경제가 국민 모두에게 기쁨과 희망을 주지 않는다면 경제회복이 정치의 성과가 될 수 없고 그것은 곧 국민들의 불만, 다시 말하면 정치의 실패로 이어질 것이다. 아무리 경제지표가 좋아도 그것이 대기업에게만 돌아가는 것이라면 국민들의 불만은 커질 수밖에 없다. 그러기에 관용과 포용은 정치뿐 아니라 경제에서도 함께 찾아나가야 하는 것이다.

스스로 선한가?

은나라 명재상 부열이 말하는 지도자의 몸가짐 세 가지

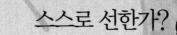

제15장

• • •

은나라 명재상 부열은 원래 부암 땅 들에서 노동을 하고 있는 자로서 천하를 뒤져서 얻는 인재였다. 그는 절대 신임을 얻었지만 왕의 잘못에 대해서는 추상 같이 지적하였다. 부열은 군주에게 말을 함부로 하지 말 것, 친분으로 등용하지 말 것, 스스로 선하다 생각하지 말 것을 강조하였다. "스스로 자기만이 선하다 하는 이는 선을 잃을 것이요, 스스로 자기 능력을 자랑하는 이는 아무런 성과도 거두지 못할 것이다." 부열로 인해 은나라는 신하들이 왕의 잘못을 기탄 없이 아뢰는 분위기가 형성되었으며 쇠락의 길을 가던 은나라는 이때에 다시 일어섰다. 지금으로부터 3천 5백년 전의 일이다. 우리가 역사의 부조리를 반복할 이유가 무엇인가?

아버지 소을小乙왕의 상을 당해 3년상을 치른 은나라의 왕 무정武丁은 복
상服喪(상복을 입고 예를 올리는 기간)이 끝난 후에도 여전히 아무 말도 하지 않
고 지냈다. 답답해 하던 신하들이 왕에게 말을 하라고 종용하자 무정은
말한다.

"하늘은 내게 온 세상을 바로잡게 하셨으나 내 덕이 훌륭하지 못함을 두
려워하여 말하지 않았소. 그런데 지난 밤 꿈에 하늘이 훌륭한 재상감을
내려주셨소. 그가 나를 대신하여 말하게 될거요."

왕은 꿈에 본 그 형상을 그리게 하고 그 형상대로 천하에 그 사람을 찾으
라고 명했다. 마침내 부암傅巖땅 들에서 노동을 하고 있는 사람을 찾았으
니 그가 천하의 명재상으로 역사에 길이 남는 부열傅說이다.

왕은 부열에게 말했다.

은나라 무정왕 시대 명재상 부열.

"아침 저녁을 가르침을 올리어 나의 덕을 도와주오. 내가 만일 쇠라면 당신은 숫돌이 되어 잘 갈아서 날카롭게 하여주오… 만일 큰 가뭄이 드는 해처럼 심한 재난이 나라에 닥친다면 나는 당신을 단비霖雨로 삼아 이를 해결하려 하오."

이렇게 두터운 신임과 간절한 염원을 담아 무정(고종)은 부열을 재상으로 임명한다. 이에 부열은 왕에게 처음으로 간한다.

"나무는 먹줄을 쳐서 다듬으면 곧 바르게 되고 임금은 신하의 간하는 말을 들으면 거룩한 임금이 됩니다. 거룩한 임금이 되시면 명령하지 않을지라도 신하들이 임금의 뜻을 떠받들게 됩니다. 이렇게 되면 누가 감히 바르고 위대하고 아름다운 임금의 명령을 공경하고 따르지 않겠습니까?"

은나라를 다시 일으킨 명재상 부열은 이렇게 임금의 가장 기본적인 출발점으로 신하들의 말을 잘 들을 것을 당부한다. 부열과 무정왕의 대화가 담긴 상서를 정리해『서경(書經)』「열명(說名)」편에 담은 공자는 이처럼 재상 부열의 말을 통해 바람직한 군주가 갖춰야 할 가장 기본적인 자세가 무엇인지를 설파하고 있다.

재상으로 임명된 부열은 계속해서 왕에게 간한다.

"말을 함부로 하면 수치스러운 일을 당할 뿐이고, 무기와 군사를 함부로 다루면 전쟁을 일으킬 따름입니다."

"나라가 잘 다스려지느냐 잘 못 다스려지느냐 함은, 오직 관리가 어떻게 행동하느냐에 달려 있습니다. 관리를 등용할 때에는 사사로운 친분을 생각하지 마시고 오직 그 능력에 따라 등용하십시오. 벼슬을 내리실 때에는 못된 덕을 가진 사람에게 내리지 마시고 어진 이들에게 내리십시오."

"스스로 자기만이 선하다고 하는 사람은 선을 잃을 것이요, 스스로 자기의 능력을 자랑하는 사람은 그가 하는 일에 아무런 성과도 거두지 못할 것입니다."

지금으로부터 무려 3천5백 년 전의 이야기이다. 그런데 재상 부열이 임금에게 간하는 말은 어떻게 요즈음과도 조금도 차이가 없을 정도로 정곡을 찌르고 있는가? 부열은 말한다. 좋은 임금, 좋은 지도자가 되기 위해서는

첫째, 말을 함부로 하지 말 것. 둘째, 친분 때문에 관리로 등용하지 말 것. 셋째, 스스로 선하다고 생각하지 말 것. 이 세 가지이다.

이 세 가지가 무슨 의미인지를 대한민국이라는 나라에 살고 있는 사람들이라면 금방 알 것이다. 왕에게 건방지게까지 느껴질 이런 말들을 쏟아낸 부열은 머리를 조아려 큰 절을 하며 다시 아뢴다.

"일이란 아는 것이 어려운 것이 아니라 실행하기가 힘든 것입니다. 그러나 임금께서는 정성을 다하신다면 실행은 어렵지 않을 것입니다… 앞으로 이 부열이 임금께 바른 말을 사뢰지 못한다면 임금의 허물에 대하여 제 자신이 모든 책임을 져야 할 줄 압니다."

부열은 왕의 절대적인 신임을 안고 있었지만 그에 비례해서 왕의 잘못에 대해서는 추상같이 지적할 것임을 강조하고 있다. 이에 고종 무정은 다시 재상은 왕이 단 술을 만들려 할 때 누룩이 되고, 맛있는 국을 끓이려 할 때에 소금이나 초가 되어 간을 맞추도록 해 달라고 당부한다. 그렇게 왕은 신하를 믿고 그가 간하는 것을 들었으며 신하들은 왕에게 잘못에 대해서는 기탄없이 아뢰었다. 그러한 정치가 쇠락해 가던 은나라를 다시 끌어올렸다. 부열은 다시 한번 왕에게 강조한다.

"사람이란 남의 말을 많이 듣는다면 무슨 일이고 이루게 될 것이고, 옛날 교훈을 배우면 많은 것을 얻을 것입니다. 일을 할 때에 옛날 일을 스승으로 삼지 않고도 영원토록 번영할 수 있다는 말을 저는 들어보지 못했습니다."

바라건대 부열 같은 재상이 이 시대에는 정녕 없는 것인가? 바라건대 무정 같은 왕은 이 시대에는 없는 것인가? 그러나 불가능하지는 않을 것이다.

다시 강조하여 말한다면 부열이 3천5백 년 전에 갈파한 임금의 요체, 곧 말을 함부로 하지 말 것, 친분 때문에 관리로 등용하지 말 것, 스스로 선하다고 생각하지 말 것, 이 세 가지를 곰곰히 새기며 신하들의 말에 귀를 기울이고 옛 사례를 참고해 새 정책을 결정한다면 성공한 지도자가 될 수 있을 것이다. 우선 국민들이 따르고 신하들이 따르고 하늘이 따를 것이기 때문이다.

3천 5백 년의 세월이 지나도 교훈은 그대로이다. 역사는 참으로 무섭고 현실은 참으로 부조리의 반복이라는 생각이 들지 않을 수 없다.

제1부 왕의 귀

1. 원문은 "大抵看史. 見治則以爲治. 見亂則以爲亂. 見一事則止知一事. 則何取. 觀史. 如身在其中. 見事之利害. 時之禍患. 必掩卷自思. 使我遇此等事. 當作如何處之. 如此觀 史.學問亦可以進. 知識亦可以高. 方爲有益."

2. 진나라는 B.C 403년에 조(趙), 한(韓), 위(衛)의 세 나라로 분할되었다. 이 분할로 전국 시대가 시작된다. 덧붙이자면 춘추시대의 춘추오패 가운데 송, 진, 오, 월 등이 사라진 대 신 전국시대에는 전국칠웅이 통치했으며 이 가운데 진나라에서 분리하여 독립한 한, 위, 조 3국이 등장한다(네이버 백과사전 참조).

3. 원문은 "讀史. 自以意會之可也. 至於戰國三分之時. 旣有天下之統體. 復有一國之統 體. 觀之亦如前例. 大要先識一代統體. 然後就其中看一國之統體. 二者相關也. 旣識統 體. 須看機括. 國之所以盛衰. 事之所以成敗. 人之所以邪正. 於幾微萌芽. 察其所以然. 是謂機括. 讀史. 旣不可隨其成敗. 以爲是非. 又不可輕立意見. 易出議論. 須揆之以理. 體之以身. 平心熟看. 參會積累. 經歷諳練. 然後時勢事情. 漸可識別."

4. 우리가 잘 아는 장희빈이다. 조선시대 임금을 모시는 여성들의 품계는 제일 높은 자리 가 비(妃), 곧 왕비이고 그 다음이 빈이며 소의는 다시 두 계급 밑이다. 이를 빈부터 차례 로 보면 빈(嬪)—귀인(貴人)—소의(昭儀)—숙의(淑儀)—소용(昭容)—숙용(淑容)—소원(昭媛)— 숙원(淑媛)이다. 맨 밑의 숙원은 평소 왕이 거처하는 전각을 관장하며 명주와 모시를 길

쌈하여 바치는 사람이었다.

5. 홍문관은 세조시대 신설되었으나 장서를 보관하는 임무에 국한되었다면 성종시대 집
현전의 기능을 되살려 최고의 문필기관이 되었다. 즉 조선시대 학술, 언론 기관으로 궁중
의 경적(經籍), 곧 임금에게 올리는 서류가 어느 관사를 거쳐 갈 것인가를 주관하는 업무
를 관장하고 문서기록을 담당하며 국왕의 자문에 대비하는 일을 맡았다. 수찬은 홍문관
정6품 관직으로 국사의 편찬에 종사하는 사관의 일과 서적의 편집을 관장하고 국왕의 교
서 등을 작성하는 임무를 하였다(네이버 백과사전 참조).

6. 원문은 "臣等按. 讀史之法. 先儒論之多矣. 而莫詳於祖謙此說. 蓋經書論理. 史書記事.
學者工夫. 宜以經書爲本. 而史書則其末也. 然理外無事. 事外無理. 則史之所載. 亦莫非
理也. 雖其利害得失治亂興亡之迹. 千端萬緒. 若未易窮. 而循其事而究其理. 莫不皆有致
之之端. 亦莫不皆有處之之方. 苟能善觀而有得焉. 則格致明理之功. 豈外是哉. 如或不
然. 而徒涉獵記覽爲事. 則不惟無見於理. 無得於心. 而適足爲作聰明騁辯. 博喪心志. 妨
實學之具矣. 此又所當戒也.

7. 황제에게 간하고 정치의 득실(得失)을 논하던 관원. 진(秦)나라 때 간대부(諫大夫)라 부
르던 것을 후한 시대에 간의대부로 개칭하여 황제의 고문과 응대 등을 맡았다.

8. 원문은 "貞觀元年, 太宗謂侍臣曰："正主任邪臣, 不能致理；正臣事邪主, 亦不能
致理。惟君臣相遇, 有同魚水, 則海內可安。朕雖不明, 幸諸公數相匡救, 冀憑直言鯁

각 주 및 용 어 해 설

議, 致天下太平."諫議大夫王珪對曰:"臣聞, 木從繩則正, 君從諫則聖."

－『정관정요(貞觀政要)』「구간(求諫)」

9. '간(諫)'이라 함은 선악을 분별하여 국왕에게 진술함을 뜻하는 것으로, 이를 맡은 관서 또는 관원을 간관이라 하였다.

10. 옛날 왕조시대에는 왕이나 황제의 연호, 즉 동양 군주국가에서 해의 차례를 나타내고자 붙이는 것으로 그 시대를 이름 짓는다. 정관의 치는 당태종이 정관이란 연호를 쓰던 시기에 치(治)를 잘했다는 뜻이다. 뒤에 설명이 나오겠지만 '치(治)'라는 말은 정치가 아주 잘 된 시기를 뜻한다.

11. 조선 태조 때부터 철종 때까지 25대 472년 동안의 역사적 사실을 편년체로 쓴 사서 (史書). 1997년에 유네스코 세계 기록 유산으로 지정되었다. 국보 제151호이다(네이버 백과사전 참조).

12. 원문은 "臺諫, 所以制權奸也. 然權奸之戕賢直, 不亦假手於臺諫哉. 猶師旅以靖 亂, 而亂亦由師旅興也. 故治世則臺諫爲國家之耳目, 亂世則爲權奸之爪牙, 以禍國, 在馭之而已."

13. Thomas Jefferson(1743~1826). 미국 건국의 기초를 다진 미국 3대 대통령이자 정치가로, 이 말은 "Were it left to me to decide whether we should have a government

without newspapers or newspapers without a government, I should not hesitate to prefer the latter"을 뜻한다. 여기서 신문은 문자 그대로의 신문이 아니라 언론을 의미한다.

14. 광해군에게는 유자신의 딸 정비 유씨와의 사이에서 태어난 왕세자 '질'이 있었으며 광해군은 정통성을 지닌 아들에 대한 기대가 컸다. 그러나 유비는 지위를 이용해 그 친정 오라비들이 부를 축적하고 호화롭게 살면서 인사권을 비롯한 세력을 행사하는 등, 광해 군 시대에도 외척의 폐해와 발호가 심했다(네이버 백과사전 참조).

15. 제갈공명은 한이 멸망한 뒤 위, 촉, 오로 병립한 삼국시대 촉한(또는 촉나라)의 승상 (재상). 촉한 유비가 지금의 쓰촨성에 세운 나라로 나중에 유비는 촉한의 황제에 오르며 제갈공명을 승상으로 삼았다. 유비는 삼고초려를 통해 제갈공명을 얻고, 오나라의 손권과 유비를 연합하게 하는 전략으로 조조의 대군을 격퇴했다(네이버 백과사전 참조).

16. 당 태종이 측근 신하들과 정관시대에 펼친 정치의 득실에 관해 문답한 말을 모은 것 으로 치도의 요체를 담았으며 당나라 오긍이 저자로 10권으로 되어있다.

17. 조선시대 홍문관은 궁중의 경서, 문서를 관리하고 임금의 자문에 응하는 일을 맡던 관아로, 직제학은 정삼품(正三品) 당하관(堂下官). 동벽(東壁)이라 칭하였으며, 도승지(都 承旨)가 겸직하였다.

18. 당나라 정관의 치를 넘어서고 전설적인 중국 고대 전설에 등장하는 태평성대인 삼황

오제의 시대를 쉽게 열 수 있다는 뜻.

19. 호(胡)는 중국의 동북쪽에 있는 민족, 월(越)은 양자강 남쪽에 사는 민족, 곧 남북으로 천리 만리 떨어져 있어도 마음만 통하면 형제처럼 가까워 질 수 있다는 뜻.

20. 한 고조 유방의 막내 아들 유장은 모친이 조왕의 애첩이었으며 모친이 자살한 뒤 유방의 정실 왕비인 여후의 손에서 자라났다. 한나라 11년에 회남왕 경포가 반란을 일으키자 고조는 유장을 회남왕에 봉하였다. 그 뒤 유장은 죄를 지어 유배지에서 굶어죽고, 유장의 맏아들인 유안이 회남왕에 봉해졌다(네이버 백과사전 참조).

21. 원문은 "人主者 以天下之目視 以天下之耳聽 以天下之智慮 以天下之力爭 是故號令能下究 而臣情得上聞百官脩通 羣臣輻輳."

22. 원문은 "喜不以賞賜 怒不以罪誅 是故威厲立而不廢 聰明先而不蔽 法令察而不苛 耳目達而不闇 善否之情日陳於前 而無所逆 是故賢者盡其智 而不肖者竭其力 德澤兼覆而不偏 羣臣勸務而不怠 近者安其性 遠者懷其德."

23. 원문은 "所以然者何也 得用人之道 而不任己之才者也 故假輿馬者 足不勞 而致千里 乘舟楫者 不能游而絶江海."

24. 원문은 "夫人主之情 莫不欲總海內之智 盡衆人之力 然而羣臣志達效忠者 希不困其

身 使言之而是 雖在褐夫芻蕘猶不可棄也 使言之而非也 雖在卿相人君 揄策于廟堂之上 未必可用 是非之所在 不可以貴賤尊卑論也."

25. 원문은 "是故明主之聽於羣臣 其計乃可用 不羞其位 其言可行 而不責其辯 闇主則不然 所愛習親近者 雖邪枉不正不能見也 疏遠卑賤者 竭力盡忠 不能知也 有言者 窮之以辭 有諫者 誅之以罪 如此而欲照海內 存萬方 是猶塞耳而聽淸濁 掩目而視靑黃也 其離聰明則亦遠矣."

26. 변방을 지키기 위해 군대를 주둔시키는 곳. 옛날 중국에서 지방의 치안을 위해 군대를 주둔시키던 곳. 당나라 때 변방에 설치하여 군대를 거느리고 그 지방을 다스리던 관아. 절도사(節度使)가 우두머리였음.

27. 중국 서북부의 섬서(陝西, Shanxi)성 중부의 평원지대. 진시황이 천하를 통일할 때의 근거지.

28. 당나라의 제9대 황제(779~805). 조용조제(租庸調制)를 폐지하고 양세법(兩稅法)을 시행하여 재정충실을 꾀하였으나 지방 번진들의 반란으로 그들의 자립을 인정해줌으로서 중세적 군벌 시대의 도래를 열어주었다.

29. 당나라 때의 세제로 땅에서 나는 농작물에 대한 세금을 조(租)라 하고, 사람을 대상으로 부역을 시키는 것을 용(庸)이라 하고 가구마다 세금을 매기는 것을 조(調)라 했음.

30. 원문은 "諫者多 表我之能好 諫者直 示我之能容 諫者之狂誣 明我之能恕 諫者之漏泄彰我之能從."

31. 원문은 "上好勝必甘於佞辭 上恥過必忌於直諫 上厲威必不能降情而接物上恣愎必不能引咎而受規."

32. 원문은 "所謂九弊者, 上有其六而下有其三：好勝人, 恥聞過, 騁辯給, 眩聰明, 厲威嚴, 恣强愎, 此六者, 君上之弊也；諂諛, 顧望, 畏忄耎, 此三者, 臣下之弊也."

33. 조선 중기의 성리학자. 『주자대전(朱子大全)』을 발췌하여 『주자문록(朱子文錄)』(3권)을 편찬하는 등 주자학에 정진하였다. 32세에 퇴계 이황(李滉)의 제자가 되었다. 이황과 12년 동안 서한을 주고받으면서 8년 동안 사단칠정(四端七情)을 주제로 편지로 토론을 벌인 것이 유명하다.

34. 중국 은(殷)나라 고종(高宗) 때의 재상(宰相), 토목 공사 일꾼이었는데, 당시의 재상으로 등용되어 중흥(中興)의 대업을 이루었다.

35. 이 과정에 대해서 기대승이 경연에서 왕에게 아뢴 말을 엮어 지은 『논사록』에서 왜 이런 일이 일어났는지를 상세히 설명하고 있다. "이에 앞서 헌부에서 상소하였는데, 궁금 궁금(宮禁, 궁궐에서 국정에 개입하는 일)을 엄하게 하지 않으면 안 되거늘 제목(除目, 벼슬을 제수하는 글)이 내리기도 전에 득실을 먼저 알고 윤음(綸音)이 내리기도 전에 시중에서

먼저 듣고 있습니다. 그래서 혹 옥사를 결단하는 중에 사봉(斜封, 사사로이 임명하는 문서)이 내리기도 하고 혹 직책을 제수할 때에 내지內旨(왕비 쪽에서 내려오는 지시)가 내리기까지 하여 도하(都下)에서 떠들썩하게 전파되고 있으니, 어찌 성덕에 누가 되지 않겠습니까." 운운한 내용이 있었다. 이에 상이 노하여 지평 이기(李墍)에게 해석하기를 명하여 힐문하였기 때문에 선생께서 아뢴 것이다.

36. 『주역』 64괘 가운데 첫번째 괘. 하늘의 성격과 본질적 기능을 설명하고 있다.

37. 용은 곧 임금을 뜻한다. 용이 하늘에 있다는 것은 왕이 권력의 최고위에 올라가 한창 권력을 행사한다는 뜻이다. 항룡유회는 하늘 끝까지 올라간 용이 내려갈 길밖에 없음을 후회한다는 뜻으로, 부귀영달이 극도에 달한 사람은 쇠퇴할 염려가 있으므로 행동을 삼가야 함을 비유하여 이르는 말이다.

38. 당태종이 정치를 잘 한 것을 '정관의 치'라고 하는데 비해, 현종도 연호를 개원(開元)이라고 쓰는 기간(713년~741년) 동안 정치를 잘 했기에 후세 사람들이 이를 '개원의 치'라고 한다.

39. 중국 당현종(玄宗) 때의 재상으로 아첨을 일삼고 유능한 관리들을 배척하여 '구밀복검(口蜜腹劍), 즉 입으로는 꿀처럼 달콤한 말이나 뱃속에는 칼을 품고 있다'이라는 말을 낳았으며, 당(唐)을 쇠퇴의 길로 이끈 인물로 여겨지고 있다.

40. 당나라 중기의 재상. 양귀비의 친척으로 등용되어 현종에게 중용되었다. 뇌물로 인사를 문란시키고 백성으로부터 재물을 수탈하는 등 실정을 계속하여 안사의 난이 일어나자 사천성 으로 도주하다가 살해되었다.

41. 당현종 때에 일어난 안사의 난(安史之亂), 곧 755년 12월 16일부터 763년 2월 17일에 걸쳐 당나라의 절도사인 안록산과 그 부하인 사사명과 그 자녀들에 의해 일어난 대규모 반란을 말한다.

42. 『선조수정실록』 2년(1569) 3월1일, 조선의 14대왕인 선조가 죽고 그 다음 왕인 광해군 시대에 편찬된 『선조실록』은 당시 집권한 북인세력인 기자헌(奇自獻)과 이이첨(李爾瞻) 등이 중심이 되어 편찬한 것이어서 공정한 입장을 지키지 못했고 임진왜란 당시에 사료가 많이 없어진데 따라 빠진 점이 많았다. 인조반정(仁祖反正)으로 북인이 물러가고 서인이 정권을 잡게 되자 곧 수정하자는 의견이 나오게 되었다. 그러나 실제로 수정을 결의한 것은 인조 즉위 후 19년이 지난 1641년이고 수정이 끝난 것은 효종 때인 1657년이니까 15년 이상의 시간이 걸렸다.

43. 30살 때인 1681년(숙종 7년) 홍문관 수찬으로 있을 때에 관원들의 공동명의로 임금인 숙종에게 글을 올려 역사를 읽는 법을 밝힌 적이 있다.

44. 조선시대 성균관에 둔 정삼품 당상관으로 유학과 문묘의 관리를 담당했다. 성균관에는 으뜸 벼슬로 지사(知事, 정3품), 버금 벼슬로 동지사(同知事, 종2품)가 있었으나, 모두

타관(他官)이 겸직하였으므로, 전임관으로는 대사성이 으뜸 벼슬이었다.

45. 중국 송나라의 역사를 기록한 정사(正史). 북송과 남송의 역사를 모두 모아서 기록한 것으로 원나라 때에 편찬되었다.

46. 송나라 철종(哲宗) 때의 연호. 1086~1094년 고려 선종 3~11년에 해당된다.

47. 북송의 유학자, 정치가, 시와 서예에도 뛰어났다. 사마광이 『자치통감』을 저술하는데 도움을 주었다.

48. 송나라 때 관직. 중서성에 속했으며 간의대부 밑에서 간쟁을 담당했다.

49. 『농암집』은 김창협의 시문집. 명인과 송인의 『시학』에서부터 고려시대의 이색(李穡), 이규보(李奎報), 당대의 한학사 대가인 장유(張維) · 이정구(李廷龜) · 이식(李植) · 신흠(申欽)에 이르기까지 비평하였다.

50. 755년에서 763년에 이르기까지 약 9년 동안 당나라를 뒤흔든 난으로 안녹산(安祿山)과 사사명(史思明) 등이 주동이 되었다. 당 현종이 양귀비에 빠져 정치를 간신들에게 맡긴 사이에 나라가 엉망이 된 틈을 타서 반란이 일어났다.

51. 재상이었던 장구령은 원래 죄에 연루된 안록산을 군율로써 참형할 것을 주장하며 그

의 얼굴에 모반의 상이 있으니 지금 죽이지 않으면 후회할 것이라 했으나 현종은 안록산을 좋게 보고 허하지 않았다(네이버 백과사전 참조).

52. 순(舜)이나 우(禹)나 모두 중국의 전설적인 왕조라고 하는 하(夏)왕조의 임금이었다. 요(堯) 임금의 뒤를 차례로 이었는데, 전설에 따르면 요 임금은 왕이 된 것이 기원전 2357년이니까 우리가 단군 조선의 개국으로 여기는 B.C 2333년보다도 24년이 앞서서 왕이 된 셈이다. 모두 지금으로부터 4천 3백여 년 전 이야기이다.

53. 『국조보감』은 조선시대 역대 왕의 업적 가운데 선정(善政)만을 모아 편찬한 편년체의 사서이다.

54. 『구장률』은 재상이던 소하가 당시에 있던 여러 규정들을 모아서 엮은 것으로서 도율(盜律)·적률(賊律)·수율(囚律)·포율(捕律)·잡률(雜律)·구율(具律)·호율(戶律)·흥률(興律)·구율(廐律)의 9편으로 이루어져 있는데, 전한과 후한을 통하여 기본적인 법전으로서 중시되었으나 남북조시대에 흩어져 지금은 일문(逸文)만이 남아 있다.

55. 상국은 일반 관리들이 최고로 오를 수 있는 승상의 위치보다 한 단계 더 높은, 신하로서의 최고의 관직으로서 주로 개국공신이나 황제를 옹립한 신하에게 이 작위를 수여한다. 전한 때 고조 유방이 자신의 개국공신인 승상 소하에게 이 직위를 신설하여 승진시켰고, 이후 대장군 조참에게도 제수하였다. 그 이후 360년 동안 폐지되었다가 후한 말 동탁이 헌제를 옹립하여 스스로 상국이 되어 이 직위를 부활시켰다.

56. 중국 전국시대의 정치가이자 비극시인. 학식이 뛰어나 초나라 회왕(懷王)의 좌도(左徒:左相)의 중책을 맡아, 내정 · 외교에서 활약하기도 했다. 그러나 자기가 옳고 세속이 그르다고 말하고, 난사(亂辭:최종 악장의 노래)에서는, 죽어서 이 세상의 유(類:법 · 모범)가 되고 자살로써 간(諫)하겠다는 결의를 밝히고 있는데, 실제로 장사(長沙)에 있는 멱라수(汨羅水)에 투신하여 죽었다(네이버 백과사전 참조).

57. 이름이 중엄(仲淹)이고 문정(文正)은 시호다. 송(宋)의 어진 재상. 2세 때 아버지를 여의고 어머니가 개가하였기에 우리의 기준으로 보면 절대로 높은 벼슬을 할 수 없는 사람이었다. 그런데도 송나라 제일의 재상으로 이름이 남았다.

58. 진관은 송나라 철종 때 사람으로 태학박사(太學博士)를 역임. 항상 이욕(利慾)과 의리(義理)의 사이에서 이욕을 버리고 의리에 의거해 행동하였는데, 그 대표적인 사례로는 사마광(司馬光)의 『자치통감(資治通鑑)』을 싫어한 권신들이 이를 없애려고 할 때에 이를 반대하여 저지시켰고 권신 채경(蔡京)이 해를 쳐다보면서도 눈을 깜박이지 않는 것을 보고 그가 뜻을 얻으면 방자무기(放恣無忌)할 것을 알고 배척하였다. 시호가 충숙(忠肅)이어서 진충숙공으로 불림.

59. 반양귀는 송나라 금화인(金華人). 호는 묵성(黙成). 부당한 관리를 여러 차례 탄핵한 직신이었다. 사마양저는 춘추 시대의 제(齊) 나라 사람으로 미천한 출신이지만 병법에 밝아서 대사마(大司馬)가 되었다. 병서(兵書)를 남겨 사마 병법으로 널리 알려졌다. 위청은 본래 정씨인데, 어머니가 개가하여 위씨가 되었다. 한 무제 때 태중대부(太中大夫)가 되

고 대장군(大將軍)이 되었다. 왕부는 후한(後漢)의 임치인(臨淄人). 어려서부터 학문을 좋아하고 지조를 지켰다. 끝내 벼슬하지 않고 『잠부론(潛夫論)』을 지어 이름을 남겼다.

60. 중국 삼국시대 위나라의 시조. 황건의 난을 평정하는 데 공을 세움으로써 두각을 나타내고 동탁이 죽은 뒤 헌제를 옹립하여 실권을 장악하였다. 화북 평정 후, 손권·유비의 연합군과 싸워 대패하여 그 세력이 강남(江南)에는 미치지 못하였다.

61. 순경은 곧 순자(荀子, B.C 298?~B.C 238?)다. 성선설을 주장한 맹자에 대비되는 유교의 중요한 사상가.

62. 중국의 도당씨(陶唐氏)와 유우씨(有虞氏). 곧 요와 순의 시대를 함께 이르는 말로 중국 사상의 이상적 태평 시대로 치는 시대

63. 중국 춘추 시대 제나라의 15대 왕(재위 B.C. 685~643). 이름은 소백. 양공(襄公)의 동생. 양공이 왕으로 있을 때 정치가 어지러워지자 포숙아(鮑叔牙)와 함께 거(莒)에 망명하였다. B.C. 686년에 공손 무지(公孫無知)가 양공을 죽이고 왕이 되었다가 죽음을 당하자 환공은 귀국하여 조카 규(糾)와 싸워 격파하고, 왕위에 올랐다. 뒤에 관중(管仲)과 포숙아를 재상으로 뽑아 어진 정치를 하였고, 나라 안을 안정시켜 부유한 나라로 만들기에 힘썼다. 주왕(周王)을 존중하였고, 여러 제후를 모아 동맹을 맺어 패자(覇者)가 되었는데, 그가 죽은 뒤 나라가 다시 어지러워졌다(네이버 지식 in 참조).

64. 중국 하(夏), 은(殷), 주(周)의 토지제도로 토지의 한 구역을 '정(井)'자로 9등분하여 8호의 농가가 각각 한 구역씩 경작하고, 가운데 있는 한 구역은 8호가 공동으로 경작하여 그 수확물을 국가에 조세로 바치는 것.

65. 『남회근 선생의 알기 쉬운 대학강의』 (199쪽. 설순남 옮김, 씨앗을 뿌리는 사람)

66. 특이한 것은, 공창제도를 실시했다는 것인데, 옛 사람들은 공창이 있어야 사회의 기풍이 흐려지지 않는다고 생각했다는 데서 참으로 특이한 생각이라고 하겠다.

제 2부 왕의 마음

전하, 수많은 난제 속에서도
부디 어지러이 근심하지 마옵소서!

마음을 다스려 만백성과 강직한 충신들에 대한 상호 신뢰를 굳건히 하시

어 관대함과 덕성을 천하에 펴시되 백성을 위한다는 명분으로 술하게 상

정되는 현실성 없는 개혁안을 막으시며, 법제의 전통과 개혁 간의 분별에

신중함과 공정함을 더하시고, 후계자의 안정을 준비하시어 국란이 없게

하시옵소서.

일월오봉도(日月五峯屏)

궁궐 정전의 어좌 뒤편이나 왕의 초상(어진)이 모셔지는 진전, 임금이 잠깐이라도 자리하는 장소에 병풍 형식으로 펼쳐 왕권을 상징하였으며, 왕과 왕비의 흉례의식 및 진영이나 진찬과 같은 각종 연회에서 왕비나 왕자 뒤편에 설치하는 등 각종 궁중의식에서 포괄적으로 사용된 그림 병풍이다.『시경』「소아」에서 왕의 덕을 기리고자 제시하는 산봉우리, 해, 달, 시내, 소나무와 같은 자연물을 파노라마처럼 펼치고 있다. 영원성을 지닌 소재들은 5가지 색채(청, 적, 황, 백, 흑)를 사용하여 그리면서 보색과 명도의 대비를 적극적으로 활용하여 왕실의 신성한 권위와 영원함을 더욱 직접적으로 명확한 이미지로 나타내었다. 남북을 축으로 한 좌우대칭의 구성은 궁중장식화로서 안정감과 질서, 권위와 신성함을 부여해준다. ⓒ국립고궁박물관(제공)

지도자는 자신의 마음을 먼저 다스려 그 평안함과 결단력이 민간에까지 두루 미치게 하며 천하의 만사를 총체적, 입체적으로 판단해야 한다. 몽골 고려점령기 고난의 연속 충렬왕의 애절한 기도문, 후한의 황금시대 명제와 장제의 우위의 기준을 논한 정조의 춘저록, 자신과 뜻을 꺾으며 맹렬한 비판을 한 과거응시생 하위지의 답안지(응제문)를 감싸며 폐부를 찌르는 간언을 치하한 황금기의 세종과 과거 시험관 영의정 황희, 천하에 두루 비추는 달에 자신을 비유한 젊은 날의 인간 정조, 탁상공론에서 나온, 비현실적인 복지정책을 제시한 젊은 신하를 맹렬히 꾸짖고 균형 잡힌 안목으로 부와 토지 양극화를 점진적으로 촉구한 신중한 개혁가 정조, 왕의 자리는 기호지세임을 알고 날마다 근신한 태종 이방원, 일성록에 드러난 영·정조 대권 계승 과정의 고뇌, 재목이 되지 못한다면 친아들이라도 엄격히 제어한 양녕대군의 아버지 태종…! 수많은 현인 신하들이 목숨 걸고 올린 상소문들과 조선의 각종 원전들, 조선왕조실록을 종횡으로 펼쳐보고 태평치세 제2의 법칙, 최고지도자를 바른 길로 이끌었던 역사 속의 사례, 최고지도자의 마음 가짐과 역량의 판단 기준이 무엇인지 살펴본다.

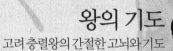

왕의 기도

제16장

고려 충렬왕의 간절한 고뇌와 기도

· · ·

왕의 자리에 있었던 사람들은 어떤 마음이었을까. 몽골의 고려 점령기에 몽골군에 굴복하고 나라만은 보존한 충렬왕은 낙산사 관음보살상을 찾아가 소원을 올린다. 당시 문장가 김구가 이 마음을 대신 붓을 들고 묘사하였다. 고난의 연속이었던 고려의 충렬왕은 화마가 휩쓴 불전을 보수하고서 부처님 앞에 엎드려 말한다. 왕이 무엇이 즐거우리요! 자나 깨나 근심하고 애쓰는 마음이 끊어지지 않습니다. 조종의 왕업의 기초가 유구하며 이웃 나라와 우호하고 국경의 소란이 없어지며, 모든 장수와 재상이 화합하고 국내외 간악한 무리가 잔멸되어 7난의 조짐을 끊어버리소서. 예나 지금이나 다스리는 자의 마음은 이러한 것이 아닐까?

2005년 4월5일 강원도 양양 일대에 일어난 산불은 천년고찰 낙산사를 잿더미로 만들었다. 꺼질듯 하던 산불은 오후 들어 강풍을 타고 재연하며 낙산사의 대웅전, 일주문, 종각 등 대부분을 태웠다. 신라 문무왕 11년인 671년에 의상대사에 의해 세워진 낙산사는 이상하리만치 화마가 자주 휩쓸고 지나갔다. 원성왕 때인 786년 사찰 대부분이 불에 탔다가 70년이 지난 858년에 범일스님에 의해 중창되었는데, 100년 뒤에는 들불, 요

고려 충렬왕이 기도를 올린 낙산사. 현재 강원도 양양군 오봉산에 위치한다.

즈음으로 말하면 산불에 의해 다시 탔다가 13세기 초에 대문장가인 이규보李奎報 (1168~1241)가 관음보살상을 보수하고 복장 유물을 다시 봉안한다. 1231년 몽고군의 침입이 시작되자 나라는 전쟁에 휩

싸인다. 1254년(고종41) 몽고군은 낙산사에 와서 다시 불을 지른다.

백성들의 삶은 피폐해진다. 이럴 때 고려의 왕이란 자리는 얼마나 힘들고 괴로웠던가? 가장 힘들었던 사람은 당시의 왕이었던 고종高宗(재위 1213~1259)이 아니었나 싶지만 그 뒤 원종元宗(재위 1260~1274), 충렬왕忠烈王(재위 1274~1308) 등 모두가 다 힘들었다. 1270년 고려는 몽고군에 굴복하고 나라만을 보존하게 되는데, 그 뒤를 이은 충렬왕은 낙산사를 찾아서 관음보살상을 보게 되자 그동안의 온갖 고초가 생각나는 듯 비감한 생각에 빠져서 관음보살에게 소원을 간절하게 빌게 된다. 그러한 염원을 당시의 문장가인 김구金坵(1211- 1278)가 대신 붓을 들고 묘사한다. 그것이 『동문선(東文選)』¹이라는 책에 전해오는 '낙산관음경찬洛山觀音慶讚'이라고 하는 소疏²이다.

"무진無盡한 눈과 무진한 팔로 나타나지 않는 곳이 없음이여!³ 상상에도 공空에도 머물지 않고⁴ 온갖 생물에 감응을 보이시네! 관음보살상을 우러러보니, 의지하는 마음 진실로 간절할 뿐이며, 소리와 형상을 직접 대하는 감격은 생각으로 표현하기도 어렵습니다.

엎드려 생각하건대, 임금이란 게 무엇이 즐거우리요. 처신이 매우 어렵습니다. 만 백성들의 허다한 허물을 누구에게 책임지우겠습니까? 관료들의 잘못이 있다면, 모두 짐朕⁵이 어질지 못한 때문이요. 흐리고 볕 나고 춥고 더운 것은 하늘의 법칙이건만 백성들은 나를 원망합니다. 수해와 가뭄, 풍년과 흉년이 드는 것은 그 해의 운수이건만, 세상은 모두 나를 나무랍니다.

하물며, 이제 불제자인 내가, 긴 세월 난리를 겪어 온 나라가 시들고 파리하게 된 것을 맡아서는, 꿈에 잠깐 노닐어 본 적도 없는 사막에 두 번이나 발섭跋涉하는 노고[6]를 겪었으며, 그 이름만 들어도 겁이 나는 전쟁을 몇 번이나 겪고 침략을 당했습니다. 이제는 겨우 불쌍히 여기는 상국의 가호를 받고 있으나, 아직도 옛날을 회복하지 못하였습니다.

하늘이 흐리고 개는 것은 잠깐 사이에 변하는 것입니다. 사랑하고 미워하는 정도 아침에 어떨지, 저녁에 어떨지 어떻게 알겠습니까. 슬프다, 사신使臣의 행차가 간 뒤로 예정된 기일이 지나도 돌아오지 아니하니 혹 사고가 있을까, 혹 억류되어 있을까 염려와 의심이 끊이지 않습니다. 밖으로만 그런 것이 아니라 나라 안에서도 근심이 많습니다. 정치와 형벌刑罰이 문란해져서 풍속은 퇴폐하고, 재화와 양곡이 없어져버렸으니 공사公私가 모두 곤궁합니다. 대체로 사람의 일을 바로 세우지 못하여, 재앙의 징조가 모이게 되었습니다. 달과 별이 차례를 잃는다고 그에 대한 상소는 왜 그리 많은가요? 우뢰와 비가 때를 맞추지 아니하니, 이것 또한 상서로운 징조가 아니겠지요. 전쟁과 기아와 질병도 두렵고 하니, 자나 깨나 근심하고 애쓰는 마음이 끊어지지 않습니다. 과거의 분과 焚窠(환란)를 돌이키면서 다시 앞으로의 여경茹鯁(목에 걸린 생선가시, 어려움)을 생각합니다. 다만, 부처님의 자비로운 섭호攝護(보살핌)를 빌어 복조가 연장되고 넓어짐을 얻고자 할 뿐입니다.

생각하건대, 보타락산補陁洛山(관음세보살이 계신다는 산 이름. 여기서는 낙산사(洛山寺)를 말한 것)에 관세음보살이 있었는데, 그 온화한 모습이 일찍이 들불로 말미암아 불전과 함께 불타더니, 이제 새로운 건물이 다시 바위 벼랑에 솟아올랐습니다. 원장垣墻(담장)도 갖추어지게 되어, 기교가 뛰어난 공장을 구하여 높은 얼굴을 그리게 되었습니다. 이제 훌륭한 공사가 끝난 것을 고유하고, 낙성落成(공사가 끝남)을 알리는 향기로운 의식을 거행하게 되었습니다. 마음이 보배로운 굴嵋에 돌아가매, 한조각 구름도 오고 감을 가리지 아니하고, 그림자 맑은 못에 가득하니, 한 덩이의 달이 어찌 옛날과 지금이 다르겠습니까. 이에 궁궐 안의 높은 집을 청소하고, 특히 선종의 깨달은 무리를 맞아다가 혹은 대비보살大悲菩薩(관세음보살)의 착한 이름을 부르기도 하고, 혹은 바로 불심종佛心宗[7]을 향하여 큰 목소리로 강연講演하기도 합니다. 북을 치니, 시방세계十方世界(온 세상)에 막힘없는 진문眞聞(참소리, 곧 부처님의 가르침)이 원만하게 통하고, 한 곳에서 영鈴(불전에서 경을 외울 때 흔들어 올리는 기구, 쇠로 되어 방울소리가 난다.)을 울리니, 빈 손으로 범할 수 없는 불가사의한 유희妙戲를 연출합니다. 정성스럽게 재계하고 성의를 피력하니, 지혜가 머리에 비추이는 것 같습니다.

엎드려 원하건대 하늘의 요사한 기운과 땅의 괴이한 변고는 흩어지고 사라짐으로서 조종祖宗의 왕업과 국가의 기초가 유구하게 되고, 이웃 나라와의 우호는 더욱 굳어져서 다시는 국경의 소란이 없게 되며, 오래 오래 살면서, 왕비도 안녕과 길함을 이루며, 동반東班 · 서반西班의 모든 장수와 재상들이[8] 화합하고, 국내·국외의 간악한 무리들이 무너져 잔

멸殘滅되며, 삼광三光(해와 달과 별)이 운행을 순조롭게 하고 7난七難[9]
은 조짐兆朕을 꺾어 버리게 하소서. 그러한 뒤에 신기神器(임금의 자리)
가 가득하게 이루도록 잘 보우하시고, 항상 불법을 옹호하는 데 전념하
게 하소서."

말하자면 부처님에게 올리는 왕의 기도문이다. 해마다 불탄절을 맞을 때
에는 나라를 맡은 사람들의 고충을 다시 생각하며 고려왕의 눈물어린 기
도가 다시 나오지 않도록 우리 나라가 평안하고 모든 이들이 행복하기를
기원해 본다.

왕이란 무엇인가? 근세 이전의 역사에서 왕은 한 나라의 최고의 권력이다.
왕의 말 한 마디에 사람이 승진해서 영화를 누리기도 하고 말 한마디에 목
숨이 날아가고 집안이 풍비박산이 되는 경우도 많았다. 어느 날 갑자기 가
장이 죽으면 영문도 모르던 가족들은 노비가 되기도 한다. 그처럼 권세가
있었기에 사람들은 왕이 되고자 한다. 그러한 왕조적인 전통이 현대에 까지
이어지니까 사람들은 현대의 왕인 대통령이 되려고 애를 쓰는 것이리라.
그러나 이처럼 막강한 권력을 휘두를 수 있다고 해서 왕이란 자리는 행복한
자리인가? 역사 속에서 보면 그렇지는 않았다. 왕은 끊임없이 사대부들의
견제를 받았고, 그들의 편을 짜서 무리로 덤빌 때에는 막아낼 방법이 없었
다. 조선시대 중,후기 조정이 당파로 나뉘어 노론, 소론, 남인, 북인 등으로
나뉘어 권력투쟁을 벌일 때에도 그랬다. 그러다 보니 왕이란 자리는 늘 걱정

을 하지 않을 수 없는 자리였다. 작게는 궁중에서의 권력의 향배, 자신에 대한 배반이나 쿠데타 걱정, 크게는 자기가 맡은 나라 백성들이 먹고 사는 문제까지 걱정하지 않을 수 없었다. 평온해 보이던 시대에도 그러하거늘, 나라가 환란에 처한 상황이라면 얼마나 더 걱정이 많을까?

어떤 이들은 왕의 권력이라는 것이 이렇듯 엄청난 것이지만, 그것이 대다수의 백성, 즉 상것이나 종놈의 행복을 위해 작용했던 경우란 별로, 아니 거의 없는 것 같다고 개탄하기도 한다. 그러나 한 집안의 가장인 아버지가 늘상 술만 먹고 큰 소리만 치는 것 같아도 가족 걱정을 하지 않는 적이 없듯이 한 나라의 지도자라면 나라와 백성에 대한 걱정을 하지 않을 수 없을 것이다. 그러다 보니 현대에 와서도 대통령이란 자리에 올라보면 걱정으로 밤을 지새우고 정책 결정을 위해 노심초사하는 경우가 많을 수밖에 없다. 그러니까 태종 이방원이 자신의 재위기간 18년을 호랑이 등에 탄 기간으로 묘사하는 것이리라.

국태민안國泰民安, 나라가 태평하고 백성들은 편안하다는 것이 모든 정치의 근본적인 목표라면 이 목표가 왜 그리 어려운가? 그런 생각을 해 보면 현재의 우리나라는 어찌됐든 과거에 비하면 국태민안이라고 할 수 있겠지만 한 번 나라가 환란에 빠지면 그만큼 국민들의 목숨이 위급하고 삶이 피폐해지는 만큼 미리미리 대비하고 안으로나 밖으로나 튼튼한 나라를 유지해야 한다는 교훈이 여전히 유효하다. 해마다 불탄절이 아니라도 고려왕의 눈물어린 기도문을 다시 읽어보며 그러한 고려왕의 눈물어린 기도가 다시 나오지 않도록 하려면 어떻게 해야하는가를 곰곰이 생각하지 않을 수 없다.

호랑이 등

태종에게서 세종으로의 대권 이양이 역사적 사건인 이유

제17장

・・・

국가는 한시도 대권의 혼란과 부재를 용납할 수 없다. 조선 3대 태종은 52세라는 젊은 나이에 "18년을 호랑이에 탔으니 족하다"며 세종에게로 보위 이양을 결행하였다. 아직 개입할 수 있을 때 양위하여 아들 세종이 왕권을 안정시킬 때까지 선왕의 책임을 완수하였다. 태종의 이러한 준비가 없었다면 세종의 황금기도 없었다. 태종에게서 세종에게로 양위한 사건은 역사상 흔치 않은 용단이었다. 세종은 극구 사양하다 태종의 결행을 감히 이기지 못하고 소매에서 글을 꺼내 선왕에 바친다. "세자 자리도 온종일 근심이었는데 왕위라니 정신이 혼미해집니다." 대권이란 그만큼 막중한 자리이다. 태종의 양위 이양 과정은 차기 권력 승계 시기마다 대혼돈에 빠져드는 현대에까지 어떤 교훈이 되는가?

한 나라의 왕, 또는 황제가 죽은 뒤에 그의 신주神主(죽은 사람의 위패)를 모시
는 종묘 사당에는 묘호廟號를 붙여준다. 그것이 조선시대의 경우 '태정태
세문단세'로 우리가 외는 왕들의 이름이다. 묘호는 나름대로 다 뜻이 있
고 역사적인 평가를 담고 있다. 살아생전의 업적을 평가하여 그에 맞는
이름을 붙이는 것인데, 그 기준은 왕으로서의 역할을 얼마나 훌륭하게 수
행하였는지에 있다. 이 묘호는 왕이나 황제에게만 붙이는 것으로, 왕비
등에게 붙여주는 시호諡號와는 다르다.

묘호는 '조祖'나 '종宗'을 붙인다. 철저하게 왕의 업적을 기준으로 후계 왕
과 신료들에 의해 결정된다. 왕의 업적을 평가하는 항목은 공功과 덕德, 두
가지였다. 공은 이 땅의 무질서와 혼돈을 바로잡는 대업을 이룬 경우이

고, 덕은 선대의 왕들이 확립한 훌륭한 정치 이념을 계승하여 태평성대를 계속 이어가는 것이었다. 왕의 공을 표시하는 글자는 '조'이고, 왕의 덕을 표시하는 글자는 '종'이었다. 말하자면 묘호에 '조'가 들어간 왕은 혼란기에 국가를 창업하거나 중흥시키는 대업을 완수한 왕으로 평가되었고, '종'자가 들어간 왕은 선대의 정치 노선을 평화적으로 계승하여 통치한 왕으로 평가를 받은 것이었다. 보통은 한 왕조를 건국하였거나 거의 망한 왕조를 부흥시킨 왕에게만 '조'를 붙이고 기타 왕들에게는 '종'을 붙이는 것이 관례였다. 중국의 역대 왕조에서는 창업자인 태조太祖나 고조高祖 및 중흥 황제들 외에 후대의 황제들에게는 祖를 붙이는 일이 거의 없었다. 고려시대에도 태조(왕건) 외에는 모두 宗을 붙였다. 그러나 조선시대에는 '조'를 붙이는 것이 '종'을 붙이는 것보다 더 권위 있고 명예로운 것으로 생각하였다. 그래서 후계자인 왕이나 신하들이 아첨하느라고 억지로 붙이는 경우도 있었다. 이로 인하여 때로는 조정에서 말썽이 일어나기도 하였다.

그런 논란이 조선 시대 후기에 생긴 것이기에 그 전에 붙여진 이름인 조선왕조 3대 왕인 태종은, 이런 기준으로 보면 선대의 정치노선을 평화적으로 계승하여 잘 통치했다는 뜻이 된다. 다른 말로 하면 태조가 건국을 한 왕이라는 뜻이라면 태종은 이 새로운 나라를 반석 위에 올려놓은 왕이란 뜻이 된다. 그러한 태종의 면모를 볼 수 있는 사례는 많이 있지만 그 중의 하나 의미 있는 것이 자신이 세종에게 미리 양위하는 과정이다.

박정희 대통령이 집권 18년을 마감한 것이 10.26이라는 정변에 의한 것이라면 태종 이방원은 집권 18년 만에 스스로 하야하고 왕위를 셋째 아들에게 물려준다. 이것을 내선(内禪)이라고 하거니와 태종은 오랫동안의 고민 끝에 자신이 살아있을 때에 왕위를 물려주고 안정될 때까지 뒤를 봐주기로 결심한다. 태종 18년이면 태종의 나이 52살 때이다. 아직도 건강할 때 왕위를 넘겨주어야 한다는 생각이었을 것이다. 정식으로 어보를 넘겨준 것은 음력 8월 8일, 그러나 그러기까지에는 곡절이 당연히 많았다. 처음 내선(内禪)(임금이 살아 있는 동안에 아들에게 임금 자리를 물려 주던 일)의 뜻을 밝힌 날을 보자. 『조선왕조실록』은 이 때 태종이 한 말을 자세히 기록하고 있다.

> "내가 재위한 지 지금 이미 18년이다. 비록 덕망(德望)은 없으나, 불의한 일을 행하지는 않았는데, 능히 위로 천의(天意)에 보답하지 못하여 여러 번 수재(水災)·한재(旱災)와 충황(蟲蝗)(벼메뚜기)의 재앙에 이르고, 또 묵은 병이 있어 근래 더욱 심하니, 이에 세자에게 전위(傳位)하려고 한다. 아비가 아들에게 전위하는 것은 천하 고금의 떳떳한 일이요, 신하들이 의논하여 간쟁할 수가 없는 것이다. 임신년(壬申年)·무인년(戊寅年)의 일(1,2차 왕자의 난, 태종이 왕자 시절 세자였던 방성을 먼저 죽이고 나중에 방간도 죽인 일은 죽음을 면하고 살려고 한 일이다. 이제 돌이켜 생각하면, 사직(社稷)[10] 을 정하는 것이 어찌 사람의 힘으로 되겠는가? 하늘이 실로 정한 것이다.
>
> 나의 상(像)과 모양은 임금의 상이 아니다. 위의(威儀)(위엄이나 체통)와 동정(動靜)(몸가짐, 움직임)이 모두 임금에 적합하지 않다. 무일(無逸)(변

고가 없이 무사함)한 것을 가지고 상고한다면 재위한 것이 혹은 10년이요, 혹은 20년이었는데, 20년이면 나라를 누린 것이 장구한 임금이다. 나는 나라를 누린 지 오래이다. 그간에 태조太祖가 매우 귀여워하던 두 아들을 잃고 상심 하던 것11을 생각하면 비록 내 몸이 영화로운 나라의 임금이 되었지만 어버이를 뵙지 못하고, 혹은 백관百官들을 거느리고 전전殿에 나아갔다가 들어가 뵙지 못하고 돌아올 때에는 왕위를 헌신짝을 버리듯이 버리고 필마匹馬를 타고 관원 하나를 거느리고, 혼정신성昏定晨省12하여 나의 마음을 표하고자 생각하였다. 이에 병술년丙戌年에 세자에게 전위하려 하였으나, 백관들이 중지하기를 청하고 모후의 영혼이 눈물을 흘리면서 꿈에 나타나고, 또 양촌陽村(권근)이 사연辭緣을 갖추어 상서하고, 민씨閔氏의 사건13이 그 때에 일어나서 대간臺諫에서 굳이 간諫하였으므로 이 때문에 실행하지 못하였다."

– 『태종실록』 태종 18년 무술(1418) 8월 8일 (을유)

여기서 '나라를 누린다'는 말이 나온다. 무슨 말일까? 원문을 보면 '향국享國'이라고 되어 있어서 고전번역원에서 그렇게 번역을 하지만, 후이란 글자가 누린다는 뜻만 있는 것이 아니라 '드리다', '제사드리다' 등의 뜻이 있는 것을 보면 한 나라를 이끌며 조상신에게도 제사를 드리는 그런 역할을 의미한다고 하겠다. 그렇다면 지금까지의 번역 '누리다'보다는 '이끌어오다'의 뜻이 더 적합하다고 하겠다. 즉 이제 20년 가까이 나라를 다스려왔으므로 이제 양위를 해도 될 때가 됐다는 뜻이다. 이 때가 무술년으로서 서기로 보자면 1418년, 그전 병술년에도 양위를 시도했다고 했는데, 병술년은 1406년이니까 12년 전에도 시도했지만 반대가 있어 접었다는 이야기이다.

그런데 당시 상황은 태종이 세자를 양녕에서 충녕으로 바꾼 일을 명나라에 고하고 아직 그 윤허를 받지 못한 상태였다. 그런 상황에서 왕위까지 넘긴다면 명나라가 이에 대해 어떻게 나올까 걱정될 수 밖에 없었지마 태종은 이 문제도 정면 돌파를 선언한다. 병이 나서 움직일 수 없다고 하고, 중국 사신이 오면 금은 마필로 사례를 하면 될 것이라고 한다. 그러자 신하들이 양위는 안된다고 극력 반대를 한다. 그러나 태종의 마음은 확고했다. 다시 실록을 보자.

> 대언代言[14] 등이 아뢰기를,
> "옳지 않습니다."
> 하니, 임금이, "18년 동안 호랑이虎를 탔으니, 또한 이미 족하다."
>
> – 같은 책 (상동)

그렇다. 왕의 자리는 호랑이 등을 탄 상황이다. 그 18년 동안 마음 놓고 잠을 자지도 못하고 노심초사하였다는 말을 이렇게 호랑이를 탔다는 말로 대신한 것이다. 왕의 뜻이 신하들에게 알려지자 모두 안된다고 나서려 했지만 태종은 더 이상의 논란을 막아버리고는 한 낮이 되자 의관을 정제하고 지팡이를 짚고 보평전報平殿으로 옮긴 뒤 속히 대보大寶, 즉 옥쇄를 바치라고 한다. 이 과정에서도 다소 소란이 있었다.

"대언代言 등이 소리 내어 울면서 (불가를 전하기 위해) 보평전報平殿 문 밖에 이르니, 임금이 문을 닫고 들이지 않았다. 내신內臣(가까이 시중 드는 신하)으로 하여금 세자를 부르고, 상서사尙瑞司[15]에 명하여 대보大寶를 바치라고 재삼 독촉하니, 영돈녕領敦寧[16] 유정현柳廷顯 및 정부·육조六曹·공신功臣·삼군 총제三軍摠制·육대언六代言 등이 문을 밀치고 바로 들어가 보평전 문 밖에 이르러 호천 통곡呼天痛哭(하늘을 부르며 목놓아 울다)하면서, 내선의 거조擧措(절차)를 정지하기를 청하고, 함께 대보를 붙잡고 바치지 못하게 하였다. 임금이 큰 소리로 이명덕李明德을 윽박지르기를,

"임금의 명命이 있는데, 신하가 듣지 않는 것이 의리인가?"

하니, 이명덕이 마지못하여 대보를 임금 앞에 바치었다. 세자가 급히 명소命召[17]하는 것이 무슨 일인지를 알지 못하고 허둥지둥 급히 와서 서쪽 지게문으로 들어가니 임금이 세자(즉위 후의 세종)를 보고,

"애야! 이제 대보를 주겠으니, 이를 받아라."

하였다. 세자가 부복俯伏(고개를 숙이고 엎드림)하여 일어나지 않으니, 임금이 세자의 소매를 잡아 일으켜서 대보를 주고 곧 안으로 들어갔다. 세자가 몸둘 바를 알지 못하다가 대보를 안案(책상)에 놓고, 안으로 따라 들어가 지성至誠으로 사양하고, 군신들도 또한 통곡하여 마지않으

며 국새國璽를 되돌려 받도록 청하고,

"중국에 세자를 봉封하도록 청하여 주준奏准(허락)을 받지도 못하였는데, 어찌 이리 급박하게 하십니까?"

하니 임금이,

"어찌 중국에 주문奏聞(상주해서 아룀)할 연고가 없겠는가?"

하고, 이에 최한崔閑으로 하여금 대소 신료에게 하교하기를,

"내가 이미 국왕과 서로 대對하여 앉았으니, 경 등은 다시 청하지 말라."

하였다. 세자에게 명하여 대보를 받고 궁에 머물게 하였다. 인하여 홍양산紅陽傘을 내려 주고, 상서관尙瑞官(옥쇄 등을 다루는 관원)과 대언代言한 사람에게 명하여 대보를 지키면서 자게 하였다.

가종駕從(가마를 메는 사람들) 10여 기騎(기병)에게 명하여 서문으로 나가서 연화방蓮花坊(지금의 종로구 연건동)의 옛 세자전世子殿에 거동하니, 백관百官들이 따라서 뜰앞에 이르러 통곡하면서 복위復位하기를 청하였다. 세자가 대보를 받들고 전殿에 나아가 대보를 바치며 굳이 사양하였다. 밤이 되자 임금이,

"나의 뜻을 유시諭示(관청에서 백성으로 타일러 가르침)한 것이 이미 두세 번이나 되는데, 어찌 나에게 효도할 것을 생각하지 않고 이같이 어지럽게 구느냐? 내가 만일 신료臣僚들의 청을 들어 복위復位하려 한다면, 나는 장차 그 죽음을 얻지도 못할 것이다."

하고, 이에 두 손을 맞잡아 북두성北斗星을 가리키고 이를 맹세하여서 다시 복위復位하지 않을 뜻을 보였다. 최한崔閑으로 하여금 명命을 전

하기를,

"내가 이렇게 하겠다는 뜻을 이미 천지와 종묘에 맹세하여 고하였으니,
어찌 감히 변하겠느냐?"

하니, 세자가 황공하고 두려워하여 이명덕李明德을 돌아보면서,

"어찌할까?" 하니 이명덕이 대답하기를,

"성상의 뜻이 이미 정하여졌으니, 효도를 다하심이 마땅합니다."

하였다. 세자가 이명덕으로 하여금 대보를 받들고 나가서 경복궁에 돌
아가게 하고, 대언代言 김효손金孝孫으로 하여금 대보를 지키면서 자
게 하였다.

– 같은 책 (상동)

이렇게 대보를 세자에게 전하는 과정은 험난하였다. 신하들의 반대는 당
연히 예상되는 것이었다. 왕이 멀쩡한데도 양위를 하겠다고 하면 신하들은
당연히 이를 말리는 것이 도리라 하겠다. 그렇지만 태종은 이미 그런 움직임
을 미리 다 예상하고는 단호하게 양위를 결행한 것이다. 그리고는 이날 저
녁에 부인 정비靜妃도 자신이 와 있는 옛 세자전으로 옮겨오도록 한다.
이렇게 해서 첫 고비는 넘어갔지만 그것으로서 끝이 아니었다.
일단 국새는 세자에게 전해졌지만 이틀 뒤 즉위식이 있다. 이 날에도 다
시 사단이 벌어졌다. 8월 10일이 왔다.

"임금이 최한崔閑을 보내어 승여乘與(가마)와 의장儀仗(깃발 등)을 보내고, 또 명하여 궐내에 시위侍衛(곁에서 모시며 경비함)하던 사금司禁18·운검雲劍19·비신備身20 홀배笏陪21을 보내어 왕세자를 맞이하여 오게 하였다. 세자가 이에 최한崔閑)으로 하여금 사양하기를 청하게 하고 오장烏杖과 청양산靑陽傘22으로 전전前殿에 나아가니, 임금이 내신內臣을 시켜 이를 보게 하고 노하여, "명을 따르지 않으려거든 오지 말라."

하니, 세자가 마지못하여 주장朱杖)과 홍양산紅陽傘)으로 앞을 인도하게 하여 왔다23. 임금이 세자를 불러들이니, 세자가 친히 소매에서 사전辭箋(사양하는 짧은 글)을 바쳤는데, 그 글은 이러하였다.

"신이 성품과 자질이 어리석고 노둔魯鈍(미련하고 무디고 둔함)하며 학문이 이루어지지 못하여 위정爲政하는 방도를 확연히 깨닫지도 못하고, 저부儲副24의 지위에 외람되이 있으면서, 이른 아침부터 밤늦게까지 걱정하고 근심하여 오히려 그 자리에 합당하지 못할까 두려운데, 어찌 오늘이 있으리라 헤아렸겠습니까? 그런데 왕위를 내려 주시는 어명이 있으시니, 일이 뜻밖에 나온 것이므로 정신이 없어 몸 둘 곳이 없습니다. 삼가 생각하건대, 주상 전하主上殿下계서는 춘추가 바야흐로 한창이시고, 성덕聖德이 바야흐로 융성하신데 갑자기 모든 세상일을 귀찮아하시고, 종묘宗廟·사직社稷의 중책을 어리석은 이 몸에 맡기고자 하시니, 어찌 오직 신자의 마음에 두렵고 황송함이 갑절이나 더하지 않겠습니까? 진실로 조종祖宗의 영령英靈이 경동驚動(놀라서 움직임)할까 두렵습니다. 또 나라를 서로 전전傳하는 일은 실로 오직 나라의 대사大事인데, 모두 갑자기 이와 같이 한다면 궁궐 밖의 신하와 백성들이 놀라지 않음이 없을 것입니다. 거듭 생각하건대, 전하께서 신臣)을 세워 후사後嗣로 삼을 때에도 오히려 감히 마음대로 하지 못하고 천자天子에게 아뢰었는데, 더구나 군국軍國의 중함을 신에게 마음대로 주시니, 신이 사대事大의 예를 또한 잃을까 두렵습니다. 엎드려 바라건대, 전하께서 어리석은 신의 지극한 정을 살피시고 국가의 대계大計를 생각하여서 종사宗社와 신민臣民들의 소망을 위로하소서."

임금이 윤허하지 않으니, 그때 정부·육조六曹·삼군 도총제부三軍都摠制府(고려 말, 조선 초 군사를 통할하던 관청)·문무백관文武百官 및 전함前銜(전직 관리 2품 이상)이 모두 전문殿門에 나아가니, 문을 지키는 갑사甲士)가 막아서 지키고 들이지 않았다. 유정현柳廷顯이 문지기를 꾸짖고 들어가려고 하였으나, 문지기가 굳게 막았다. 유정현이 문을 밀치고 들어가니, 군신群臣들이 전정殿庭에 따라들어와 복위하기를 굳이 청하면서 호곡呼哭하여 마지않았다. 임금이 좌대언左代言 하연河演·도진무都鎭撫 이춘생李春生에게 명하여 갑사로 하여금 중문中門을 굳게 지키게 하여 대소 신료가 들어오는 것을 금지하였다. 임금이 한상경韓尙敬·박은朴블·이원李原과 육조 판서六曹判書에게 명하여 새 임금이 즉위하는 모든 일을 같이 의논하게 하였다. 박은이, "전하께서 군신群臣의 청을 굳이 거절하니, 어찌할 것인가? 어찌할 것인가?"
하고, 그 형세가 마침내 청을 얻지 못하면 육조六曹와 더불어 즉위卽位

할 여러 일을 의논하려고 하였다. 성석린成石璘·유정현柳廷顯과 군신群臣들이 또 중문을 헤치고 내정에 들어가 호곡하니, 그 소리가 어좌御座에까지 들렸다. 임금이 효령 대군孝寧大君(태종의 둘째 아들이자 세종의 형)으로 하여금 명을 전하기를,

"내가 이성異姓(다른 성, 곧 핏줄이 아닌 사람)의 임금에게 전위한다면 경들의 청이 옳겠지만, 내가 아들에게 전위하는데, 어찌 이와 같이 하는가? 지난번에 내가 전 세자에게 전위하여 하였으나, 그러나 아들을 아는 것은 아비와 같은 이가 없으므로 내가 제禔의 불선不善한 것제禔는 양녕대군의 이름. 양녕대군의 행실이 좋지 않음을 뜻함을 알았던 까닭으로 전위하지 않았다가 이제 전위하는 것이니, 더 청하지 말라."

하니, 군신들은 더욱 통곡하면서 물러가지 않았다. 김점金漸이,

"전하의 이러한 거론擧論은 전하와 세자에게 있어서 다같이 실덕失德함이 있습니다. 왜냐 하면 신이 중국에 봉명사신奉命使臣(왕이나 황제의 명을 받아 외국으로 가는 사신)으로 갔을 때 황제가 전하에 대하여 권고眷顧하는 마음이 간곡하여 마지 않았습니다. 원민생元閔生이 세자를 세우는 청을 가지고 이제 아직도 반명反命(명을 받고 돌아옴)하지 않았는데, 전하께서 하루 아침에 왕위를 물러나시고 세자가 하루 아침에 즉위한다면, 황제의 마음이 어떠하겠습니까? 이것이 모두 실덕失德함이 있는 까닭입니다. 청컨대, 우선 원민생이 돌아올 때까지 기다리게 하소서."

하니, 임금이 모두 윤허하지 않고, 친히 충천각모衝天角帽[25]를 세자에

게 씌워주고, 드디어, 세자로 하여금 국왕의 의장儀仗(거동이나 예의와 호위)을 갖추어 경복궁에 가서 즉위하게 하였다. 왕세자가 부득이하여 명을 받고 내문內門)을 열라고 명하여 나와서 말하기를,

"내가 어리고 어리석어 큰 일을 감당하기가 어려우므로, 지성으로 사양하기를 청하였으나, 마침내 윤허를 받지 못하고, 부득이하여 경복궁으로 돌아간다." 하였다. 군신들이 세자가 충천모衝天帽(충천각모)를 쓴 것을 보고 곡성哭聲을 멈추고, 혹은 꿇어앉고, 혹은 땅에 엎드려 서로 돌아보면서 한 마디의 말도 없었다. 세자가 홍양산紅陽傘으로 경복궁에 가니 박은朴訔이,

"세자는 우리 임금의 아들이다. 굳이 사양하였으나 윤허하지 않았고, 이미 상위上位의 모자를 쓰셨으니, 신 등이 굳이 다시 청할 이유가 없다." 하니 군신들이 모두,

"부득이한 일이다." 하고, 이에 즉위할 여러 가지 일을 의논하였다."

–『태종실록』 태종 18년 무술(1418) 8월 10일(정해)

이렇게 왕의 자리를 넘겨주는 일은 쉽지 않다. 국가라는 것은 한 시라도 대권의 혼란이나 부재를 용납하지 않는 법, 태종은 자신이 아버지 태조를 사실상 겁박하고 형제들을 죽여서까지 이룩한 조선이란 나라를 아무런 안전장치 없이 아들에게 그냥 넘겨주어 혼란을 자초하고 싶지 않았던 것이다. 왕권이 확립되는 것은, 곧 국가의 기율, 기틀이 서는 것이고 그것이 확립되지 않으면 결국 백성이 피해를 당하게 되므로 왕권을 제대로 굳건

하게 세워야 한다는 신념에서 세종 주위에서 왕권을 넘보는 사람들을 다 처리하고는 자신이 살아있을 때에 왕권을 넘겨 이를 확실하게 만들어놓자고 한다. 그러기에 일단 군사권은 곧바로 넘기지 않고 일정기간 자신이 직접 처리하면서 세종이 신하들을 확실하게 장악하도록 도와준다. 이러한 태종이 없었다면 세종의 황금기도 없었을 것이다. 맏아들인 양녕을 폐하고 세종을 세워 나라의 영원한 발전을 기하려는 태종의 충정이야말로 우리가 잘 모르던 조선 왕조 역사의 큰 맥이라고 하겠다. 호랑이 등에 탄 18년, 과연 박정희 대통령도 그랬을까?

태종과 박정희의 차이는 바로 여기에 있다고 하겠다. 박정희로서는 자기 자신에게 물려주고 싶은 생각까지야 하지 않았겠지만 마지막까지 후계자에게 물려줄 준비는 하지 않았고, 점점 과격한 생각을 하게 된다. 그것이 결국은 비극으로 이어졌을 것이다. 고대 그리스에서 디오니시우스왕은 왕의 자리에 앉을 때마다 머리위에 말총으로 날카로운 칼을 매달아놓고 항상 조심했다고 한다. 다모클레스라는 친구가 그 자리에 앉아보다가 혼비백산, 도망갔다고 하는데 박정희 대통령은 이 우화를 알지 못했을까? 권력의 적절한 이양, 절차에 따른 이양, 그것은 권력이라는 것이 호랑이 등을 타는 것이란 인식을 하고 있을 때에 가능하다고 하겠다.

그런 의미에서 보면 권력을 일정기간, 혹은 일정의 성과에 의해 교대할 수 있도록 한 현대의 정치제도는 이러한 오랜 세월동안의 시행착오를 격은 다음에 찾아낸 인류의 지혜라고 할 것이다. 그렇다고 해서 현대에 권력의 넘김이 그렇게 순조롭게만 이뤄졌던가? 5년만 먼저 총리를 하고 그 다음엔 물려주겠다고 친구인 고든에게 굳게 약속한 영국 노동당의 토니 블레어가 5년이 지난 후에도 넘겨주지 않다가 10년 후에 넘겨주자 이미 노동당은 만신창이가 되어 브라운 총리가 도중에 사퇴하게 되는 일이 생긴다. 권력의 순리적인 이양은 이처럼 어려운 것이라면 태종이 세종에게 자리를 넘긴 일이야말로 역사적으로 흔치 않는 용단이었다고 하겠다. 이제 권력의 이양을 국민이 선택하는 현재의 제도에서도 권력의 이양은 여전히 복잡하고 힘든 일이기에 정치를 하는 사람들은 정권을 잡은 그 순간부터 정권을 내놓은 데 대한 마음의 준비와 각오가 있어야 할 것이다.

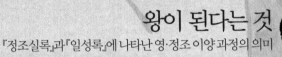

왕이 된다는 것 제18장

『정조실록』과 『일성록』에 나타난 영·정조 이양과정의 의미

· · ·

아버지 사도 세자의 죽음이라는 사건을 겪고 나서 왕권이 이양되는 과정도 한 편의 거대한 드라마다. 정조의 일기 『일성록』과 『정조실록』은 영조가 승하하자 정조가 상복 차림에서 면복을 갈아입고 또 가마에 오르고, 내려서 선왕의 옥좌에 앉기까지 울부짖으며 거듭 망설이며 지엄한 옥좌를 두려워하는 마음을 절절히 보여준다. 개인은 없고 일거수일투족을 견제당하는 자리가 바로 옥좌였다. 대제학 이휘지는 '선대왕 영조는 살얼음 밟듯이 삼가고 두려워하며 정성을 다해 가난한 백성의 고통을 없애는 데 전념해야 했다'고 증언했다. 어보를 받은 정조는 선대의 기업을 제대로 계승하지 못할까 걱정하며 인정(仁政)을 펼 각오를 단단히 했다. 정권이 바뀐다는 의미, 최고지도자의 자리의 의미를 우리는 얼마나 이해하고 있을까?

미국이 영국으로부터의 독립선언을 한 1776년 7월4일보다 석 달 쯤 앞
선 1776년 음력3월4일 조선의 21대 왕 영조英祖(1694~1776)가 세상을 떴다.
왕위에 오른 지 52년만이다. 할아버지가 승하昇遐(왕의 죽음을 높여서 일컫는
말)하자 세손이 었던 정조는 울기만 한다. 신하들은 24살의 청년 정조를
권유해서 빨리 대위를 이어받도록 재촉한다. 왕이란 자리, 곧 국가의 지
도자는 한 시라도 비워둘 수 없기 때문이다. 이 상황을『정조실록』에서 이
렇게 기록하고 있다.

"영종(영조의 원래 시호는 영종이었음)이 세상을 떠나게 되자 왕(정조)
이 정도에 지나치게 슬퍼하며 물이나 미음도 들지 않았고, 장례에 관련
된 일 이외는 명령이나 알리는 바가 없었다. 대신과 여러 신하들이 왕

위를 이어 받기를 청하였으나 왕이 울며 허락하지 않았고, 신하들이 여러 날을 전교傳敎를 내려달라고 기다려도 울기만 하다가, 성복成服(상주 및 복인들이 상복으로 갈아입는 절차)하는 날에 이르러서야 비로소 억지로 따르며 하교하기를, '뭇 신하들의 심정에 몰려서 장차 왕위에 서기는 하겠지만,

영조 어진

면복冕服(제왕의 정복. 곧 면류관과 곤룡포)차림으로 예식을 거행하기는 내 마음 속에 더욱 두려움을 느끼게 된다. 양암亮闇에 관한 법(양암은 상복을 입고 고인을 지키는 곳, 양암의 법은 3년 상을 치르는 법)을 비록 거행하지는 못한다 하더라도, 최복衰服을 벗고 길복吉服을 입는 것(최복은 죄인을 상징하듯 떨어진 상복. 길복은 삼년 상을 치른 뒤에 입는 보통 옷)이 가하겠는가?' 하였다. 여러 신하들이 옛적의 예법과 국조國朝의 법제를 들어 극력 청하자, 왕이 그제야 허락하였다. "

– 『정조실록』 정조 즉위년 3월 10일

이 상황을 잘 들여다보면 정조는 빈소를 지키는 여막에서 상복을 입고 있었는데 왕이 즉위할 때 입는 면복을 갈아입지 않으려 했다는 것이다. 면복은 왕을 상징하는 휘황하게 장식한 옷이므로, 상례 중에 상복인 최복衰腹을 입지 않고 면복과 같은 길복吉服(보통은 혼례 때 입는 옷, 아니면 탈상을 하고 나서 입는 옷)이므로 그런 옷을 입기가 죄스럽다는 뜻이었을 것이다. 이 구절을 정조의 명에 의해 편찬된 『일성록(日省錄)』이란 일기체식 문서에서 찾아

보면 정조는 왕의 입장에서 이렇게 표현하고 있다.

"영의정 김상철 등이 입으로 말씀을 드려, 여차盧次(여막)에서 면복차림으로 나오기를 청하기에, 답하기를, "성복을 막 하고 나니, 오장이 찢어지는 듯하다. 내가 비록 위로 자전慈殿(대비, 곧 어머니)의 하교를 어기지 못하고 아래로 군정群情(여러 신하들의 호소)을 거스를 수 없어서 부득이 따르기는 했다마는, 지금 최복을 벗고 길복을 입으려 하니, 차마 못하겠다. 가슴이 무너지는 듯하여 더욱 감당하기 어려우니, 경들은 아직 강요하지 말라." 하였다. 이렇게 하기를 두세 번에 이른 다음, 내가 면복 차림을 하고 여차에서 나갔다.

일단 옷을 즉위식에 맞는 옷으로 갈아입고 여막에서 나가기는 했지만 다음 절차는 어보御寶를 받은 다음 가마를 타고 즉위식장으로 가는 것이다. 그 다음은 가마에서 내린 왕을 옥좌에 오르게 하는 일이다. 여기에서 정조는 다시 무너진다. 왕이 앉는 자리는 얼마나 높고 지엄한가? 비록 왕위를 이어받는다고는 하지만 막상 그 자리에 오르려니 황감하고 무섭고 떨린다. 그 장면이 실록에는 이렇게 기록돼 있다.

"종친宗親들과 문무백관이 동서로 나뉘어 차례대로 서서 의식대로 시위하니, 왕이 울먹이며 차마 어좌御座에 오르지 못하였다. 대신 이하가 또한 극력 청하자 왕이 울부짖기를, '이 어좌는 곧 선왕께서 앉으시던 어

좌이다. 어찌 오늘 내가 이 어좌를 마주 대할 줄을 생각이나 했겠는가?'
하였다. 대신들이 해가 이미 기울어진 것을 들어 누누이 우러러 청하자,
왕이 드디어 어좌에 올랐는데 백관들이 예를 행하니, 면복을 벗고 도로
상복을 입었다."

실록을 쓰는 신하들은 이렇게 담담하게 옥좌에 오르기를 꺼리는 왕의 행
동을 보이는대로 적었다. 그런데 이 부분도 『일성록』에서는 더 자세하고
간절하다. 그 마음이 다 드러난다.

"빈전殯殿(임금 또는 왕비의 관을 두는 전각) 정문 밖으로 나아가서 눈
물을 훔치고 대보大寶를 받았다. 여輿(가마)를 타고 숭정문으로 나아가
여에서 내려 소리 내어 울면서 차마 어탑御榻(임금의 단)에 오르지 못
하니 대신들이 아뢰기를, "오늘 이 거조는 예로부터 제왕이 이미 행하였
던 예입니다. 삼가 청컨대, 슬픔을 억제하고 보좌에 오르소서." 하여 답
하기를, "지금 이곳에 이르니 가슴이 찢어지려 한다. 내가 어찌 차마 선
뜻 이 자리에 오를 수 있겠는가." 하고, 이어서 목 놓아 울었다. 내가 또
이르기를, "이 자리는 선왕이 임어臨御하시던 자리이다. 매번 임어할 때
에 내가 항상 어린 나이로 옆에 모시고 앉아 우러러 보았는데, 어찌 오
늘 갑자기 이 자리에 오를 줄을 생각이나 했겠는가. 생각이 여기에 미치
는데, 내가 어찌 차마 선뜻 오를 수 있겠는가. 경들은 재촉하지 말고 내
마음이 다소 안정될 때까지 조금 기다리도록 하라." 하였다. 김상철 등

이 애써 청함에 따라 드디어 어좌御座에 올랐다. 백관이 사배례四拜禮

를 행하고 산호山呼26하기를 의식대로 하였다. "

이 장면을 『조선왕조실록』과 『일성록』을 비교해서 보면 실록은 아무래도 3인칭인 만큼 담담하고 건조하지만 『일성록』은 왕의 심정을 기록한 것이기에 절절하고 세세하고 감정이 넘친다. 새 왕의 즉위라는 공식적인 행사 뒤에 있었던 당시 주인공의 심정이 잘 드러난다. 이를 통해서 역사가 우리에게 살아서 돌아오는 것 같다.

이런 장면을 실록을 통해서 보면서 우리들은 왕이란 자리가 얼마나 어려운 자리임에 새로 맡게 된 정조가 저리도 겁을 내는가 하는 생각을 하게 된다. 사실 조선시대 왕이란 자리는 일단 올라가고 나면 개인이 없는 철저한 공인으로서 일거수 일투족을 신하들에게 감시당하고 견제당하면서 살아야 하는 어려운 자리인 것은 우리들이 어렴풋이는 알고 있겠지만 실록의 구석구석에 숨어있는 이런 기록들, 그것들을 보충하는 『일성록』이나 『홍재전서』 같은 많은 기록들을 통해 우리는 몇 백 년 전 우리 조상들의 삶 속에 감춰져 있던 사람으로서 또한 우리의 아버지 할아버지로서의 마음가짐과 행동, 사회적 제약 등을 들여다보게 된다.

정조는 이처럼 어렵게 왕위에 오른 다음, 보통의 경우처럼 반포문을 발표하고 대사면을 내린다. 새로운 왕이 등극했으니 백성들이 새 마음으로 새

시대를 잘 꾸려가 보자는 다짐일 것이다. 반포문도 절절하다.

"삼가 생각건대, 대행 대왕大行大王(영조가 승하했지만 아직 시호가 정해지지 않았으므로 대행대왕이라고 부른다)께서는 참으로 선대의 뜻을 잘 계승하셨다. 순 임금과 같은 총명이 사방에 미쳤으니 아, 만백성이 화락하였고, 문장과 사려가 심원하여 삼왕三王(중국 고대의 세 임금. 하夏나라의 우왕禹王, 은殷나라의 탕왕湯王, 주周나라의 문왕文王을 이른다.)의 도를 겸하니, 진실로 팔방이 그 감화를 입었다. 임금의 자리가 살얼음을 밟듯이 해야 한다는 것을 염두에 두시어 매번 삼가고 두려워하는 정성을 다하셨고, 가난한 백성의 고통을 덜어 줄 것을 진념하시어 인자하고 은혜로운 정치에 더욱 힘쓰셨다.

아, 아름답다. 50년 동안 임어하신 세상에서 천 년에 한 번 만나는 운이 비로소 돌아온 것을 보았다. 재위 기간이 요堯 임금이 미복微服으로 나가 정치를 묻던 해[27]를 넘어섬에 억조 백성들이 모두 우러러보았고, 덕은 이미 위 무공衛武公의 억계抑戒[28]에 부합하여 95세의 나이에 강녕康寧함과도 같았다. 근래에 한편으로 기쁘고 한편으로 두려운 마음으로 그래도 만수하시기를 빌었는데, 붕어崩御의 슬픔이 갑자기 하루아침에 닥칠 줄을 어찌 알았겠는가. 금등金縢에다 책册을 넣었지만[29] 내 몸으로 대신하겠다는 축원이 효과를 보지 못하였고, 옥궤玉几에 기대어 유언遺言을 내리시니[30], 길이 반염攀髯의 슬픔[31]을 간직하게 되었다.

아련하구나, 약 수발을 든 것이 어제 새벽 같은데, 이제는 그만이로다.

찬선饌膳(음식)을 보살필 날도 없어져 버렸다. 슬픔 속에 흙덩이를 베고 거적을 깔아야 할 때를 당하였으니, 안타까이 몸부림치는 중에 어찌 왕위에 올라 대보를 받는 예를 편안히 치를 수 있겠는가. 지극한 아픔을 스스로 견디기 어려워 처음 먹은 마음이 더욱 견고해지기는 한다만, 대위大位를 비워 두어서는 안 될 뿐만 아니라 군신들의 마음을 막을 수 없는데 어찌하겠는가.

자전慈殿(어머니인 혜경궁 홍씨)의 전지傳旨를 우러러 본받고 예전의 의식을 따라서, 금년 3월 10일 신사일辛巳日에 숭정문崇政門에서 즉위하고 예순성철왕비睿順聖哲王妃 김씨金氏를 왕대비王大妃로 높였으며, 빈嬪 김씨金氏를 왕비王妃로 올렸다. 철의綴衣(군왕의 임종 시에 치는 장막)를 돌아보면 늘 슬픈 생각이 들고 화순畫純(채색으로 끝에 선을 두른 왕골 자리)에 임하면 하염없는 눈물이 북받친다. 전에는 대신 정사를 보라는 성명聖命을 받들어 만기萬機(임금의 정무)를 섭행攝行(일이나 통치를 대신 행함)하는 일에 힘썼는데, 이제는 대통을 이어야 한다는 상경常經(사람이 지켜야 할 떳떳한 도리)을 따라서 사양할 수도 없게 되었다. 크고 어려운 기업基業을 물려주신 것을 생각하면 계승해야 할 듯 하다만, 즉위하여 예를 행할 때를 돌아보면 부탁을 저버릴까 염려가 된다. 오직 기업을 제대로 계승하지 못할까를 경계해야 하니, 어찌 갱장羹墻32에서 길이 사모하는 마음만을 다할 수 있겠는가. 이에 열 줄의 윤음綸音(왕이 내리는 말 또는 글)을 내려서 사면赦免(죄나 형벌을 면제)하는 은전을 베푸는 바이다.

아, 즉위 초에는 응당 드넓은 인정仁政을 펴기를 생각해야 할 것인데, 내가 공을 이루기를 도모한다면 태평이 이어지는 아름다움을 기대할 수 있을 것이다. 그러므로 교시敎示를 하는 바이니, 잘 알 줄로 믿는다."

－『일성록』 즉위년 병신 (1776) 3월 10일 (신사)

정조가 즉위하면서 흘린 눈물은 진정으로 할아버지의 죽음을 애도하는 눈물일까? 아니면 재주가 없는 사람으로서 막중한 보위에 오르는 것이 두려워서 흘린 것일까? 아니면 드디어 억울하게 돌아가신 아버지 사도세자의 한을 풀 수 있다는 생각이 들어서일까? 아니면 세자 시절 그토록 열심히 왕이 되는 수업을 많이 한 것을 바탕으로 이제 현실에서 좋은 정치를 해보겠다는 의지를 확인하는 눈물일까? 아마도 지금 열거한 이런 모든 것이 복합된 눈물일까? 그것의 의미를 현대에 알기는 어렵다. 아마도 아직도 왕조체제인 북한의 경우 김일성에서 김정일, 그리고 이번에 김정은으로 이어지면서 북한의 최고지도자들이 그런 눈물을 흘릴 수 있었을까? 아마도 아닐 것이란 생각이 더 많이 든다.

그때나 지금이나 왕권 또는 대권의 인수 인계는 그만큼 어렵고 힘든 일이었다. 조선 왕조를 봐도 정권인계가 순조롭게 된 적이 거의 없다. 더구나 왕권을 이어 받을 후보들은 언제나 목숨을 걸고 있어야 했다. 현대에는 과거처럼 죽이지는 않지만 끊임없는 비판과 견제를 견뎌야 한다. 단순한 정책 비판만이 아니라 인신 공격에다가 중상모략까지 끊이지 않는다. 꼭 대통령만이 아니라도 지역의 지도자를 뽑는 선거도 마찬가지다. 그러니 현대라고 해서 권력의 인수인계가 그 본질 면에서 크게 달라진 것은 없지만 그나마 제도적으로 규정과 틀을 만들어놓음으로서 보다 공정하게 이뤄지는 것만은 역사의 큰 발전이라고 하겠다.

그런 면에서 정조의 눈물을 다시 떠올려 보면 아마도 현대 우리나라의 역대 대통령이 당선된 이후 취임식을 마친 그 날 밤에는 이런 감회를 느꼈을 것이란 생각이 든다. 정조의 눈물은 단순히 할아버지를 여의었다는 차원을 넘어서서 앞으로 왕으로서의 막중한 책임감을 생각한 것이 상당히 작용한 것으로 보인다. 이제는 절차상으로 옛날과 같은 그런 위험이 없는 만큼 과거 정조가 왕이 되면서 흘린 눈물은 현대의 정치지도자들이 자리에 대한 막중한 책임을 다시 생각하는 촉매가 되기를 기대한다.

조선왕조 왕계 연대기

1대 태조 이성계 (재위 1392~1397)	1392년 조선왕조 건국
2대 정종 이방과 (재위 1398~1400)	제1차 왕자의 난으로 세자 방석이 살해된 뒤 등극
3대 태종 이방원 (재위 1400~1418)	제2차 왕자의 난 이후 형인 정종의 양위로 등극
4대 세종 이도 (재위 1418~1450)	장자 양녕대군이 폐세자 된 뒤 태종의 양위로 등극
5대 문종 이향 (재위 1450~1452)	세종의 적장자로 등극
6대 단종 이홍위 (재위 1452~1455)	문종의 적장자이자 독자였으나 숙부 수양대군에게 왕위 피탈
7대 세조 이유 (재위 1455~1468)	세종의 차자이자 단종의 숙부로 단종의 왕위 찬탈
8대 예종 이황 (재위 1468~1469)	세조의 차자로 형 의경세자의 요절로 등극
9대 성종 이혈 (재위 1469~1494)	세조의 손자이며 의경세자의 차자로 등극
10대 연산군 이융 (재위 1494~1506)	성종의 장자였으나 중종반정으로 폐위
11대 중종 이역 (재위 1506~1544)	성종의 이복형으로 연산군이 폐위되며 등극
12대 인종 이호 (재위 1544~1545)	중종의 장자로 9개월 재위
13대 명종 이환 (재위 1545~1567)	중종의 차자로 형제 세습으로 등극
14대 선조 이연 (재위 1567~1608)	중종의 7서자(덕흥군)의 3자로 명종의 유지로 등극
15대 광해군 이혼 (재위 1608~1623)	선조의 차서자로 인조반종으로 폐위
16대 인조 이종 (재위 1623~1649)	선조의 5서자(정원군)의 장자로 군사를 지휘해 반정에 성공하고 등극
17대 효종 이호 (재위 1649~1659)	인조의 차자로 형 소현세자의 죽음으로 계승
18대 현종 이연 (재위 1659~1674)	효종의 독자로 계승
19대 숙종 이돈 (재위 1674~1720)	현종의 독자로 계승
20대 경종 이윤 (재위 1720~1724)	숙종의 서장자로 폐위된 장희빈의 아들
21대 영조 이금 (재위 1724~1776)	숙종의 서차자로 이복형 경종에게서 왕위 세습
22대 정조 이산 (재위 1776~1800)	영조의 적장자인 아버지 사도세자의 폐위와 죽음으로 등극
23대 순조 이공 (재위 1800~1834)	정조의 서차자인 문효세자의 요절로 등극. 정순왕후 김씨 20세까지 섭정
24대 헌종 이환 (재위 1834~1849)	순조의 적장자 효명세자의 독자로 등극
25대 철종 이원범 (재위 1849~1863)	헌종의 절손으로 순조비인 순원왕후가 지명하여 등극
26대 고종 이재황 (재위 1863~1907)	철종의 절손으로 조대비가 지명해 등극. 아버지 흥선대원군이 20세까지 섭정
27대 순종 이척 (재위 1907~1910)	고종의 장자로 3년 1개월 재위한 뒤 조선의 경술국치와 함께 폐위

왕의 꿈

제19장

규장각이 편찬한『홍재전서』에 담긴 정조의 초심과 포부

・・・

규장각이 편찬한 정조의 세자 시절 학문, 토론, 생각을 담은 개인 문집『홍재전서』
는 국왕의 저술을 공식 기록한『열성어제』에 만족하지 않고 후세에 기록을 전하
겠다는 정조의 의지를 보여주는 소중한 역사 기록이다. 백성을 물, 자신을 달에
비유해 달이 물속에 있어도 모든 강과 호수를 비춰주는 달이 되고자 하는 간절한
염원이 담겨있다. 용문의 물은 넓고 빠르며 염제의 물은 검푸르고 양천의 물은
차고 탕천의 물은 검푸르고 양천의 물은 차고 탕천의 물은 따뜻하여 모두 다르지
만 달은 그 형태에 따라 비춰줄 뿐이다. 그러나 달이 쉬지 않고 비춰준다 해서 자
신을 어림 잡는 이가 있다면 물속에 들어가 달을 잡아보는 것처럼 소용 없다 했
다. 정조는 백성을 두루 감싸며 편히 하는 데 집중했으나 정당한 권위를 흔들림
없도록 하는 방법을 알았으니 이로써 우리도 살펴 볼 일이다.

조선조 후반기에 민족 문화의 중흥기를 열어간 22대 왕 정조正祖(재위 1776~1800)에 대해서는 근래 많은 사람들이 사랑하고 존경하게 되었거니 와 그의 젊은 날의 모습이 어떠했는지는 잘 알려져 있지 않다. 아버지 사도세자가 뒤주에 몰려 숨진 사건 이후 세자로 올라섰지만 삼엄한 당쟁의 소용돌이 속에서 자신도 살아남으려면 오로지 근신勤愼, 곧 몸을 조심하고 말도 조심할 수밖에 없었을 것이다. 나중에 왕으로 올라선 정조는 정치가 안정되기 시작하자, 자신이 평소에 공부한 내용, 신하들과 나눈 토론, 그 자신의 생각 등을 남기고 싶어서 왕의 개인문집에 해당하는『홍재전서(弘齋全書)』를 편찬하도록 규장각에 명령한다.

조선시대 국왕의 저술은 사후에 신하들이 편집하여, 전대前代로부터 내

정조대왕

려오는『열성어제(列聖御製)』에 덧붙이는 것이 관례였으며 정조에 대해서도 후에 어제집이 편찬되었다. 그러나 뛰어난 정치가인 동시에 당대 최고의 학자로서 다방면에 걸친 문화사업을 추진하고 방대한 저술을 남긴 정조는 사후에 편찬될 『열성어제』에 만족하지 않고 국왕으로서는 전례가 없는 문집 편집을 지시한 것이다. 그것은 정치적으로 늘 긴장 상태에 있던 상황인지라 정조 자신의 생각이나 학문이 사후에 제대로 전달되고 평가를 받을 수 있을까, 혹 정치적인 당파에 의해 왜곡되거나 가려지지나 않을까 하는 생각에서 스스로 문집을 편찬하자는 뜻이 있었을 것으로 보인다. 이『홍재전서』는 정조가 갑자기 세상을 떠나기 한 해 전인 1799년(정조 23) 이만수李晩秀 등이 총 190편으로 정리하였고 이듬해 왕이 승하한 뒤 그의 말년의 저술들을 덧붙여 심상규沈象奎 등이 1801년에 재편집을 완료하여 1814년에 간행된다.

『홍재전서』에서도 우리의 관심을 끌어당기는 것은 맨 앞부분에 있는「춘저록(春邸錄)」이다. 정조가 세자 때에 쓴 글을 모은 것이다. 실록을 보면 규장각에서는 정조 11년(1787년)에 춘저록을 편찬해서 음력 8월 29일에 정조에게 보고한다.

> "규장각奎章閣에서 『어제춘저록(御製春邸錄)』4권, 시詩 1권, 서序·기記·발跋·명銘을 합한 1권, 비碑·비명碑銘·행록行錄·행장行狀·잡저雜著를 합한 1권, 제문祭文 2권, 책문策問 2권, 강의講義 26권, 윤음綸音 3권, 전교傳敎 3권, 비망기備忘記 1권, 비답批答 3권, 판부判付 1권, 수서手書·봉서封書·유서論書를 합한 1권, 돈유敦諭·문의問議를 합한 1권, 심리록審理錄 10권, 모두 60권을 편차編次하여 바쳤다."

이 『홍재전서』의 「춘저록(春邸錄)」은 대권을 잇기 위해 어려운 가운데서도 근신하는 세자의 생각이 잘 나타나 있다. 정조는 이 때에 자신을 '달月'이라고, 백성은 '물水'이라 생각했다. 춘저록을 열면 가장 첫 머리에는 '태양'이라는 시가 나오고 그 다음은 '달'이다.

태양

태양으로 전체가 환히 밝으니 / 太陽全體明
대체로 인군의 상이 있도다 / 蓋有君人象
만물이 형체를 숨길 수 없으니 / 品彙莫逃形
삼라만상이 괴기하기도 하여라 / 恠奇森萬狀

달

예쁘게 단장한 바다 속의 달이여 / 盈盈海底月

옥을 쪼아 바퀴를 만들어 놓은 듯 / 琢玉以爲輪

이 황도에 한번 굴러 오르면 / 一轉斯黃道

하계인들 엄숙히 우러러보누나 / 顒昂下界人

당시 할아버지인 영조대왕이 살아있을 때인 만큼 태양은 왕인 영조를 상
징하는 것이고 자신이 세자로서 달에 해당됨을 알 수 있다. 정조는「춘저
록」의 편찬 내용을 다 보고받고 이를 승인했을 터이므로 편찬에서부터
정조의 생각이 들어있다고 볼 수 있다. 정조가 말년에 스스로 호를 '만천
명월주인옹萬川明月主人翁' 이라 한 것도 이를 뒷받침한다. '만천, 곧 모든
강에 있는 밝은 달의 주인인 늙은이' 라는 뜻으로 정조는 백성과 신하를
'만천萬川'에 비유하고 자신을 그 물에 비친 '명월明月'이라 자처했다. 물은
장강도 있고, 개울도 있고, 웅덩이도 있으며 탁하고 맑음에 차이도 있어
그 모습이 다양한 만큼 그 비추는 달의 모습도 다양하다. 하지만 본래의
그 달은 오직 하나이고 변함이 없으니 그것이 자신이라는 것이다.

"내가 바라는 것은 성인을 배우는 일이다. 비유하자면 달이 물속에 있
어도 하늘에 있는 달은 그대로 밝다. 그 달이 아래로 비치면서 물 위에
그 빛을 발산할 때 용문龍門[33]의 물은 넓고도 빠르고, 안탕雁宕[34]의 물

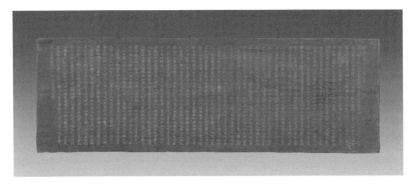

어제 만천명월주인옹자서(御製 萬川明月翁主人自序)

'만천명월주인옹'은 정조의 자호이다. 정조는 이 자서에서 하나의 냇물이 형태에 따라 만 가지 형태
로 나타나는 것을 태극에서 양의(음양), 사상(태양, 소양, 태음, 소음), 팔괘, 육십사괘, 다시 384효로
점차 만 가지로 분주되는 이일만수(理一萬殊)의 역리와 연관 대비하여 설명하고 있다.
ⓒ국립고궁박물관(제공)

은 맑고 여울지며, 염계濂溪[35]의 물은 검푸르고, 무이武夷[36]의 물은 소
리 내어 흐르고, 양자강의 물은 차갑고, 탕천湯泉(온천)의 물은 따뜻하
고, 강물은 담담하고 바닷물은 짜고, 경수涇水는 흐리고 위수渭水는 맑
지만[37], 달은 각기 그 형태에 따라 비춰 줄 뿐이다. 물이 흐르면 달도 함
께 흐르고, 물이 멎으면 달도 함께 멎고, 물이 거슬러 올라가면 달도 함께
거슬러 올라가고, 물이 소용돌이치면 달도 함께 소용돌이친다. 그러나 그
물의 원뿌리는 달의 정기精氣이다. 거기에서 나는, 물이 세상 사람들이라
면 달이 비춰 그 상태를 나타내는 것은 사람들 각자의 얼굴이고 달은 태
극인데, 그 태극은 바로 나라는 것을 알고 있다. 이것이 바로 옛사람이
모든 강과 물萬川의 밝은 달에 태극의 신비한 작용을 비유하여 말한 그
뜻이 아니겠는가. 그리고 또 나는, 저 달이 틈만 있으면 반드시 비춰 준
다고 해서 그것으로 태극의 테두리를 어림잡아 보려고 하는 자가 혹시

있다면, 그는 물속에 들어가서 달을 잡아 보려는 것과 다를 바 없는 아무 소용없는 짓임도 알고 있다. 그리하여 나의 연거燕居(가만히 쉬면서 있는 곳) 처소에 '만천명월주인옹萬川明月主人翁'이라고 써서 자호自號로 삼기로 한 것이다.[38]"

　　　－『홍재전서(弘齋全書)』제 10권 「만천명월주인옹(萬川明月主人翁)」

그런 정조가 스스로를 어떻게 보았을까? 나중에 유명한 화가들을 통해서 어진御眞(임금의 초상화)을 그려 남기기는 했지만 젊은 날의 자화상이 남아있을 턱은 없다. 그런데 이「춘저록」에 스스로를 묘사한 글이 남아있어 흥미롭다.

　　　네 용모는 어찌 그리 파리하며 / 爾容何癯

　　　네 몸은 어찌 그리 수척한고 / 爾身何瘠

　　　꼿꼿한 것은 그 골격이요 / 骯然其骨

　　　맑은 것은 그 눈동자로다 / 瞭然其目

　　　너에게 근심스러움이 있다면 / 若有所憂

　　　근심은 학문하는 데에 있고 / 憂在於學

　　　너에게 두려움이 있다면 / 若有所懼

　　　두려움은 덕을 닦는 데에 있으리 / 懼在於德

　　　밝은 창 아래 깨끗한 책상에서 / 明窓淨几

　　　연구하는 것은 경서이고 / 乃繹者經

　　　예관과 예복을 정제하고서 / 程冠禮衣

기르는 것은 마음이로다 / 攸攝者情

엄숙하게 용맹하고 강의함을 / 瑟兮武毅

노력하여도 능히 하지 못하니 / 欲而未能

그림자 돌아보고 형체를 생각하며 / 顧影思形

오직 아침저녁으로 삼가리라 / 唯日夕而戰兢

— '화상(畵像)에 대하여 스스로 찬하다', 「춘저록(春邸錄)」 4, 찬(贊)

정조가 이 글을 쓴 때는 1770년으로, 그가 18살 때이다. 왕이 되기 6년 전에 쓴 글인데, 이 때 정조 자신이 밤낮으로 공부만을 해서 수척해진 자신의 모습을 묘사하면서 학문과 왕업을 잘 준비하고자 하는 자신의 마음을 그려낸다. 2년 뒤에는 임금이 신하들을 포용하는 것에 대해서 자신의 속마음을 드러낸다. 곧 임금의 가장 기본은 곧음을 용납하는 것, 즉 귀에 거슬리는 말을 받아들일 수 있어야 한다는 것이다. 그래서 「춘저록」에 있는 이 잠箴(훈계나 가르침의 뜻을 담은 글)의 제목도 용직잠容直箴이다.

하늘이 모든 백성을 생성하고 / 天生烝民[39]

임금과 스승을 만들어서 / 作之君師

만방을 편안하게 하여 / 寵綏萬方[40]

백성을 편히 다스리게 했으니 / 俾安俾治

그 도가 무엇인가 하면 / 其道伊何

바로 곧음을 용납함인데 / 曰是容直

이 곧음을 용납하는 것이 / 曰是容直

오직 임금의 덕이라오 / 惟君之德

먼 옛날 순임금께서는 / 粵昔重華[41]

사방으로 귀와 눈을 밝게 하여 / 達聰明目

귀에 거슬리는 말이 있으면 / 有言逆汝

강하가 터지듯 용감히 받아들이고 / 江河之決

귀에 부드러운 말이 있으면 / 有言遜汝

천둥처럼 맹렬히 물리쳤으니 / 風雷之烈

오직 이를 용납했으므로 / 惟其容之

이 때문에 그를 보유하였고 / 是以有之

오직 이를 좋아하였으므로 / 惟其好之

이 때문에 그를 우대하였네 / 是以優之

간하는 말을 거절하지 말고 / 毋曰訑訑

옳지 않다고 말하지도 말아서 / 毋曰咈咈

이에 기뻐하고 또 추구하여 / 迺悅迺繹

산을 꺾고 구렁을 메우듯이 / 摧山塡壑

잘못 알면 다시 행하지 않아서 / 知未復行

제후들에게 본보기가 되어야지 / 式是百辟

거짓도 가식도 부리지 말고 / 罔僞罔假

오직 성실만을 본받아서 / 維誠之則

이것을 공경하여 받들면 / 欽斯承斯

그 쓰임이 다하지 않으리 / 其用弗窮

경계를 돌아보고 의리를 생각하여 / 顧箴思義

아침저녁으로 주의하리라 / 昕夕憧憧

-『춘저록(春邸錄)』「용직잠(容直箴)」

그야말로 왕이 되어 무엇을 조심하고 무엇을 해야하는지를 아주 간결하게 정리해, 스스로에게 말하고 있다. 부디 신하들의 바른 소리를 거부하지 말라는 것이다. 세자인 정조는 중국 역사에 나오는 인물들에 대한 공부를 끝도 없이 했지만 정작 관심은 조선의 상황에 대한 개선이었고 그런 면에서 한 세기 전 농정의 개혁을 위해 애를 쓴 김육金堉(1580~1658)에 대해 존경의 마음을 갖고 있었다. 정조는 문정공文貞公 김육의 화상畵像(초상화)을 보고는 찬贊을 쓰기도 한다.

맑고 높구나 공이 남긴 화상이여 / 淸高遺像

생전의 풍채와 방불하구려 / 彷彿儀風

대동법에 큰 경륜 펼치어 / 大同經綸

끝내 한마음으로 봉공하였네 / 一心奉公

세상을 구제할 만한 재능과 / 濟世之才

마음을 다하는 충성으로 / 肝膈之忠

백성 사랑하는 데 마음을 두어 / 存心愛物

신중하고 후함으로 몸단속하였네 / 謹厚飭躬

백성이 지금까지 은택 입은 건 / 民賴于今

지극한 정성이 통한 소치로다 / 至誠所通

참으로 훌륭한 군자여 / 允矣君子

천재에 존경하여 숭앙하리 / 千載欽崇

-「춘저록(春邸錄)」4. 찬(贊)

이처럼 정조가 세자 때에 쓴 글의 모음집인 춘저록은 나중에 위대한 왕으로 올라선 정조의 내면의 준비와 마음가짐을 알 수 있다는 데서 공식적인 실록과는 다른, 보다 인간적인 정조의 면모를 알 수 있는 귀중한 자료라고 하겠다. 바로 이런 점에서 이런 자료를 별도로 편집해놓게 한 정조의 지혜가 돋보이는 것이다. 결국은「춘저록」에서부터 그 다음 정조가 왕이 되어 신하들과 나눈 많은 토론들을 상세히 편찬해 놓음으로서 정조를 보다 깊이 알 수 있게 되고 그의 경륜과 그의 지식과 그의 의지까지도 잘 알게 된다. 그것으로서 조선조 후기 정조라는 한 임금을 통해 조선 사회가 얼마나 문화적으로 발전할 수 있었는지를 알 수 있게 된다. 또한 그를 통해서 모든 우리나라의 지도자들의 갈 길을 다시 생각하게 한다. 정조가 예상보다 빨리 돌아가셨고 거기에 대해서는 독살설도 있지만, 아무튼 중간에 꿈을 접은 정조가 스스로의 공부하는 것, 신하들과의 정책 논의 등을 다 기록해놓음으로서 그는 영원히 역사 속에 살아가게 되었다. 참으로 정조의 지혜는 놀라운 것이다.

우리나라가 해방과 대한민국의 건국 이후 벌써 60년이 넘었고 대통령도 17대를 지나 18대를 맞을 정도가 됐는데, 우리나라 대통령에 관한 개인적인 고민이나 생각을 전하는 글이 제대로 된 것이 하나도 없는 것 같다. 우리나라처럼 대통령의 위상이나 권위가 절대적인 나라가 없다고 한다면 옛날 왕들이 남긴 그런 기록을 현대에도 남겨서 후세인들이 역사의 교재로 활용할 수 있어야 한다. 아마도 역사에 관한 한 우리나라처럼 말이 많은 동네가 없을 터이지만, 그만큼 또 역사기록이 없는 나라도 없을 것이다.

최근 박정희 대통령 기념도서관이 논란 속에 개관되었다. 재미있는 것은 이 도서관이 김대중 대통령의 지원에 의해 시작되었고 결실을 맺었다는 것이다. 김대중 도서관은 이미 문을 열어 많은 사람들의 사랑을 받는다. 이로써 우리나라 현대사의 두 거목의 자료와 기록이 이 도서관을 통해서 역사로 남게 되었다. 그런 면에서 본다면 노무현 대통령의 자료나 기록도 보다 일반인에게 널리 알려질 방법이 찾아져야 하며, 다른 대통령들의 것도 어떤 형식으로든 역사 속에 보존되고 활용되어야 한다. 왕이란 자리를 위해 그렇게 많은 고민을 하던 정조와, 오늘날의 대통령과 무엇이 다를 것인가? 이것은 굳이 정조가 젊을 때에 무슨 고민을 했는가를 아는 것으로 끝나는 차원이 아니라 한 나라의 지도자가 되려면 많은 고민을 하고 수업도 해야 한다는 것, 그것을 알려주는 기록이 남아있어야 한다는 것이다. 정조가 젊을 때 어떤 고민을 했는가를 알게 되니 그가 비록 오래 왕위에 있지는 못했지만 조선조 중흥의 성군으로 추앙받는 이유를 짐작하게 된다. 그러한 고민을 현대의 대통령들은 어떻게 얼마나 했을까? 그런 기록을 국민들과 나누며 이 시대의 고민에 대한 해법을 같이 나누었으면 한다. 말로만 준비된 지도자가 아니라 정말로 젊을 때부터 소양을 쌓고 고민을 하고 보다 깊은 이치를 아는 지도자를 보고 싶은 것이다.

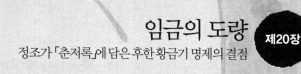

임금의 도량

정조가 「춘저록」에 담은 후한 황금기 명제의 결점

제20장

・・・

"임금의 도량을 논함에 있어서는 관대함이 우위이며 정치에서 근본을 추구함에 있어서도 관대함이 우선이니 이것이 바로 내가 명제보다 장제를 우월하게 보는 까닭이다." 성군 정조의 세손 시절 공부 과정을 기록한 「춘저록」에 기재된 어록이다. 예와 학을 중시했던 정조는 장제의 온화함을 더 높이 평가하며 후한의 황금시대를 열었던 2대 명제와 3대 장제를 논하였다. 사실상 정조가 우위로 평가한 장제는 온건책으로 환관과 호족이 득세해 그의 사후 오점을 남겼으나, 그것을 알면서도 정조대왕은 지도자의 자질에 있어 장제의 덕성을 평가하였다. 명제는 총명하나 국량이 편협하여 이목으로 남의 사적인 것 들추기를 밝음으로 삼았으니 공경대신이 자주 헐뜯음을 당하였다고 그는 지적하였다.

중국의 역사에서 한漢나라는 유방劉邦이 항우項羽를 이기고 중국 역사에서 두 번째로 중국을 통일해 서기전 206년에 나라를 세웠지만前漢(중국에서는 西漢이라 함) 최전성기인 무제가 무력으로 정복활동으로 벌이는 과정에서 나라의 힘이 약해지고 황후의 외척들이 권력쟁탈전을 벌이다가 왕망王莽에 의해 멸망당한 것은 우리가 이미 배운 바이다. 왕망은 국호를 신新이라 하고 황제의 자리에 올랐으나 건국된 지 15년 만에 유방의 후손 유수劉秀에게 멸망당하고 후한後漢(중국에서는 東漢이라고 함)이 시작된다. 유수광무제光武帝가 후한을 세운 이후 2대 황제 명제明帝(재위 57~75)와 3대 황제 장제章帝(재위 75~88)가 각각 후한의 황금시대를 연다.

후한의 제2대 황제 명제는 유학자 환영桓榮에게 사사師事하여 『춘추(春秋)』

『상서(尙書)』등 경서에 통달하였고, 즉위 뒤에는 유학자를 고관에 임명하여 예교주의禮敎主義에 힘쓰고 빈민구제, 농업진흥, 세금의 감면, 재소자의 잔여 형기 감면에 힘쓰는 등 내정에 충실을 꾀하였다. 또 북흉노를 격퇴하는 등 외정에도 관심이 컸고, 반초班超(32년-102년)[42]를 통해 서역제국을 한나라로 귀순토록 하는 등 안팎으로 나라를 튼튼하게 만들었다.

제3대 황제 장제章帝는 명제明帝의 아들로서, 양모가 명제의 황후가 되는 바람에 4명의 형을 제치고 황태자가 되어 75년에 후한의 제3대 황제에 올랐다. 그도 아버지를 이어받아 세금을 감면하고 유교를 진흥하고 정부 지출을 줄임으로써 재위 기간 중에 문화를 발달시켰다. 명제에 이어 후한의 황금 시기를 이루었다고 한다.

그런데 명제는 말년에 불교에 귀의하였다. 황제에 오른 지 10년이 지난 서기 67년 꿈을 꾸다가 서방에 불교가 있다는 것을 알게 되어 18인을 서역으로 파견했다. 이들이 불교를 찾아가는 도중에, 백마白馬에 불상과 불경을 싣고 오는 승려 2인을 만나 수도인 낙양으로 데려왔다. 이에 명제가 크게 기뻐하고 다음해인 서기 68년 낙양에 백마사를 지어 거주하게 하고는 불교에 귀의했다.

그 뒤를 이른 장제는 온건한 정책으로 내치가 크게 신장됐지만 그의 온건한 통치는 한의 지배력을 약화시키는 결과를 가져왔다. 밖으로는 명제 때

활약한 장군 반초班超가 중앙아시아에 대한 정복을 계속 확대해 나갔지만 국내에서는 온건한 평화정책으로 황실에서 환관들이 권력이 확대됐고, 지방에서는 호족들이 득세하기 시작했다. 서기 88년 그가 죽고 난 후 관리와 환관들이 음모를 꾸미며 나라를 완전히 지배하게 된다.

할아버지 영조를 이어 조선의 22대 국왕으로 즉위한 정조(재위 1776~1800)는 세종 이후 가장 공부를 많이 한 왕으로서, 또 문화 예술을 장려해서 조선 후반기를 중흥시킨 군주로 유명하거니와, 그러한 학문과 사색은 아버지 사도세자(1735~1762)가 죽음을 당하고 다시 자신이 즉위(1776년)하기까지의 긴 기간 동안 행했던 공부와 스스로 노력한 것이었다. 정조의 공부의 과정을 보여주는 것이 정조가 세손世孫으로 있을 때의 글을 모은 「춘저록(春邸錄)」이란 문집이다.

정조는 젊을 때 역대 역사서를 끊임없이 읽으면서 황제와 왕들의 정치의 잘잘못을 따져보게 된다. 그러한 과정에서 후한을 중흥한 2대 황제 명제와 3대 황제 장제에 관심이 갔다. 정조는 이들 두 황제에 대해서 이렇게 논지를 세운다.

> "세상에서 한 나라의 명제와 장제를 주周나라의 성왕成王[43]과 강왕康王[44] 같다고 일컬으니, 이는 대체로 모두가 적자로서 제위를 계승한 현군이기 때문이다. 그러나 위魏나라 조비曹丕[45]의 말에 이르기를, "명제

는 찰찰察察(꼼꼼하고 자상하다)하고, 장제는 장자長者였다." 하였다. 내가 사서史書를 읽다가 여기에 이르러서는 그 말이 매우 흥미롭다고 여겼다.

명제明帝는 비록 총명한 자질은 있었으나 국량(局量, 그릇의 크기)이 너무 편협하여 이목으로 남의 사적인 것을 들추어내는 것을 밝음으로 삼았으므로 공경 대신公卿大臣이 자주 헐뜯음을 당했고 근신 상서近臣尙書(비서진과 장관들)가 잡아 이끌림을 당하기까지 하였으니, 임금의 도량에 있어서 어떠한가. 태학太學[46]에 임어하여 양로례養老禮(노인들에게 예를 올리고 대접하는 의식)를 행하고, 경서經書를 손에 들고 어려운 뜻을 질문한 일 등은 성대하다면 성대한 일이다."

– 『홍재전서(弘齋全書)』 제4권 「춘저록(春邸錄)」 4, 논論

이렇게 명제를 평한 후에 장제에 대해서도 평을 한다.

"장제章帝는 천하를 다스림에 있어 마치 거문고나 비파의 줄을 느슨하게 하고 팽팽하게도 하듯이 관맹寬猛(관대하거나 용맹한 것)을 잘 조화시킬 줄을 알았다. 그리고 모후를 효도로 받들고 구족九族[47]을 은혜로 대우했으며, 요역徭役(사람들을 동원해서 일을 시키는 것)을 균평하게 하고 부세賦稅(부과되는 세금)를 간략하게 하여, 백성들이 그 덕을 힘입어서 천하가 이로 인하여 편안해졌으니, 장자長者라는 칭호가 또한 타당하지 않겠는가. 타고난 자질이 아름다웠을 뿐만 아니라 또한 학문할 줄을 알았던 결과

였다. 더구나 장제가 제자弟子의 예를 갖추고 장포張酺에게서『상서(尙

書)』[48]를 수학한 일에 대해서는 서산西山 진덕수眞德秀[49]가 전인(前人,

이전 사람들)에게 부끄럽지 않다는 말로 칭찬하였고, 동쪽으로 순수巡狩

(황제나 왕이 다니는 일)하여 예를 갖추어 거행함에 대해서는 범엽范曄

(398~445)[50]이 예악禮樂으로 빛난다고 인정했으니, 그것을 허례허식虛

禮虛飾에 비유해 생각하면 매우 거리가 있지 않겠는가."

– 같은 책 (상동)

이렇게 두 황제를 평한 것을 보면 명제는 너무 사람이 많이 살피는 편이
요, 장제는 성격이 관대하면서도 때로는 강한 추진력이 있었던 것으로 볼
수 있다. 실제로 정조는 지도자의 역할을 이렇게 본다.

"혹자가 말하기를, "장제는 인자하고 자상하고 은혜스럽고 온화하여,

우유부단한 폐단이 있음을 면치 못했다. 그러므로 명제는 진실로 찰찰

察察(꼼꼼하고 자상하다)함에 결점이 있거니와 장제 또한 너무 관대함

에 결점이 있으니 이른바 다 같이 결점 있는 임금들이 아니겠는가." 하

였다. 그래서 나는 다음과 같이 말한다.

이것은 진실로 그러하다. 그러나 임금의 도량을 논함에 있어서는 관대함

이 우위가 되고, 정치에서 근본을 추구함에 있어서도 관대함이 우선이 되

는 것이니, 이것이 바로 내가 장제를 명제보다 우월하게 보는 까닭이다. 만

일 명제의 강명剛明(빈틈없이 밝게 따짐)한 자질로 장제의 관대함을 겸

하였다면 아주 좋았을 것이다."

그런데 이렇게 장제를 더 높이 보고 명제를 낮추어 보는 데는, 정조가 지도자의 덕목에서 관대함이 중요하다는 생각을 하는 것 같다. 그것은 아버지를 죽게 한 할아버지의 정치에서 느낀 바가 많을 것이다. 그러면서도 명제가 유학을 제대로 공부하고 이 속에서 성인들의 진정한 가르침을 배워 몸으로 실천하려 하지 않고 불교에 귀의한 것에서 실망한 점이 큰 것 같다. 정조는 이렇게 평한다.

> "(명제가) 이미 마음을 다스리고 성정을 수양하는 것을 근본으로 삼지 않았으니, 예禮와 학學을 말할 만한 것이 어디에 있겠는가…(중략)… 명제는 불법佛法을 처음으로 중국에 받아들여 만세토록 무궁한 화단禍端(화의 단초)을 열어 놓았으니, 이것은 저 폭군이 한 시대에 해독을 끼친 것보다 또한 더 나쁜 점이 있으니, 이것이 또 명제가 장제만 못한 점이다. 그러니 내가 이를 변론하지 않을 수가 없다."

오늘날 만일 이 귀절을 불교 쪽에서 보게 된다면 정조에 대해서 많은 서운함이 있을 것이다. 중국에서 불교를 받아들여 중국 불교를 발전시킨 명제에 대해서 폄하하는 정조의 시각은, 불교 쪽에서 보면 억울한 모함이라고 할 것이다. 역사상 불교가 폐해가 없다고는 할 수 없지만 이웃에 자비심과 사랑을 가르치고 평화를 모색해온 긴 역사를 정조가 몰랐다고 항변하고 싶을 것이다. 왜 정조가 그런 시각을 갖게 됐을까? 그것은 조선조 후반기에 당시의 모든 식자층의 생각은 유교의 성리학의 생각으로 세상과 우주를 보고 그 속에서 인간들의 삶의 길을 찾는 데에 기울어져 있었고, 그러한 길이 아닌 불교는 배척의 대상이었기에 누구보다도 유학 공부를 많이 한 정조로서도 당연히 중국에서 불교를 허용한 명제에 대한 폄하가 없을 수 없을 것이다. 그러나 유학의 기본 입장이 온갖 고역을 맡고 경제 활동과 군역을 담당하는 하층계급이 아니라 일 대신에 학문을 하고 정신적인 수양만을 담당하는 지도층을 위한 생각이 많았다는 점을 지적하지 않을 수 없다. 그러기에 중국에서만이 아니라 우리나라에서도 그렇고 불교가 전쟁 대신에 평화를, 반목과 갈등 대신에 화합을, 자신의 이익보다도 남의 이익을 위해 스스로를 내줄 수 있는 마음가짐을 가르치고 그것으로서 사회를 뒷받침해왔기에 오늘날에도 우리나라에서 가장 많은 신도들이 믿고 따르지 않겠는가 하는 점을 생각해 본다면, 정조의 논리는 제왕으로서, 유교에 치우친 논리라고 평가하지 않을 수 없다. 따라서 정조가 명제보다도 장제에 대한 변명을 했다면 사족이지만 나는 여기서 장제보다는 명제에 대한 변명을 청언하고 싶다.

우리가 성군으로 추앙하는 정조에게서도 이런 논리적인 시각 차이를 느끼게 되지만, 다만, 그가 생각하는 군주론은 나중에 본인에 의해 실천으로 구현됨으로서 그가 조선왕조를 중흥시킨 원동력이 되었다고 하겠다. 백성을 사랑하고 그 아픔을 덜어주고 그들을 넉넉하게 만들기 위해 불철주야 노력하다 비명에 간 정조의 진면목을 알게 되는 중요한 기록이라는 데서, 왕의 내면의 고민을 진솔하게 털어놓은 「춘저록」이란 기록이 소중해지는 것이다.

지도자는 총명하면서 경전공부를 통해 마음을 수양하고 이를 바탕으로 때로는 용맹으로, 때로는 인자함으로, 때로는 강직함으로 난관을 극복해 나가야 한다는 정조의 군주관이 현대에는 어떻게 되살아날 수 있을까? 그것에 대한 평가와 구체적인 방법의 모색을 우리 사회가 해 볼 필요가 있다고 하겠다.

퍼주는 것이 능사가 아니다

제21장

백성을 위한다는 젊은 관리들의 의기를 막아서는 정조

· · ·

정조시대에도 토지 소유 양극화는 심각했다. 젊은 신하들은 맹자가 제창한 토지 균등 분배제인 정전법 시행을 주장했으나 정조는 '백성을 위한다'는 명목으로 기본적인 계산법조차 모르는 젊은 신하들을 맹렬히 꾸짖었다. 개혁적 군주였던 정조도 제도 하나 바꾸는 데 피해 보고 삶이 흔들리는 백성이 없는지 시행령에 아주 신중하였다. 애초에 실현 가능성 없는 정책을 계획성 없이 발의하는 젊은 관리들을 가르치며 힘쓰지 말 곳에 힘을 낭비하지 않도록 극도로 주의하였다. 그는 이상적 제도라도 현실에 부합하여야 하며 중국의 옛 제도가 아닌 조선의 선대 제도를 모두 꿰고 있어 갑작스런 명으로 겸병한 토지를 전부 빼앗아 가난한 자에 흩어주겠다는 어리석은 '과감한 조치'를 물리고 점진적으로 부의 편향을 해결하였다. 그는 젊은 신하에게 말한다. 다시 연구하고 의심나는 점을 묻도록 하라.

세종대왕이후 가장 뛰어난 학자군주인 정조正祖는 국정을 위하여 수많은 날을 신하들과 토론을 벌였다. 그 토론은 때로는 밤을 새기가 일쑤였다. 정조 생전에 편집된 『홍재전서(弘齋全書)』는 그러한 치열한 토론의 현장을 생생하게 전해준다. 정조 시대에도 토지소유의 양극화가 극심한 지경이었다. 이를 고치자고 한 신하가 정조에게 정전법井田法을 시행하자고 요청했다. 토지를 아홉 구역으로 나누어 사방의 여덟 구역은 각각 농가에게 나누어주고 가운데 한 구역은 공동으로 경작해 그것을 세금으로 내어 공용으로 하자는, 맹자孟子가 제창한 옛 토지제도인데, 요는 토지를 균등하게 나누어주어 백성들을 고루 평안하게 하자는 주장이다.

　　"이 법이 행해지지 않기 때문에 부유한 자는 대규모의 토지를 소유하여

도 금하지 못하고 가난한 자는 송곳 하나 꽂을 땅이 없는데도 돌보아 주지 못하니, 이것이 어찌 왕정王政에서 가장 시급히 해야 할 일當務가 아니겠습니까. 우리나라는 기자箕子의 옛 제도舊制를 지금도 징험할 수 있으므로 결단을 내려 행한다면 진실로 안 될 것이 없습니다."

　　　　　　　－『홍재전서』121 「추서춘기(鄒書春記)」 2 「진심편(盡心篇)」

여기에 대해 정조는 뜻밖에도 아주 상세한 설명으로 그 주장이 현실적이지 않음을 밝혀준다. 이론적으로는 좋다고 하겠지만 중국이라는 너른 평지가 많은 나라에서도 시행하기 어려운 것을 국토가 대부분 산인 우리나라에서 어찌 시행할 수 있겠느냐고 말한다. 그리고 또 옛 사람들의 말을 인용해서

　　　"무릇 통달한 인재는 옛날에 집착하지 않는 법이다. 옛 제도가 정말 본받을 만하더라도 오늘날의 상황이 옛날과 상반된다면 비록 성인이 다시 일어나더라도 의당 시속에 따른 다스림을 펼칠 것이요, 억조 백성을 흔들어 놓고 온갖 업무를 내팽개친 채 단지 지금 세상에서는 절대로 행할 수 없는 옛 제도에만 집착한다는 말을 들어 보지 못하였다. 그런데도 '나는 옛날을 본받는다'고 내세운다면 어찌 이렇듯이 어리석고 멍청한 사내가 있겠는가. 성인께서 말씀하지 않았던가, 모르는 것은 모른다고 하고 아는 것은 안다고 해야 한다고. 그대의 설은 어쩌면 그리도 허황되기만 한 것인가. 이렇게 힘쓰지 말아야 할 곳에 힘을 낭비하다 보면

실질적인 것에 힘을 쓰는 데 가장 큰 지장을 초래하게 되니, 개탄스럽고
개탄스럽다."

– 같은 책 (상동)

정조는 좋은 제도가 있어도 국민을 죽이는 제도는 바른 제도가 아니니 시
행할 수 없으며, 그러한 주장은 허황되다고 말하는 것이다. 그런 설명이
끝났는데도 한 신하는 그 자리에서 다시 관리들의 녹봉이 작아서 뇌물을
받는 등 부정부패에 연루되는 일이 생기니 옛날의 규전圭田[51]제도를 모방
해서 녹봉으로 주는 토지를 후하게 해주자고 주장한다. 당시에도 양반 등
부자들이 토지를 마구 사들여 많이 소유하게 되어 일반 백성들이 토지를
잃고 가난하게 살고 있으니 이 문제를 해소하는 방안을 강구해 본 것이다.

"관官을 지위에 따라서 등급 짓고 토지를 등급에 따라서 주어 대략 옛날
의 규전圭田 제도를 모방해서, 가령 참하參下가 100묘畝이면 참상參上
[52]은 150묘를 받는 식으로 점차 등급을 올려 주고, 사서인士庶人은 100
묘를 넘지 못하는 것도 옛 제도를 모방하되, 행함에 있어서는 반드시 여
유를 가지고 시행하여 급하게 몰아치지 않는 것을 귀하게 여겨야 합니
다. 지금 만약 갑작스럽게 영을 내려 겸병兼幷한 토지를 전부 빼앗아 전
지田地가 없는 가난한 부류에게 흩어 주려 한다면 또한 행하기 어려울
것입니다. 이를테면 부유한 자는 팔 수는 있어도 살 수는 없고 가난한 자
는 살 수는 있어도 팔 수는 없게 하되, 무릇 전지를 매매할 때는 반드시

관가에 보고하게 하는 방법을 쓴다면, 수십 년의 세월이 지나면 집집마다 타이르고 말해 주며 이쪽의 것을 빼앗아 저쪽에 주지 않더라도 점차 고르게 하는 방도가 생겨 선왕의 정치를 행할 수 있을 것입니다. 이것은 신이 일찍부터 깊이 생각해 온 일이기 때문에 마침 의심나는 대목을 질문하는 기회를 이용하여 감히 이렇게 길게 말씀드립니다."

– 같은 책 (상동)

요컨대 공무원들에게 일정한 땅을 등급에 따라 나누어주되, 무조건 빼앗아 나누어주는 것이 아니라 토지거래제한과 등록제를 두어 점차 고르게 되도록 하자고 한다. 이에 대해 정조의 반응은 어찌 생각도 제대로 해보지 않고 그리 쉽게 말하느냐는 핀잔으로 돌아왔다. 정조는 세종 때부터 효종, 숙종에 이르는 각 시대에 토지의 등급을 정한 사례를 충분히 인용하면서

"그대가 말한 경륜經綸이란 것이 어쩌면 그리도 오활迂闊(좁고 막혀있음)하단 말인가. 6도道의 장부에 올라 있는 실총實摠(전체 땅)은 3171만 1760묘에 지나지 않으니 결結로 따지면 83만 4500결이 되는데, 경외의 인구는 746만 5459명이다. 그대가 말한 내용 중에 '사람 수를 계산해서 전지를 지급한다'는 설을 가지고 가정해서 말해 보도록 하자. 삼반三班의 문관文官이 621인, 음관蔭官이 778인, 잡기雜歧가 240인, 무관武官이 1659인으로[53] 합해서 3298인이니, 이들에게 모두 각각 100묘를 지급하면 합계 32만 9800묘가 되고 결수로 계산하면 8678결이 된다. 나머지 수를

조관朝官(조정의 관리) 이외의 746만 2161인에게 나누어준다면, 나머지 결수 82만 5841결을 가지고 사람들에게 1결씩을 지급하고자 하더라도 매 결을 38묘로 계산한다면 부족한 것이 663만 6320결, 묘로 치면 2억 5218만 160묘가 된다. 이러한 경륜은 애당초 하지 않는 것만 못하다."

이렇게 대답한 정조는 기본적인 계산도 하지 않고 정책이라고 내세우는 젊은 신하를 나무란다. 정조는 자신도 부의 편중문제를 심각하게 우려해서 등극한 후에 토지의 경계를 확실히 하고 왕실과 귀족이 멋대로 갖고 있던 땅을 국가재산으로 귀속시키고, 권문세가들이 갖은 명목으로 국가의 땅을 차지하는 폐습을 없애려고 노력을 많이 했다. 그렇게 20여 년이 지났지만 여전히 국가의 세수는 모자라서, 국정을 펴는데 매양 어려움이 많아, 그런 생각을 하다보면 밤잠을 자지 못하고 서성거린다고 실토한다. 그렇기에 이것저것 충분히 생각하지 않고 불쑥 백성들을 위한 시책이라고 꺼내드는 젊은 관리들을 충고한다.

"신진新進이라서 일을 잘 모른다고 말하지는 말라. 모든 일은 분수分數일 뿐이다. 한 고조漢高祖가 장수를 잘 거느린 것이나, 한신韓信이 부하가 많을수록 자신의 능력을 더욱더 잘 발휘했던 것이나 모두 분수에 밝은 데서 벗어나지 않는다. 신진이라고 봐준다면 벼슬길에 들어서지 않은 유사儒士(유생, 선비)는 동쪽과 서쪽을 분간하지 못하고 콩과 보리를 알지 못하더라도 안 될 것이 없단 말인가. 무릇 학자가 배우는 것은 장차

245

알고자 함이고, 알고 나면 행하려 하기 마련이다. 몇 년 동안 강제講製하고서도 현재 쓰고 있는 제도조차 제대로 모르면서, 지금 갑자기 '주 나라의 정전 제도를 회복할 수 있고 동한東漢의 한전을 모방할 수 있다'고 주장하고, 심지어 애당초 얼토당토않은 전총田摠과 호구戶口를 가지고 인구를 계산해서 지급하는 경륜으로 삼는단 말인가. 질문을 한 이상 가리켜 보이는 바가 있어야 하겠기에 옛날과 지금의 차이점에 대해서 대략 이렇게 말한 것이니, 잘 보고 깊이 연구해 본 다음 다시 의심나는 점을 묻도록 하라."

– 같은 책 (상동)

이 글을 읽으면 참으로 정조가 공부와 연구를 많이 했구나 하는 느낌을 받는다. 어느 새 이렇게 많은 공부를 했는지 믿을 수가 없는 정도이다. 그러면서 우리가 조선시대 국가경영이 허구한 날 공자가 어떠니 주자가 어떠니 하고 유학만 따지는 것으로 알고 있지만, 그 속에 수많은 제도와 법이 있고 수많은 시행령이 존재하고 있음도 새롭게 인식하게 된다. 그리고 또한 정조와 같은 개혁을 지향하는 군주도 제도 하나를 바꾸는 데 이렇게 고심하고 걱정했는지를 다시 알게 되며, 더 중요한 것은 백성들의 삶을 흔들어놓는 제도는 조심해야 한다는 가르침이다.

한국학 중앙연구원 세종국가경영연구소에서 운영하고 있는 '정조실록학교'라는 강의에서 박현모 박사는 이같은 정조의 박학과 깊은 성찰, 사물을 보는 현실적인 시선에 영향을 받아 정조치세에 다산과 같은 많은 학자들이 태어나 뛰어난 저술을 남길 수 있었다고 말한다.

중국 당나라 태종이 '정관貞觀의 치治'라는 태평성대를 연 정치의 철학과 경륜이『정관정요(貞觀政要)』라는 책에 담겨 있다면, 우리나라 영정조 시대의 중흥기를 연 경륜과 사상의 핵심은 이『홍재전서(弘齋全書)』에 있는 것이 아닌가 하는 생각이 든다. 옛 왕조시대에는, 왕위세습을 둘러싸고 암투가 많았지만, 왕이 되려는 사람들에게는 가혹하리만큼 교육이 행해졌다. 요컨대 왕이 되면 어떤 식으로 생각하고 어떤 식으로 행동하며 무엇을 최우선해야 하는지를 교육받는 것이다. 물론 그렇다고 모든 이들이 다 명군明君이 된 것은 아니지만, 세종이나 정조, 그리고 세조나 성종 대의 왕조실록이나 기록들을 대해보면 왕이란 것도 그냥 아무나 되도록 되어있지는 않았구나 하는 점을 새삼 느끼게 된다.

지도자는 역시 깊은 지식과 경륜과 지혜가 필요하다. 당시에도 지식인들은 아득한 상고시대의 이상理想을 현실에 무조건 적용하자고 하는 것으로 스스로가 유식한 책 했지만 정조는 이를 여지없이 박살낸다. 못하는 사람, 힘든 사람을 도와주는 것이 정치의 당연한 도리라고 주장하는 젊은이들에게 보다 현실을 제대로 알고 냉철하게 계획을 말하라고 한다. 국가라는 살림살이를 생각하지 않고 백성들에게 잘해주겠다는 생각만 내세우는 것이야 말로 우활한 생각이라는 정조의 지적은 정치라는 것이 겉멋과 이상, 인기전술만으로 되는 것이 아니며, 그러한 인기전술은 위험하다는 것을 꼬집어낸다. 그러기에 지도자의 길은 외롭고 힘든 것이다.

이제라도 개혁을 지향하는 모든 이들은, 이 『홍재전서(弘齋全書)』에서 정조가 신하들과 주고받은 말을 잘 읽어보고 그 속에서 제도의 명과 암을 잘 조명해보는 것이 중요하다는 생각이 든다. 그리고 정치의 어려움과, 그런 가운데서도 어떻게 최선을 찾아갔는지를 함께 고민하는 것도 좋으리라. 우리가 중국의 책만 보고 감탄할 것이 아니라 조선이라는 환경 속에서 최대의 정치를 추구한 정조의 고민과 경륜, 인기 위주의 정책을 떠나서 현실적인 모든 문제들을 검토하고 나서 대책을 찾는 신중함, 그것도 신하들과 일일이 논의하고 협의하는 모습에서 진정한 군주의 상을 보게 된다. 우리나라의 지도자들이여, 정조가 남긴 『홍재전서』를 부디 읽어주시기 바란다.

관용과 설득

응제문을 통해 사찰 중수를 비판한 하위지, 세종과 영의정의 대답

제22장

· · ·

세종은 왕실을 위해 사찰 중수 공사를 벌이는데 대간들이 입을 닫고 있는 사이에 과거응시생 하위지가 이를 극렬히 비판했다. 이에 대간들은 면피를 위해 줄줄이 사직서를 냈지만 세종은 오히려 자신의 뜻을 거스른 하위지를 칭찬하면서 대간들을 설득한다. 하위지는 언로를 트는 책임을 버리는 간관을 오히려 들끓는 논란을 불러일으킬 것이며 대관이 할 말이 없는 것을 직무 방기라고 탄언했다. 중요한 것은 세종의 태도다. 태평성대를 펼치고 있는 시기에도 세종은 폐부를 찌르는 언로를 포용하여 황금기를 안정적으로 뿌리내렸다.

성북구 돈암동에 가면 흥천사興天寺라는 절이 있다. 지금은 대한불교조계종 직할교구 조계사의 말사[54]이지만 한때는 우리나라 선종의 중심사찰이었다. 조선 왕조를 세운 태조 이성계는 1395년(태조 4) 계비인 신덕왕후 강 씨가 죽자 장지를 정릉에 정해 능을 만들도록 하고, 왕비의 명복을 빌기 위해 1396년 흥천사를 짓도록 한다. 다음 해인 1397년에 170여 칸이나 되는 대가람이 완성되었다. 창건과 함께 조계종의 본산이 되었고, 승당을 설치하여 항시 선禪을 주관하는 참선 도량으로 발전하였다. 그 다음 해인 1398년 왕은 절의 북쪽에 사리전舍利殿(석가모니의 진신사리를 봉안하는 전각)을 세우도록 했다. 이성계의 아들인 3대 왕 태종은 절 주위에 들어선 각종 건물들을 헐어내면서도 생전에 이성계가 남긴 말에 따라 이 절만은 보호해준다. 1410년(태종 10) 절의 탑을 보수하고, 1416년 기신재忌神齋(죽은 사람의 명복을 빌

홍천사 극락보전.

기 위해 사찰에서 올리는 재)를 지냈다. 사실상 왕실의 절이었던 것이다.

유교정치를 표방한 조선은 개국 초부터 억불책을 쓰기 시작해 태종대에는 더욱 강화되었고 그 뒤를 이은 세종도 불교에 대한 시책은 선대의 것을 따랐다. 세종 1년에는 전국의 절에 있는 노비寺社奴婢(절에서 쓰는 노비)를 정리하여 국가에 귀속시켰고, 세종 6년에는 불교의 종파를 선교禪敎양종으로 병합, 정리하였으며, 사사寺社(절의 규모나 숫자)·사원전寺院田(사원이 소유한 토지)·상주승常住僧(절에 상시 있을 수 있는 승려)의 액수를 재정리하였다. 즉, 선교 양종에 각 18사寺합 36사를 본사로 인정하고, 사원전은 7,760결(結), 상주승 3,600인으로 삭감, 정리되었다. 법회를 열어 경을 읽는 행위法席誦經와 도성都城안에서 불경행사도 파하였고, 궐내의 연등행사도 없앴으며, 길거리에 연등을 다는 것도 불교건물 이외에서는 못하도록 했다.

그러나 세종의 속마음도 불교에 있었다. 왕실 중심의 기우祈雨·구병救病·명복冥福등을 위한 불사佛事는 계속 이루어졌고, 유신儒臣들이 불교의 폐단을 없애야 한다며 승려에 대한 억제, 불교 사찰에 대한 지원 중단 등을 요구했지만 조상들이 믿어온 불교를 하루아침에 없앨 수는 없다는 태도를 밝혔다. 1432년(세종 14)에 효령대군이 한강에서 7일간의 수륙재水陸齋55를 행하는 것을 막지 않았다.

태종이 흥천사의 탑을 보수한 뒤 25년이 지
나 퇴락해가는 사리각 석탑에 대해서 세종은
1435년(세종 17) 다시 중수를 명했다. 이러한
조치에는 태종의 둘째 아들, 곧 세종의 바로
윗 형인 효령대군의 추천이 있었다. 이 때에
행호라는 스님이 이 절에 초청돼 불교 행사가
자주 열었다. 유신들의 반대가 들끓었지만 세

나중에 사육신의 한 사람으
로 죽은 세종대의 하위지.

종은 이를 강행했다. 또, 1446년(세종 28)에 왕

비 소헌왕후가 죽자 유신儒臣들의 반대에도 불구하고 불경佛經의 금서金書
(금으로 사경하는 것)와 전경법회轉經法會56를 강행하였으며, 1447년(세종 29
년)에는 안평대군을 시켜 몰래 대궐 안에 들여왔던 불사리를 원래 있던
흥천사 사리각에 갖다 두도록 밀명을 내린다. 1448년(세종 30)에는 모든
신하의 반대를 물리치고 궁 안에 내불당을 세웠다.

세종이 흥천사 석탑 중수를 명한 지 3년 후인 세종 20년(1438) 4월에 거
생擧生(과거 응시생)인 하위지河緯地(나중에 단종에 충성을 하다 처벌을 받은 사육신의 하
나)가 과거에서 답안을 쓰면서 사리각 수리가 잘못되었는데도 그 당시 정
부의 대간들이 이를 막지 못함으로써 그 직책을 다하지 못하였음을 극렬
하게 비판했다. 그러자 4월12일 대사헌 안숭선 등 대간들이 왕에게 일제
히 사표를 낸다.

  "대사헌 안숭선安崇善이 사직辭職을 청하며 말하기를, "신이 본시 풍골

風骨(풍채와 골격)과 기절氣節(기개와 절조)이 없고 유약柔弱하여 위의威儀가 없사오며, 처사處事는 모든 기회마다 어둡고 논의 또한 현실 사정에 우활迂闊하온데, 유약한 힘으로 중임重任을 맡고서 스스로 맞지 않음을 헤아리고 부끄럽던 차에 법관의 탄핵을 당하였으니, 직책을 유기한 그 허물을 어찌 모면하오리까 … 다만 지난날 우제憂制(상제) 중에 있을 당시 병에 걸리어 위독하게 되었는데, 특별히 약석藥石(약과 침)의 하사를 입어 근근히 목숨을 연장하게 되었던 것입니다. 근일에 와서는 전일의 증세가 점차 심하게 나타나서 몸과 기운이 파리하고 피곤하며, 정신이 혼미하고 건망健忘이 심한 것을, 영예를 탐하여 구차히 눌러 있다가 필경 일을 그르침으로써, 위로는 성총聖聰(임금의 총명스러운 지혜)에 누累를 드리고 아래로는 풍화風化(교육과 정치의 힘으로 풍습을 교화함)와 법도의 자리마저 더럽히는 것입니다. 바라옵건대, 성자聖慈께옵서 직무를 해면케 하시고 한산한 곳에 버려두시어 온전히 의약의 치료나 받게 하옵시면, 다시 견마犬馬(자기에게 딸린 것을 낮추어 일컫는 말)의 정성을 다하여 성은에 보답토록 하겠나이다." 하였고, 집의執義 이승손李承孫이 사직을 청하여 말하기를, "신은 성품이 우둔하고 견문이 고루하온데, 다행히 성상의 은혜를 입사와 외람히 풍헌風憲의 직임에 제수된 지도 이제 벌써 수개월이 되었사오나, 아직 티끌만한 보답을 드리지 못하와 부끄럽기 한이 없고, 주야로 전전긍긍戰戰兢兢 황송할 따름입니다. 비록 힘써 종사한다 하여도 직책을 다하기는 어려울 것이오며, 오랫동안 청선淸選(관직에 사람을 천거하는 일)을 더럽히고 어진이의 진출을 방해하며 사무만 폐할 것이오니, 청하옵건대, 신의 직임을 해면하여 주시옵소서."

하고, 장령 강진덕姜進德 · 성봉조成奉祖 · 지평 민건閔騫, 그리고 우사간 임종선任從善 · 지사간知司諫 이맹상李孟常 · 좌헌납 조자趙孜 · 우헌납 배강裵杠 · 우정언 윤사균尹士昀 등이 역시 글을 올려 사직하며, 인하여 아뢰기를, "요사이 거생擧生 하위지河緯地가 사리각 수리의 그릇됨을 말하면서, 대간들이 그 직책을 다하지 못한 실책을 극구 풍자하여, 신 등은 자신을 돌이켜 보건대, 스스로 죄송하고 괴로워서 감히 더 이상 직임을 더럽히지 못하겠나이다." 하였다.

－『세종실록』 세종 20년 무오(1438) 4월 12일 (을축)

대간들은 겉으로는 하위지의 비난 때문에 자리를 감당할 수 없다고 사직하겠다고 하지만 속으로는 하위지의 비난에 대한 감정적인 대응을 한 것이다. 감히 성균관 유생 따위가 대간들을 싸잡아 비판하느냐는 것이고, 그런데도 왕이 가만히 있을 수 있느냐는, 요즈음 식으로 하면 집단사직서 제출이다. 이렇게 대간들이 시끄럽게 하자 임금이 그 내용을 파악한 뒤에 이렇게 말한다.

"대저 과거를 실시하고 대책을 물어보는 것은 그 직언直言을 구할 따름이다. 하위지의 책문은 강직하게 해답하고 조금도 꺼리거나 감추지 않았으니 매우 취할 만한 것이다. 또 그의 논한 바는 무릇 간관의 과실을 말한 것뿐

인데, 경들이 어찌 이것을 가지고 문제를 삼는다는 말인가. 더욱이 흥천사의 불탑佛塔은 바로 조종祖宗께옵서 창건하신 것으로서, 해가 오래 되어 쓰러지게 되었으므로 내가 조종을 위하여 이 공사를 일으킨 것인즉, 본시 지나친 조치도 아니려니와 대간들도 전에 말하지 않은 것이 아니니 문제될 것이 없다."며 상소장을 모두 도로 내어 주었다.

세종대왕

그러자 사헌부에서는 다 물러가는데 유독 사간원에서 다시 아뢴다.

"신 등이 일찍이 흥천사의 일을 가지고 누차 그만두도록 소를 올리거나 말로 청하였는데 모두 윤허를 얻지 못하였습니다. 이는 신 등이 모두 충성껏 간하는 정성이 없었던 때문이므로 본시 우리의 죄책이 있습니다. 다만 영의정 황희黃喜로 말하자면 그 직위가 재상으로 있어 국가와 더불어 휴척休戚(안락과 근심걱정)을 같이 하는 입장인데도, 일찌기 한 마디의 말도 하지 않다가, 과거시험을 관장하는 날이 되어서 수험생의 대책문을 보고는 이를 포상 찬미하며 장원으로 선발하였으니 영의정이 불탑 중수의 그릇됨을 결코 몰랐던 것이 아닙니다. 이로 미루어 볼 때에, 그는 속으로 그르게 여기면서도 말하지 않았음이 분명하옵니다. 일국의 수상으로서 과연 이와 같을 수 있습니까. 청하옵건대, 이를 유사攸司(관련 관청)에 내리시어 그 연유를 국문하게 하옵소서." 하니, 임금이 성을 내어 힐문하기를 "내가 불탑의 중수를 명하고서도 거생들이 바르게 술회한 말을 오히려 옳게 생각하는데, 하물며 시험관이 되어 이 일을 묻는 자에 대해서 문제를 삼을 수 있느냐? 또 과거라는 것은 올바르게 아뢰는 말을 구하려는 것이며, 하위지의 대책도 역시 그 큰 뜻을 논한 것이니, 황희가 어찌 이를 취하여 상렬上列(높은 등급)에 놓지 않을 수 있겠느냐? 영의정의 말을 문책하라고 청한 것은 전혀 의의가 없다." 하였다. 대간이 재차 청하였지만 세종의 뜻은 강력했다. 할 수 없이 대간들이 물러갔다."

— 같은 책 (상동)

이런 일이 왜 생겼는가? 영의정 황희가 시험감독관이 되어 내건 과거시험의 제목이 이런 것이었다.

"대간臺諫이란 벼슬은 임금의 눈과 귀耳目이며 조정의 중한 청선淸選 학식과 인품, 문망文望이 높아 선비들로부터 흠모를 받는 이들이 임명되는 벼슬로 규장각奎章閣·홍문관弘文館·선전관청宣傳官廳 등의 관직이 이에 해당된다. 이들의 경우 그 품계 등은 높지 않으나 이른바 청망淸望의 명예가 있었으며, 고관高官으로 승진하기가 다른 관직 출신들보다 수월하였다. 그러므로 반드시 어진 이를 택하여 이를 제수하고 서열의 구애 없이 추천되는 것은, 당직讜直(말이 충성스럽고 마음이 곧음)한 언로言路를 개방하고 그들의 풍채와 기절을 권장하려는 것이었다. 근래에 보면 으레 자리를 돌고 돌면서 보통 관원과 다름이 없어졌기에, 혹자는 말하기를, '이렇게 하게 되면 대간이 한자리에 오래 머물게 되어 격려하는 뜻도 없으려니와, 언로가 장차 막히게 되어 정직한 진언자가 적을 것이라.'고도 하는데, 그 말이 과연 그러한가, 그렇지 않은가."

– 같은 책 (상동)

과거 시험에서의 이러한 질문을 대책對策이라고 하거니와 여기에 대해 하위지가 답을 쓴 답안글策文(책문)이 1등에 뽑힌 것이다. 왕조실록은 이례적으로 하위지가 쓴 책문, 곧 답안지를 그대로 인용해 올렸다. 그만큼 이 글이 좋은 까닭이다.

"대간이란 구중九重(구중궁궐, 곧 임금의 정사가 이뤄지는 공간)의 눈과 귀이며, 백관의 승묵繩墨(먹줄, 곧 법도)으로서 조정의 중선重選(중요한 자리)입니다. 그러기에 임금의 좌우에 서서 임금과 더불어 시비是非를 다투며, 임금은 '행할 만하다.'고 하는데도, 대간은 '결코 행할 수 없다.'하고, 임금은 '마땅히 죽여야 한다.'고 하는데도, 대간은, '결코 죽여서는 안 된다.'고 하며, 진노에 부딪치면서도 면전에서 항거하는 것이니, 그 임무가 또한 무겁지 않습니까. 그러므로 이 세상에 나서 벼슬을 않는다면 모르거니와, 벼슬을 한다면 반드시 대간이 되어 임금과 가까이 하려는 것은, 족히 그 말씀을 듣고 계책을 행하게 할 수 있기 때문입니다. 그러나 임무가 중한 자는 책임이 따르는 법이니, 수병繡屏과 금장錦帳57속에 쌓여 전후에서 옹위해 인도하는 것이 호화롭긴 호화로우나,

말할 만한 때를 만나고 말할 만한 책임을 맡고 있으면서도, 한번 정직한 말을 토출하지 않아서 주위의 무거운 기대를 저버리게 되면, 들끓는 사론士論에 어찌하겠습니까.

재상 이하 모든 백성에 이르기까지 그 직책을 그르친 자는 대간에게 문책을 받고, 대간으로서 그 직책을 다하지 못한 자는 군자君子의 놀림을 받는 법인데, 유사有司(담당 관리)의 탄핵은 일시에 그치고 말 것이나 군자의 평론이란 만대를 전하는 것으로서, 이 직책에 처한 자는 마땅히 주야로 두려워하고 면려하여 그 허물을 짓지 않을 것을 생각하며, 그 급히 할 것을 먼저하고 더디 할 일은 뒤에 해야 할 것인데, 저 명예에만 급급한 자는 이익에 급급한 것과 똑같다는 것입니다. 옛날에 언책言責(언론의 책임)을 맡은 자는 부월斧鉞은 앞에 놓고 정확鼎鑊은 뒤에 두어 58. 어떤 위협 속에서도 그 일신을 돌아보지 않고서 기탄없이 말하였던 것이니, 어떻게 자격이 적체積滯(쌓여서 막힘)되어있다거나, 작록爵祿(벼슬과 녹봉)이 오르지 않음을 견주어 보고 일신의 이익만을 도모한다고 말할 수 있겠습니까? 사람들의 말이 어찌 이다지도 대간을 소홀히 대한단 말입니까. 바야흐로 지금은 밝으신 임금님과 어진 신하가 서로 만나고 있어, 모든 일이 잘 다스려지고 백관들의 일이 모두 훌륭히 되니 진실로 말할 만한 일이 없습니다. 그러나 타인이 말한다면 말할 만한 일이 없다고 일러도 가할 것이나, 대간으로서도 역시 들어 말할 만한 일이 없다고 이른다면 너무나 무관심한 태도가 아니겠습니까. 제가 처음 서울에 와서 길에서 얻어들으니, 흥천사 중수 공사에 승도僧徒

천여 명이 동원되었고 자재의 소비가 그 얼마임을 알 수 없으며, 급식給食에 따른 양곡이 하루 수십 석 이상이 소요되며, 대가집과 돈 많은 상인들이 속임수와 꾀는 수작을 그대로 믿고 앞을 다투어 미곡·포목 등을 희사하며, 혹시나 절호의 이 기회를 잃을까 두려워한다 하며, 그 공사에 따른 비용이 실로 만萬으로 헤아린다 합니다. 이는 곧 정사년 구황救荒(가뭄으로 인한 피해 구제) 당시 한 고을 수 만명 이재민의 반년 식량에 해당하는 것으로서, 2만명의 군중이 반년 간이나 연명할 물자를 한낱 무용한 비용에 헛되게 버리는 결과가 되는 것이니, 그 비용이 비록 민간에서 나온다 하더라도 국가의 손실은 마찬가지입니다.

옛날 한漢 나라 문제文帝는 한 누대樓臺(누각이나 대사 등 건물의 통칭) 건설의 비용을 아낌으로 해서 양곡 축적에 많은 공효를 거둔 바 있거니와[59], 이제 각 군의 의창義倉(농민 구제를 위한 창고)의 저축이 모두 고갈되었고, 지난 해 빌려주고 받은 곡식도 10분의 2, 3이 되지 않는다 하니, 만약 요堯의 9년의 수해나 탕湯의 7년의 한재와 같은 우환이 발생한다면 장차 어찌 이를 막겠습니까. 지금이야말로 조정이 재해의 구제와 흉년에 대비할 시기라 하겠거늘, 어찌하여 큰 공사를 일으켜서 백성에게 손실을 가져온단 말입니까. 불교는 옳은 것 같으나 참眞을 어지럽게 하는 해가 있으니 여기에서는 논하지 않겠습니다. 이 공사를 일으킨 것이 국가 계책에 손실이 없는 것이 아닐 터인데, 어전에 나아가 성상의 옷깃을 끌며 그 폐해를 극구 진달하는 자를 듣지 못함은, 이 어찌 공론公論의 아쉬운 바가 아니겠습니까. 옛날 한 문공韓文公(한유)은 쟁신론

諍臣論을 지어 양성陽城을 풍자한 바 있으며60, 구양공歐陽公(구양수)이 범사간范司諫(사간 범중엄)에게 글을 올린 것61등은 모두 그 간곡한 뜻을 피력한 것입니다. 감히 시험관의 물음에 대해 허다한 군소리를 말씀드린 것이오니, 미치광이로만 여기지는 마십시오."

하였다. 이 시험 답안을 본 판예조사判禮曹事 허조許稠가 한참 동안 감탄하면서 이들을 돌아보고 말하기를, "언책言責에 있는 사람들이 이를 보면 부끄러울 것이다. 이 한 조목은 간관들의 병통을 적중히 찌른 말이다." 하니, 시험관으로 들어갔던 간관 두 사람이 부끄러워했다고 한다.

이 이야기가 조정의 회의에서 알려지자 여러 사람들이 대간들의 행태에 대해 비웃었다. 그러자 할 수 없이 대간들이 소를 올려 사직을 요청한 것이 된다.

이 하위지의 글을 보면 앞에서 설명한 대로 한유의 『쟁신론(諍臣論)』과 구양수의 『상범사간서(上范司諫書)』, 곧 범사간에 올리는 글 등 고래로부터 전해오는 간관에 대한 유명한 글을 인용하면서 당대 간관의 역할을 비판한 것이다. 세종 시대에 불교문제를 놓고 신진 유학자들이 대거 등장해 불교의 폐단을 없애는 정책을 대거 시행하면서도 과거에 행해지던 불교의식이나 신앙을 하루아침에 없앨 수 없는 당시의 정황이 적나라하게 드러난다. 이를 통해서 세종 시대의 언론사의 한 페이지를 들여다보게 된다. 세종은 비록 당시 왕실의 전통, 조상을 모시는 관습에 따라 불사를 하지 않을 수 없지만 그것을 비판하는 언론을 인정하는 한편, 맹목적으로 비판만 하고 자신들의 어려운 입장을 피하려 한 간관들에게도 진정한 언론의 길을 묻는다. 이렇게 간관의 상소에 대해 세종이 적절히 현실적으로 대응하는 것, 즉 한 시대가 너무 개혁을 내세워 자기 주장만 내세워서도 안 되고 전통이나 현실을 어느 정도 감안해야 한다는 바탕 아래, 정부고관에 대한 바른 소리는 처벌해서는 안된다는 언론보호의 원칙을 천명한 것은 우리 역사상 가장 황금시기를 연 세종의 생각이 어디에 있었는지를 알게 해 준다. 세종조의 치세治世는 이처럼 세종이라는 위대한 군주의 아량과 포용력, 때로는 강력한 결단력이 있어서 가능한 것이라면, 조선왕조 후반기 정조대왕이 찾던 바로 그 리더십이 여기에 있었던 것이다.

앞에서 나온 대로 대간들이 물러가자 세종이 조금 난감해졌다. 세종이 황희를 불러 이르기를 '학사들이 모두 물러나니 어찌하랴?' 하니, 황희가 아뢰기를 '신이 불러오겠습니다.' 하고 드디어 여러 학사들의 집을 일일이 다녀 그들을 설득하고 데려왔다. 만약에 세종 임금이 아니고 황희 정승이 아니었다면, 임금은 반드시 노하여 시종들이 나를 버리고 달아났다고 할 것이며, 정승이 된 이 역시 자신을 굽혀 여러 학사들 집에 찾아가 청해 들이지 않았을 것이다. 태학의 유생이 길에서 황희를 만나 임금에게 잘 간하지 못한다고 책망했으나, 황희는 그 책망을 듣고도 노하지 아니하고 도리어 기쁜 표정을 지었다고 한다. 이 일은 조선왕조에서 두고두고 대신의 도리로서 회자된다.

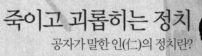

죽이고 괴롭히는 정치

공자가 말한 인(仁)의 정치란?

제23장

· · ·

합의도 되지 않은 올바름을 명분으로 내세워 국민을 괴롭히고 심지어 어느 한 편을 희생시키는 것이 정치인가? 정치는 풀을 베는 칼이 아니라 풀을 눕히는 바람이라고 공자는 말한다. 올바름이란 올바르지 않은 자를 '청산'하는 것이 아니라 그 올바름을 솔선수범함으로써만 올바르지 않은 자를 스스로 변하게 하는 것이며, 이것으로 정치가 안정되는 것이다. 분단 대치 상황에서 정권이 바뀔 때마다 이념으로 두 동강 나버린 대한민국은 사람을 괴롭히고 심지어 죽이는 정치를 반세기 동안 반복하지 않았는지 생각해 볼 일이다.

계강자季康子가 정치에 대해서 공자孔子에게 물었다.

"만일 무도한 자를 죽여서 도가 있는 세상으로 만들면 어떻겠습니까?"

공자가 대답했다. "대부께서 정치를 하시는데 어찌 사람을 죽이는 방법을 쓰려고 하십니까? 대부께서 선하고자 하면 백성들도 선해질 것입니다. 군자의 덕이 바람이라면 소인의 덕은 풀입니다. 풀에 바람이 닿으면 반드시 쓰러지는 법입니다."62 공자의 말과 행동을 기록한 논어論語 안연편安淵篇에 나오는 유명한 구절이다. 공자를 비롯해서 2천 5백여 년 전 중국 대륙에 살던 사상가들諸子百家의 관심이자 고민은 어떻게 하면 왕이 정치를 잘해서 백성들이 안심하고 잘 살 수 있느냐에 모아져있었다고 해도 과언이 아니다. 춘추春秋시대, 전국戰國시대라는 말에서 드러나듯 드넓은 중국대륙은 크고 작은 나라로 갈라져 있으면서 수 백 년 동안 서로 나라를 키우기 위해 남의 나라를 침략하는 데에 혈안이 되어 있었고 그 와중에 죽어나는 것은 힘 없는 백성들 뿐이었다. 그러기에 대부분의 사상가들은 부국강병책을 설하면서도 정치의 요체가 무엇인지를 에둘러, 또는 직설적으로 말하는데, 그 바탕에는 전쟁을 끝내고 백성들이 더 이상 괴롭힘을 당하지 않고 편하게 살 수 있는 길이 무엇인지를 끊임없이 고민했던 것이다.

계강자季康子는 공자가 살아있던 때에 노魯나라를 다스리던 계씨가문의 마지막 영주이다. 공자는 노나라로 돌아온 68세부터 세상을 뜬 73세 사이에 계강자를 자주 만난다. 그 때마다 공자는 유난히 정치에 대해서 많은 말을 한다. 그런데 이 말의 앞에는 먼저 정치란 무엇인지를 설파하는 대목이 나온다. 계강자가 공자에게 정치란 것에 대해 물었다. 공자가 말하기를, "정치란 바로잡는 것입니다. 대부께서 다스리기를 바른 것으로써 하면 누가 감히 바르지 않겠습니까?[63]" 라고 하였다. 즉 정치라는 것은 윗사람이 바른 것을 솔선수범함으로써 세상을 바르게 해야 한다는 말이다. 논어 연구가들은 이 대목을 공자의 위대성을 받쳐주는 증거로 인용한다고 한다. 정치의 요체를 아주 쉽게 정의했다는 것이다.

우리나라는 역대 정권이 들어서면서 각 부문에 '실용'이니 '개혁'이니 하면서 정치개혁을 시도했다. 그런데 항상 임기 말에는 정치가 실패했다는 비판을 받는다. 이런 상황을 계속 보면서 공자가 논에서 밝힌 정치의 요체를 다시 생각해보고 싶은 것이다. 즉 "정치는 바로 잡는 것이며 스스로 바름을 솔선수범해야 한다"는 것이라는 입장에서 보면 모든 부문을 바로

잡으려 애쓰는 모습을 볼 수 있다고 하겠다. 그러나 과거 정부와는 다른 생각을 가진 사람들을 급하게 구하려다 보니 과거 정권에서 제시했던 기준으로 보아도 문제가 많은 인물들이 여러 명 있는 것으로 드러나고 있다. 재산등록과정에서도, 재산형성과 상속과정이 그리 떳떳하지 않은 사람들도 드러난 사례가 있었다. 이런 출발점에서 시작하면 "정치는 바른 것을 솔선하는 것"이란 공자의 명제를 실현하는데 처음부터 무리가 따를 수밖에 없다. 또 하나, 혹 정치를 하는 과정에서 '사람을 죽이는' 방법이 동원되고 있는 것은 아닌가 하는 점이다. 새로운 정책을 추진하기 위해서는 과거와의 단절을 위해 인적 청산이 필요하다고 하겠지만 그 청산하는 방법이 사람들의 마음을 죽이는 방법이 아니냐는 우려이다.

사실 공자는 정치의 요체를 '인仁' 이라고 여러 번 밝히고 있다. 이 '인'이란 개념에는 많은 뜻이 들어가 있지만 간단히 말하자면 너와 나 뿐만이 아니라, 우리 편만이 아니라, 전 국민, 전 계층을 모두를 사랑하고 보듬고 그들의 입장에서 생각해주어야 한다는 뜻이라고 나는 새기고 싶다. 어느 쪽만 살린다고 다른 쪽의 급격한 희생이 온다면 그것 또한 인이 아니기에 불만과 불평, 사회적인 혼란의 씨가 되는 것이라 하겠다. 다만 어느 자리 어떤 상황에 있건 지도자가 '인'의 사상을 갖고 있지 않은 경우는 없을 것이다. 과거든 현재든 누구든 처음 정치를 시작할 때에는 훌륭한 지도자로 역사에 기록되고 싶을 것이다. 아마 밤마다 기도를 하건 다짐을 할 것이다. 그렇지만 진정으로 훌륭한 지도자가 되기란 쉽지 않다. 눈앞에 보이는 비리를 척결하고 싶은데 세상은 잘 따라주지 않는다. 그런 상황에서 조급한 마음이 앞서기 마련이다. 그래서 택하는 것이 과감한 정책이나 과감한 사회개혁, 과감한 인적 청산을 내세우는 것이다. 이 경우에 공자의 말을 다시 반추해 보는 것이 좋겠다. 정치를 하는데 사람을 죽이는 방법을 써서는 안된다는 것이다. 그저 광야에 부는 바람처럼 민초들이 그 바람의 맑은 기운에 순응하도록 해야 한다는 것이다. 정치가는 바람이고 백성들은 풀이라면 그 바람으로 백성들을 자신의 방향으로 이끌 수 있는 것이기에, 굳이 풀을 뿌리째 뽑아가면서 정치의 목적을 달성하려 해서는 안되는 것이다.

공자의 말씀은 21세기의 정치에도 여전히 유효하다. 모든 정책 결정은 과감한 것만이 능사가 아니다. 국민들을 달래고 설득할 시간이 필요하다. 그러기에 정책결정은 조금 늦어 보이더라도 신중하고 포용적이어야 한다. 지난 번 정권에서 국민들의 마음을 어루만져주지 못해 민심이 떠나갔다면 이번에도 다시 정치의 마음이 국민들로부터 떠나면 안되는 것이다. 국민들이 자연스럽게 바람 따라 몸을 순응할 수 있는 시간과 부드러움이 필요하다. 갑자기 뿌리째 뽑아버리려고 하면 뿌리 밑에 붙은 흙먼지가 날아올라서 온통 세상이 눈을 뜰 수 없을 정도로 혼란해지는 것이다. 바람도 방향이나 세기에 정도程度가 있고 정도正道가 있고 금도襟度가 있다.

급할수록 공자의 논어를 꺼내어 읽어야 한다. 논어야말로 동양세계가 있는 한 영원한 정치교과서이기 때문이다.

천륜과 인륜

태종의 천륜을 넘어선 양녕에 대한 공적 입장

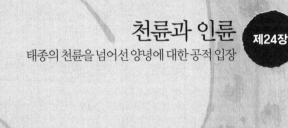

제24장

···

친족의 피를 흘리고 왕위에 오른 태종도 자식을 둔 아비로서는 지극히 약한 모습이었으며 때로는 죄인이었다. 장자 양녕대군은 무르게 키운 나머지 방종하고 불효하고 재상의 첩을 취하여 궁에 들이기도 했다. 천하의 강심장 태종 이방원도 천륜의 정과 공적 책임 사이에서 늘 괴로웠다. 아버지였기 때문이다. 태종은 "네가 도망갔을 적 우리는 생사를 몰라 눈물만 흘렸다. 그것은 너를 위한 것이 아니라 국가의 수치가 되기 때문이다."라고 하였다. 자식을 생각하는 마음은 왕도 똑같으니 꾸짖으면서도 신하에게 변명을 하고 편히 지내도록 조처하였다. 지도자나 공직자 자녀 문제가 언론에 오르내릴 때 그 부모가 단호한 조치를 취해야 할 때, 그 어느 아비보다 괴로워하면서도 결국 양녕을 폐하고 충녕을 세종으로 만든 태종의 결단을 기억해야 할 것이다.

아버지와 자식의 관계는 천륜이다. 천륜天倫이란 인륜人倫이란 말에 대칭되는 개념으로서, 흔히 '부자 형제父子兄弟 사이의 변함없는 도리'를 의미한다고 하지만, 피로 맺어진 관계, 그것도 바로 부모가 자신들의 배로 낳아 품으로 키워낸 관계이기 때문에 하늘이 정해준 관계로서 이를 거부할 수 없다는 뜻이 들어가 있다고 생각된다. 우리들이 자신들의 부모가 아무리 경우에 맞지 않거나 틀린 행동을 해도 천륜이기 때문에 이를 우선은 수용하고 그 기반에서 문제해결을 찾아야 한다고 생각하는 것도 바로 이렇게 하늘이 맺어준 관계이자 인연이기 때문일 것이다. 이같은 천륜은 사람들의 관계 속에서 형성되는 인륜과 분명히 차이가 있고, 그러기에 천륜은 '거부할 수 없는 도리'가 되는 것이다. 그런데 그것은 흔히 자식이 부모에 대해서 갖는 도리로 생각되기 쉽지만 사실은 부모가 자식에 대해서 갖는 도리도 그것만큼 중요하고 절절하다. 그것을 우리는 잘 생각하지 못하는 것 같다.

조선조 3대 왕 태종은 조선이란 나라를 안정시키기 위해 자신이 등극한 후 곧바로 맏아들 양녕을 세자로 세워놓았으나 양녕이 이상하리만큼 여색을 밝혀 궁중 안팎에서 물의를 일으킨 사례는 우리가 익히 알고 있다. 그 중에 재상의 첩인 어리를 범하고 궁중에까지 데려와 큰 물의를 일으킨 것이 가장 대표적인 사례이거니와, 이러한 전말을『조선왕조실록』은 냉정하게도 기록하고 있다. 역사를 다루는 기록으로서 실록을 읽으면서 나는 조선왕조의 사관들이야말로 가장 냉정한 리얼리스트란 생각이 드는 것은, 바로 어리를 둘러싼 양녕대군의 내적인 갈등, 그리고 이러한 문제 때문에 세자를 폐하고 셋째 아들을 세자로 세웠다가 왕위를 물려주는 과정이 마치 영화를 보는 듯 생생하게 기록되어 있음을 발견하고부터다. 양녕이 어리를 알게 되고 이를 궁중으로 끌어들이는 과정에서 양녕이 어리에게 매혹당한 순간을 실록은 이렇게 양녕의 입을 통해서 기록하고 있다.

> "세자가 일찍이 금상今上더러 이르기를, "어리의 아름다움을 들은 적이 오래였으나, 그가 성 밖에 있기 때문에 어찌할 수 없었다. 그 뒤 서울에 들어왔다는 소문을 듣고 친히 그 집에 가서 나오라고 했으나, 그 집에서 숨기고 내보내지 않으므로, 내가 강요했더니, 어리가 마지못해 나왔는데, 머리에 녹두분이 묻고 세수도 하지 아니했으나, 그러나 한 번 봐도

미인임을 알 수 있었다. 나는 그 집 사람더러 말을 대령하여 태우라고 했으나, 그 집 사람이 좋아하지 않는 태도였다. 그래서 나는 말하기를, '그렇다면 내가 탄 말에 태우고 나는 걸어가겠다.'고 했더니, 그 집 사람이 마지못해 말을 대령했다. 그래서 나는 어리의 옷소매를 끌어 말을 타게 하니, 어리는 말하기를, '비록 나를 붙들어 올리지 않더라도 나는 탈 작정이다.' 하고 곧 말을 탔다. 그때 온 마을 사람들이 삼대麻 같이 모여 구경하였다. 그날 밤에 광통교廣通橋 가에 있는 오막집에 와서 자고, 이튿날에 어리는 머리를 감고 연지·분을 바르고 저물녘에 말을 타고 내 뒤를 따라 함께 궁으로 들어오는데, 어렴풋이 비치는 불빛 아래 그 얼굴을 바라보니, 잊으려도 잊을 수 없이 아름다웠다."

–『세종실록』1년(1419) 기해 1월30일(을해)

이런 기록은 양녕이 서울에서 가까운 양평지역에 거주제한을 받고 관원들의 감시 속에 있다가 담을 넘어 도망한 사건이 일어난 사건을 기록하면서 슬쩍 끼워넣은 것인데, 양녕이 동생인 충녕에게 한 말이 어떻게 이렇게 상세하게 기록돼 있을까 생각해보면 양녕이 사관들에게 이 말을 했을 턱이 없고 결국은 세종이 여러 사람 앞에서 얘기한 것일 텐데 이를 적어놓았다가 훨씬 뒤 정작 큰 사건이 터지니 이를 끼워 넣어 후세에 진실을 알린 사관의 기지가 놀랍다고 하겠다. 며칠 뒤 상왕인 태종은 큰 아들 양녕을 처리하는 방법을 고심 끝에 신하들에게 밝힌다. 이때는 도망간 양녕을 잡아와서 여러 신하들과 함께 대령하도록 한 자리에서였다.

"상왕이 편전에 좌정하니, 임금은 시종하고 양녕도 곁에 있었다. 상왕은 병조 판서 조말생·참판 이명덕·지신사知申事 원숙元肅·좌대언左代言 김익정金益精·좌부대언左副代言 윤회尹淮를 불러 앉히고 이르기를, "나는 여러 날을 두고 양녕을 처우하는 방법을 깊이 생각하여 이제야 단안을 얻었다. 경卿들은 다 고금을 통달한 선비들이니, 나의 말을 분명히 들으라. 양녕의 하는 짓이 광태하여 가르쳐도 고치지 못하고 드디어 이 지경에 이르게 되었다. 그러나 반역을 도모한 죄는 전혀 없기 때문에 서울 근방에 두고 목숨이나 보존케 하려고 하였는데, 또 다시 오늘 같은 일이 있게 되니, 부끄러운 일이다.

내가 젊은 시절에 아들 셋을 연이어 여의고 갑술년에 양녕을 낳았는데, 그도 죽을까 두려워서 본방댁本房宅(즉 여흥 부원군)에 두게 했고, 병자년에 효녕을 낳았는데, 열흘이 채 못되어 병을 얻었으므로, 홍영리洪永理의 집에 두게 했고, 정축년에 주상을 낳았다. 그때 내가 정도전 일파의 시기로 말미암아 형세가 용납되지 못하게 되니, 실로 남은 날이 얼마 없지 않나 생각되어 항상 가슴이 답답하고 아무런 낙이 없었다. 그래서 나는 대비와 더불어 서로 양녕을 안아 주고 업어 주고 하여, 일찍이 무릎 위를 떠난 적이 없었으며, 이로 말미암아 자애하는 마음이 가장 두터워 다른 자식과 달랐다. 그러나 세자로 봉하는 날에 있어서는 다만 적자요 장자인 때문으로 양녕을 봉한 것이며, 내가 어찌 털끝만큼이라도 그 사이에 사정을 두었겠느냐. 양녕이 그동안 동궁에 있으면서 행동이 착하지 못하고 부모에게 불효한 것은 차마 말할 수가 없으니, 이 뒤로는 양녕을 의정부에 회부하건 육조에 회부하건 나는 관여하지 않을 것이며, 또 만약 법을 범한다면, 의정부가 잡아오건 육조가 잡아오건 나는 상관하지 않고 한결같이 국가의 처분만을 따를 것이며, 내시나 궁첩宮妾들이 감히 사정을 두고 양녕의 일을 들어 나에게 고한다면, 나는 단연코 용서하지 않을 것이니, 그때 가서 나더러 잔인하다는 말은 하지 말 것이다. 다만 연중의 정지세시正至歲時(정월 초하루와 동지 등 명절) 같은 명절에 부모를 보고자 하여 대궐 문밖에 와 있다면, 마땅히 불러 볼 것이며, 양녕의 몸에 만약 병이 있어 위급하여 빈사 상태에 빠졌다면, 또한 나에게 알려야 할 것이다.

나와 양녕은 부자지간이라, 정리상 차마 어찌지 못할 일이 있거니와, 임금과 신하에 있어서는 이와 다르다. 신하가 임금에게 대해 진실로 명분을 범한다면, 죽음을 내리는 법이 있을 따름이니, 양녕이 비록 지극히 어리석다지만 어찌 모르겠느냐. 옛적에 당 명황唐明皇이 하루에 아들 셋을 죽였기로 사가史氏들이 어질지 못한 일이라고 꾸짖었지만, 이것은 세 아들이 죄가 없는데, 당 명황이 남의 중상하는 말을 듣고서 한 일이기 때문이다. 만약 그들이 참으로 죄가 있다면, 역시 어쩔 수 없는 일이었을 것이다."

-『세종실록』 세종 1년(1419) 기해 2월3일(무인)

이 귀절에서 우리는 당시 태종이 왕이어서 왕자들을 키울 때에 별 고생이 없었을 것으로 생각해 왔지만 그것이 아니었음을 알게 된다. 젊어서 태종은 그저 아버지 이성계를 따르는 무인이었을 뿐이니, 자식을 키우는 일도 쉽지가 않았다. 이집 저집에 자식들을 맡기고, 그 아들들이 잘되라고 업어주고 안아주고 무릎에 앉히는 일을 밀쳐내지 않았음을 알게된다. 이것이야말로 우리가 여염집에서 보는 아버지의 모습이다. 이렇게 키운 아들이 세자가 된 후 경우도 없이 말썽만 피우니 아버지 태종의 얼굴에 눈물이 마를 새가 없었던 것이리라. 그 자리에서 태종은 다시 큰아들에게 직접 말한다.

"양녕을 보고 말하기를, "네가 도망해 갔을 적에, 나나 대비는 너의 생사를 알지 못하여 늘 눈물을 흘리니, 주상이 곁에 있어 역시 눈물을 흘렸다. 가령 네 몸은 편안한데, 아우들이 연고가 있다면, 너는 주상과 같이 행동하겠느냐. 주상은 효도와 우애가 참으로 지극하여, 너희 형제가 다같이 보전될 수 있을 것이니, 나는 근심이 없다. 내가 눈물을 흘리는 것은 너를 위한 것이 아니라, 국가의 수치가 되기 때문이다. 네가 만약 도주하여 불행했다면, 후일에 어찌 네가 광망狂妄해서 스스로 그렇게 된것임을 알 수 있으랴."

하며 또 말하기를, "어리의 죽음은 진실로 슬프고 민망하다. 어리 자신이 양녕에게 들어온 것이 아니고, 양녕이 재상의 첩을 탈취한 것이며, 또 양녕이 달아난 것도 어찌 어리 때문이겠느냐."고 하며, 또 말하기를, "이제 양녕에게 매鷹子 2연連과 말 3필을 주어 매사냥이나 하며 저 하고 싶은 대로 하게 하겠다." 하였다."

실로 아들을 생각하는 아버지의 마음은 정말로 지극한 데가 있다. 아마도 태종처럼 큰 아들을 위한 사람이 없을 것이다. 양녕이 마음이 어려서 그런 행동을 했다고 신하들에게 변명을 하면서 그가 편안히 지낼 수 있도록 배려를 아끼지 않는다. 자식의 잘못을 꾸짖으면서도 자식을 위해 또 변명을 해준다. 진실로 이것이 우리가 아는 태종의 참모습일 것인가? 왕권을 위해 그렇게 많은 종실과 신하들과 사돈네 집안까지를 피로 물들인 태종의 속 마음이란 말인가? 우리는 실록의 이런 대목을 읽으면서 참으로 천륜이란 것이 무섭구나 하는 것을 다시 느낀다. 일반 가정에서도 그렇지만 특히나 엄한 군주일수록 자식에 대한 사랑이 남다르다는 데서 과연 부모는 자식에게 영원한 보호자이며 죄인일 수밖에 없는 '천륜'을 다시 확인하게 된다. 그 속에서 엄하기로 유명한 태종 이방원의 눈물을 엿보게 된다.

태종 이방원의 눈물을 아버지의 눈물이기에 아름답다고 한다면 그것은 불공평하다고 할 것이다. 자신은 이복이든 아니든 간에 형제사이에 피를 보는 투쟁을 벌였고 그것으로서 태조 이성계는 현세에 환멸을 느끼고 함흥으로 떠나지 않았던가? 물론 이성계도 말년에는 달리 혼자만 있을 방도가 없어 서울로 돌아와 궁안에서 불교에 귀의해 말년을 보냈거니와, 그나마 태종 이방원은 세종과 같은 효자를 두었기에 생전에는 그 이상의 피눈물을 흘리지 않았을 것이다. 그러나 그 뒤 곧바로 삼촌이 조카를 죽이

277

고 형제끼리 서로 죽이는 피의 정변이 계속 이어지니, 참으로 왕권이라는 것은 무섭다고 하지 않을 수 없다.

그것이 요즈음 세대에는 정권을 잡는 싸움뿐 아니라 재벌들의 경제권 싸움으로 확대되면서 도처에서 형제간, 가족 간의 싸움과 이로 인한 자살까지 이어지는 것이라고 한다면 권력이라는 것은 그것이 돈에 관한 것이건 통치에 관한 것이건 무섭기에 가까이하는 것이 그만큼 위험하다는 생각을 지울 수가 없다. 이런 상황이기에 자기 자식을 위한 부모의 마음만 소중하다고 할 수가 없다. 이러한 권력의 승계과정에서 벌어지는 피의 투쟁을 막는 방법을 인류 나름대로 강구하는 것도 이런 연유에서겠지만 그 완전한 해결은 아직도 요원하다고 하겠다. 아니 영원히 불가능한 것인지도 모르겠다. 다만 서양이나 미국의 경우에는 우리처럼 형제간에 피비린내 나는 싸움이 많지 않은 것을 보면 우리가 그만큼 권력에의 굶주림이 심하고, 그들은 권력의 남용으로 많이 경험했기에 이 문제가 제도와 시민의식 때문에 더 이상 큰 문제가 되지 않는 것이라면 우리 사회도 빨리 그 쪽으로 가지 않으면 안된다.

우리나라도 현대에 들어와서 과거 몇몇 왕자, 곧 대통령의 아들들의 사례가 문제가 되었다. 그 아버지들은 그 문제로 대국민사과를 해야 했고 그 것이 정권에 대한 비판과 권력교체로까지 이어지기도 했다. 대통령이 될 때마다 친인척 비리를 용납하지 않겠다고 하고 또 대통령 비서실 안에도 그 문제를 담당하는 곳이 있기는 하지만 결국 임기 말에 권력이 약해지면 터져나오는 것을 보면 그만큼 단속이 어렵다는 것이고 결국에는 주변 사람들의 의식이 바뀌어야 한다는 것이다. 그것은 이제 과거와 같이 대통령을 빙자한 부정행위가 결코 용인되고 용납될 수 없다는 것, 정보화 사회 속에서 모든 것이 드러나는 만큼 권력의 주위에서 나만의 이익과 쾌락을 추구하는 것은 안된다는 것을 인식해야 한다. 그것은 꼭 친인척만의 일이 아니다. 정권을 타고 고위직에 오른 모든 사람들의 일이고 문제인 것이다.

제2부 왕의 마음

1. 조선 성종 때 서거정이 엮은 시문집. 신라 때부터 그 때까지의 한국의 시문을 모은 것으로 모두 154권에 달한다.

2. 낙산의 관음보살이 다시 살아난 경사스러움을 찬하는 내용인데, 이 글을 소(疏)라고 한 것이 특이하다. 보통 소(疏)는 신하가 임금에게 올리는 글인데, 이 글이 누구에게 올린 것인지 불분명하다. 굳이 생각한다면 왕도 불제자이므로 부처님에게 올리는 글을 소라고 한 것으로 추정된다.

3. 관음보살을 형용하는 표현이 많이 있는데, 그 가운데 천수천안(千手千眼), 곧 천 개의 손과 천 개의 마음으로 모든 이들의 아픔을 보고 어루만진다는 뜻을 이렇게 푼 것이다.

4. 상(想)이라고 하면 존재를 느끼는 마음일 것이요, 공(空)이라고 하면 존재 자체가 없다는 뜻이라면 '존재의 유무에 집착하지 않고' 라는 뜻으로 풀 수 있다.

5. 짐(朕)이라는 표현은 황제가 자신을 표현할 때 쓰는 말이다. 이 글이 충렬왕의 마음을 대변한 것이라면 왜 여기에 짐이란 표현이 나올까? 여기에 대해 논란이 있다. 원래 고려의 왕은 황제 의식이 있어 항상 자기를 짐이라 했다는 설명도 가능하다.

6. 발섭은 산을 넘고 물을 건너 힘들게 길을 다녔다는 뜻. 충렬왕은 원나라 황제인 세조

쿠빌라이의 장례를 대도(북경)에서 보고 새로 등극하는 쿠빌라이의 손자(성종)의 등극식에 참석하기 위해 원나라의 상도(上都)인 카라코람에 갔는데 여기에 가려면 사막을 지나야 했다.

7. 불심종은 부처의 마음을 다른 도구나 수단을 통하지 않고 바로 통하고 안다는 뜻으로, 참선을 주로 하는 선종(禪宗)을 의미한다. 곧 선을 하는 신도들을 의미한다고 하겠다.

8. 고려의 관제는 동반과 서반의 양반제도로서 동반은 문관으로 정치를 담당하고 서반은 무관으로 군사를 담당하였다. 그런데 동반의 문관들이 서반의 무관들을 업신여김이 심해 고려에 무신들의 난이 일어났다.

9. 『인왕반야경』에서는 칠난을 일월실도난(日月失度難, 태양 및 달의 이변), 성수실도난(星宿失度難, 별의 운행의 이변), 재화난(災火難, 화재), 우수난(雨水難, 홍수), 악풍난(惡風難, 태풍), 항양난(亢陽難, 가뭄), 악적난(惡賊難, 전쟁) 등 일곱 개를 꼽는다.

10. 종묘(宗廟)가 조선의 역대 왕과 왕비의 위패를 모신 곳이라면 사직(社稷)은 땅과 곡식에 대한 감사를 드리는 곳이다. 다만 여기서는 종묘나 사직 모두 한 나라가 이어지는 것을 의미하고 있다.

11. 태조의 두 번째 왕비 신덕왕후 강씨에게서 난 방번과 방석이 방원의 손에 의해 죽은 것(1차 왕자의 난). 이로 인해서 태조가 힘들었을 것이라는 뜻.

12. 밤에는 부모의 잠자리를 보아 드리고 이른 아침에는 부모의 밤새 안부를 묻는다는 뜻으로, 부모를 잘 섬기고 효성을 다하는 것.

13. 1406년(병술년) 8월18일 태종이 세자인 양녕대군에게 왕위를 물려주겠다는 의사를 밝히자 조정 백관의 연이은 반대가 이어진다. 모든 신료와 백관들이 왕위 전위를 반대하는 것을 이유로 태종은 세자에게 왕위를 전위한다는 명을 철회하였다. 그러나 이 과정에서 양녕대군의 외삼촌인 민무구와 민무질이 전위를 찬성하는 움직임을 보이고, 전위를 안한다고 하니까 불쾌란 반응을 보였다고 한다. 그것을 이유로 해서 태종은 양녕대군을 옹호하는 두 외삼촌을 자결하도록 한다.

14. 승지(承旨)를 의미한다. 왕명의 하달을 맡은 벼슬로, 1310년(고려 충선왕 2) 승지(承旨)를 대언으로 고쳤다가 공민왕 때 승선(承宣), 승지로 부르다가 1401년(조선 태종 1) 다시 대언으로 하였으나 1433년(세종 15) 승지로 고쳤다.

15. 새보(璽寶)·부패(符牌)·절월(節鉞)을 맡아보는 기관으로 조선 초에 설치되었다가 세조 때에 상서원(尙瑞院)으로 개칭되었다.

16. 조선 시대 종친부(宗親府)에 들어가지 못하는 임금의 친척과 외척(外戚)을 위한 예우 기관(禮遇機關)인 돈녕부(敦寧府)의 우두머리.

17. 임금이 특별히 부름. 또는 임금이 은밀하게 의정 대신(議政大臣)이나 육조(六曹)·

대간(臺諫) 등을 대궐로 부를 때, 쓰는 둥근 형태의 명패(命牌)를 말하기도 함. 여기서는 앞의 뜻.

18. 임금의 어가를 수종하면서 일반 잡인의 범접을 막던 군사. 태조 3년(1394)에 종래의 차사올(車沙兀)을 고친 이름인데, 태종 18년(1418)에 다시 사엄(司嚴)으로 고쳤음.

19. 임금의 좌우에서 검을 잡고 호위하던 관원. 임금이 다닐 때에 유능한 무장(武將) 중에서 믿는 사람 을 골라서 임명하였다. 정식명칭은 별운검(別雲劍)이다. 성삼문, 박팽년 등 사육신이 무관인 성승과 유응부를 별운검으로 뽑아 이들이 세조를 살해하려 했으나 사전에 발각된 사건이 있었는데, 이처럼 별운검은 무기를 가지고 왕의 바로 옆을 지키는 무관이다.

20. 임금의 측근에서 시위를 맡던 무사.

21. 임금의 좌우에서 집도(執刀)하여 그 신변을 지키던 관원.

22. 오장은 검의 지팡이, 청양산은 푸른 색의 일산(日傘), 곧 양산. 이것은 세자가 지나고 쓰는 것이다. 세자인 세종이 이것을 들고 쓰고 가니까 태종이 노해서 주장과 홍양산으로 하라고 한 것이다. 주장은 붉은 색 지팡이, 홍양산도 붉은 색의 일산이니 모두 왕을 상징한다.

23. 세종이 세자를 상징하는 오장(까만 지팡이)에 청양산(푸른 색 일산)을 쓰고 오니 오지

말고 왕을 상징하는 주장(붉은 지팡이)에 홍양산(붉은 색 일산)을 쓰고 오도록 한다. 붉은
색이 왕의 색이므로 그렇게 차리고 오라는 것이다.

24. 세자를 일컬음. 신하들이 세자를 호칭할 때는 주로 저하(邸下)라고 하였으며 세자가
임금 앞에서 자신을 지칭할 때는 신(臣)이라 하였다. 세자의 거처가 대궐의 동쪽에 있다
고 하여 동궁(東宮), 왕위를 계승할 사람이라 하여 저부(儲副), 저사(儲嗣), 저이(儲貳) 라
는 말이 많이 쓰였다.

25. 조선 시대에 임금이 정무를 볼 때 쓰던 모자. 익선관(翼善冠)의 하나이며 깁(紗)으로
만들어졌음.

26. 의식이 있을 때 임금의 축수(祝壽)를 표하기 위하여 만수무강을 비는 뜻에서 신하들
이 두 손을 치켜들고 만세(萬歲) 또는 천세(千歲)를 일제히 크게 외치던 일.

27. 21대 왕인 영조는 재위기간이 1724년~1776년까지 51년 7개월이다. 전설의 요 임
금이 재위에 있었던 기간은 여러 설이 있어서 정확하지는 않지만 정조 당시에는 아마도
50년으로 본 것이 아닌가 한다.

28. 『시경(詩經)』 「대아(大雅)」 탕지십(蕩之什)에 실려 있는 위 무공(衛武公)의 억계시(抑
戒詩). 위 무공은 늙어서도 억계시 12장을 지어 항상 곁에서 외우게 함으로써 마음을 깨
우치고 신하들로 하여금 늙었다고 멀리하지 말 것을 경계하였다.

29. 금등지사(金縢之詞)란 영조가 자신의 아들이자 정조의 아버지인 사도세자의 죽음에 관련하여 남긴 글이다. 영조는 노론의 모함으로 사도세자를 뒤주에 가둬 죽게 하였는데, 훗날 그 일을 후회하며 쓴 것이다. 이로 인해 노론과 소론이 대립을 했고 더 나아가서는 정조와 신료들의 갈등도 빚어졌다. 금등지사를 입수해야만 죄인 신분으로 죽은 사도세자의 무죄를 입증하여 명예를 회복하고, 나아가 정조의 정치적 권위를 회복할 수 있었다. 그러나 영조는 금등지사를 바로 공개하지 않고 후세에 남기도록 했다.

30. 주(周) 성왕(成王)이 임종할 즈음 옥궤에 기대어 유훈을 내렸다는 고사에서 나온 말.

31. 반염은 용의 갈기를 잡는다는 뜻으로, 황제(黃帝)가 형산(荊山) 밑에서 보정(寶鼎)을 주조하자 용이 갈기를 늘어트리고 내려와 황제가 용의 갈기를 잡고 승천했다는 고사에서 나온 말로 영조의 승하를 말함.

32. 국과 담장이란 뜻으로서, 경모(敬慕)하고 추념(追念)한다는 것을 이르는 말이다. 『후한서(後漢書)』「이고전(李固傳)」에 "옛날 요(堯) 임금이 죽은 뒤에 순(舜) 임금이 3년 동안 사모하여, 앉았을 때에는 요 임금이 담장(墻)에서 보이고 밥 먹을 때에는 요 임금이 국(羹)속에서 보였다."고 하였음.

33. 중국 낙양에서 남쪽으로 13킬로미터 떨어진 용문석굴의 동서 두 산 사이를 흐르는 강. 이하(伊河)라 부른다.

34. 중국 절강성(浙江省) 악청현(樂靑縣)과 평양현(平陽縣)의 경계에 있는 산. 이 산에 있는 대용추(大龍秋) 폭포는 높이가 197미터에 이르는, 중국 제일의 폭포이다.

35. 호남성(湖南省) 도현(道縣)에 있는 강. 송나라의 유학자인 주돈이(周敦頤)가 이 강 옆에 살면서 호를 염계라 지어 유명해졌다.

36. 중국 복건성(福建省) 서북부와 강서성(江西省) 동부에 걸쳐있는 명산. 송나라 때 주자가 이 산 속에 살아 더 유명해졌다.

37. 경수는 중국 영하(寧夏) 육반산(六盘山)에서 발원해서 감숙성을 거쳐 섬서성 고릉현(高陵縣) 경내에서 위수와 합쳐진다. 상류의 경수는 혼탁하다가 위수로 되면서 맑은 물로 변한다.

38. 창덕궁 존덕정에는 정조가 쓴 이 글이 현판으로 걸려있다.

39. 증(烝)은 떡시루에 떡을 찐다는 뜻인데, 김이 많이 올라오므로 해서 '많다'는 뜻도 갖고 있다. 그래서 증민이라고 하면 뭇 백성. 또는 모든 백성을 뜻한다. '천생증민'이란 말은 공자가 편찬한 『詩經(시경)』에 나오는 구절로서, 하늘이 백성을 낳았다는 천명사상의 핵심이다.

40. 총(寵)은 사랑한다는 뜻, 수(綏)는 편안하게 한다는 뜻, 곧 만방을 평안하게 한다는 뜻

이다. 이 글자의 뜻을 살려 종묘제례(宗廟祭禮) 때 쓰이는 악곡 중에 왕실의 선조들의 무공을 찬미하는 악곡 '정대업(定大業)'의 11곡 중에 8번째 곡 이름이 '寵綏'(총수, 총유라고도 함)이다.

41. 중화(重華)라는 말은 순(舜)임금을 가리킨다. 원래 순 임금 앞의 요(堯) 임금은 세상의 밝은 빛이란 뜻으로 광화(光華)라고 하는데, 순 임금도 그에 못지않은 밝은 빛, 또 하나의 빛이란 뜻으로 중화(重華)라는 별명으로 부르기도 한다.

42. 역사가인 반표(班彪)의 아들이자, 한서(漢書)의 저자인 반고(班固)의 아우인데, 중국 후한의 무장으로서, 그의 선임자였던, 곽거병(霍去病)이나 위청(衛青)처럼 타림 분지에서 흉노족을 효율적으로 방어했으며, 광무제의 통치 기간 기마부대를 이끌고 흉노를 격퇴하고 서역(중앙아시아)의 지배권을 확보하였다. 전한의 장건의 활약 이후 끊겼던 실크로드를 다시 개척하여 후한과 서역의 교역길을 열었다.

43. 주나라의 2대왕. 상(은)나라의 마지막 임금 주왕(紂王)로부터 역성혁명으로 주를 세운 아버지 무왕이 불과 2년 만에 사망하자 아버지 뒤를 이어 즉위하였다. 재위는 기원전 1042년 ~ 기원전 1021년. 당시에는 아직 주의 정치체제는 안정되지 않았고 상나라의 제신(주왕)의 아들 무경(녹부)이나 무왕의 동생들의 모반 등이 잇따라 국정은 지극히 불안정했다. 성왕이 즉위 했을 때는 아직 어렸으므로 실제 정무는 어머니 읍강, 숙부 주공 단, 태공망 강상 등이 어린 왕을 도와주어 성왕이 정치를 잘 할 수 있었다.

44. 주나라의 제3대 왕이다. 아버지 성왕이 사망하자 즉위하였다. 재위는 기원전 1021년
~기원전 996년. 그의 치세는 '천하가 안정되어 형벌이 40여년간 행해지지 않았다'라고
일컬어지나 실제로는 전쟁을 많이 했다. 그의 치세 때 주나라는 각 제후에게서 위신을 확
립해 국가 체제가 안정되었다.

45. 조조의 셋째 아들이었으나 위의 형들이 죽어 적장자로서 거의 멸망 단계에 이른 후한
의 마지막 황제로부터 나라를 헌납받는 형식으로 위(魏)나라의 초대 황제가 되었다. 재위
220~226. 즉위 후 사회 혼란을 극복하고 왕조의 기반을 공고히 하기 위해 내정 개혁에
힘썼다. 그러나 과도한 음주로 얻게 된 병이 악화되자 아들 조예에게 자리를 물려주고 재
위 7년만에 죽음으로서 그의 뜻을 다 펴지는 못했다.

46. '태학'이란 이름은 주나라 때부터 보이지만 한나라 때에 정식으로 수도에 설치한 대
학의 정식 이름이 되었다. 한나라 때 태학의 특징은 유학을 정통학문으로 삼은 것이다.
전한 때에는 태학이 장안에 있다가 후한 때에는 낙양에 태학이 세워졌다. 이곳에 황제가
임어(몸소 나아감)해서 학자들을 격려함으로서 유학의 이념을 국가적으로 진흥시켰다는
뜻이다.

47. 구족은 한나라 때에는 아버지 쪽, 어머니 쪽, 처가 쪽 등 집안 전체를 아우르는 말이
었다. 그런데 후대에는 자기 집안만을 중심으로 위로 4대, 아래 4대, 그리고 자신까지 9
대를 뜻하는 말이 되었다. 명나라 초기에 3대 황제 주태는 당시의 학자 방효유를 잡아서
10족을 멸했는데, 여기에서는 방효유를 중심으로 아래 위 4대씩 집안을 모두 죽인데 이

어, 방효유의 제자들까지도 죽임으로서 10족을 멸한 것이 유명한 사건이다. 아무튼 고대에는 왕실에 대한 모반이 가장 엄한 처벌을 받게 됨으로서, 서로 감시하고 밀고하라는 듯으로 이처럼 가혹한 형벌을 정한 것이다.

48. 『상서』는 『서경(書經)』의 옛 이름이다. 공자가 요임금과 순임금 때부터 주나라에 이르기까지의 정사(政事)에 관한 문서를 수집하여 편찬한 책으로서 중국에서 가장 오래된 경전이다.

49. 중국 송(宋) 나라 영종(寧宗)―이종(理宗) 때의 문신 · 학자. 참지정사(參知政事)를 지내고, 주희(朱熹)의 학통을 이어받아 이기이원론(理氣二元論)을 주장함. 저서에 《대학연의(大學衍義)》 · 《서산집(西山集)》이 있음.

50. 중국 남북조시대 남조(南朝) 송(宋)의 역사가로서, 광무제(재위 25~57)부터 헌제(재위 189~220)까지 후한의 13대 196년의 역사를 기록한 후한서(後漢書)를 편찬하였다.

51. 깨끗한 토지라는 뜻으로 경(卿)·대부(大夫)·사(士) 등 벼슬하는 사람들에게 주는 토지.

52. 관직의 품계에서 종6품 이상은 참상(參上)이라 하고 정7품 이하는 참하라고 한다. 참하에서 참상으로 올라 가는 것을 출륙(出六) 또는 승륙(陞六)이라 하여 승진의 관문이 되었다.

53. 문관인 동반과 무관인 서반, 그리고 문벌자제들인 남반(南班)을 포함하면 삼반이 된다.

54. 우리나라 불교의 대표종단인 조계종은 종단의 행정과 방향을 정하는 총무원 산하에 25개의 교구본사를 지정해 운영하고 있다. 행정제도로 말하면 25개 도가 있다는 것이다. 그 밑에 시, 군에 해당하는 것이 말사이다. 말사는 교구본사의 지휘를 받는다.

55. 물과 육지에서 헤매는 고독한 영혼과 아귀들을 달래기 위해 불법을 설하고 음식을 베푸는 불교의식. 세종의 수륙재는 왕위를 포기하고 불문에 귀의한 형 효령대군의 주청에 의한 것이다.

56. 옛날 불경은 요즈음 책들 모양으로 네모 반듯하게 되어 있는 것이 아니고 두루마리로 되어 있었기 때문에 그것을 펴서 읽어야 하는데, 이처럼 두루마리 불경을 펴서 읽는 법회를 독경법회라 하는데, 예전에는 이를 전경법회(轉經法會)라 하였다. 이 법회는 읽는 것에 그치고, 외우는 것으로 법회를 하는 것은 송경(誦經)법회라고 한다.

57. 학식과 인품, 문망(文望)이 높아 선비들로부터 흠모를 받는 이들이 임명되는 벼슬로 규장각(奎章閣) · 홍문관(弘文館) · 선전관청(宣傳官廳) 등의 관직이 이에 해당된다. 이들의 경우 그 품계 등은 높지 않으나 이른바 청망(淸望)의 명예가 있었으며, 고관으로 승진하기가 다른 관직 출신들보다 수월하였다.

58. 부월은 도끼이고 정확은 가마솥이다. 『포박자(抱朴子)』에 "도끼에 맞는 한이 있더라도 바르게 간하고, 가마솥에 넣어서 죽이려 해도 옳은 말을 다하면 이를 충신이라 하느니라(迎斧鉞而正諫 據鼎鑊而盡言 此謂忠臣也)하였다.

59. 문제(文帝)는 즉위한 뒤 23년 동안 궁실(궁중의 전각), 원유(궁중의 정원), 거기(요즈음으로 말하면 공용차량), 복어(의상)를 조금도 늘리지 않았다. 불편을 줄만 한 것이 있으면 바로 풀어버려서 백성들을 이롭게 하였다. 일찍이 노대(露臺)라는 놀이터를 하나 만들려고 하여 장인(匠人)을 불러서 견적을 내게 하였다. 장인(匠人)은 100금(金)이 든다고 보고하자 문제는 100금이라면 보통 정도의 재산을 가진 사람 열 집의 재산인데 내가 먼저 돌아가신 황제의 궁실을 받들면서 살면서도 늘 이를 황송하고 부끄러워하였는데, 어찌 노대를 만들겠는가 하였다.

60. 한유가 25살 되던 해에 당시 간의대부였던 양성이 바른 소리를 하지 않는데 대해 비판하는 글을 지었다. 글의 제목이 「쟁신론」 곧 간쟁을 하는 신하에 대한 논박이다.

61. 송나라 때 문장가 구양수가 쓴 '상범사간서(上范司諫書)', 곧 '범 사간(사간 범중엄)에게 올리는 글'을 뜻한다. 구양수는 간관이 얼마나 중요하며, 구구히 자신의 영화를 위해 입을 닫고 있지 말고 중요한 정치적인 문제가 있을 때에는 반드시 목소리를 내야한다는 점을 강력하게 피력하고 있다.

62. 원문은 "季康子問政於孔子曰如殺無道 以就有道 何如 孔子對曰子爲政 焉用殺 子欲善 而民善矣 君子之德 風 小人之德 草 草尚之風必偃."

63. 원문은 "季康子 問政於孔子 孔子 對曰 政者正也 子帥以正 孰敢不正."

제3부 신하의 길

전하, 소신의 간언이 만일
잘못된 것이라면 이 목을 도끼로 치소서!

선왕의 법 가운데 좋은 법은 마땅히 지켜야 할 것이나, 진실로 현실에 합당

치 않다면 이를 고치기를 마땅히 불에 타는 것을 구원하고, 물에 빠진 자

를 건지는 듯 지체없이 하여야 하는데, 어찌 고식적인 언론을 믿고 긴 우환

을 끼치시려 하십니까? 옛사람이 이르기를, '정치란 세속을 고침으로 말

미암는다.'고 하였고, 또 '때에 따라 맞도록 제정해야 한다.'고 하였습니다

역사는 현재진행형이어서 망국의 길과 발전의 길, 성공의 길과 실패의 길이 무엇이었는지

를 사례로 제시하며 미래를 위한 거울이 되고 있다. 그러므로 역사의 부조리는 공부를 통

해 반복되지 않도록 해야한다. 역동서원의 주인 역동선생 우탁의 지부상소, 조선조 중종

시대 김종직의 충언, 왕을 가르쳐야 함을 역설한 동문선에 수록된 가정 이곡의 스승론(사

설), 조선 중기 옳고 그름을 가름하는 잣대로 기능하는 고봉 기대승의 '임금의 물음의 답

하는 글', 중국 한고조 유방 시대 한신과 순욱에 대한 상식을 뒤엎는 평가, 곧 마음의 자취

와 행적을 보는 눈, 세조시대 최대 출세자인 구종직의 승승장구와 편안한 말로에 대한 실

록의 냉혹한 평가, 양녕대군의 기이한 행적과 가려진 인물 평가 척도, 공자의 제자 증자의

청렴함을 생생히 기록한 설원과 관중에 버금가는 명재상 안자의 지도자로서의 모범, 변화

하는 시대에 맞춰 반드시 개혁을 추진할 것이 무엇인지 역설하는 다산 정약용의 경세유

표, 많은 백성의 인생이 걸려 있어 극도로 신중해야 하지만 지체없이 대처해야 하는 제도

들에 대한 경고, 떠오르는 아침의 태양과 봉황을 기다리는 주나라 소강공의 시조…! 고대

중국사의 기록과 이를 이어받은 고려와 조선왕조 신하들의 공명정대한 사료 평가를 통해

태평치세 제3의 법칙, 신하의 도리와 성공의 길을 본다.

내 목을 치소서

목숨을 건 상소로 충선왕을 바로잡은 우탁

제25장

• • •

고려 말기 주자학의 비조인 우탁(역동선생)은 『역경』을 고려에 수용해 후진에게 가르쳤는데 정몽주는 동방사림의 조종이라 불렀고, 조선조에는 그의 학문과 덕행을 흠모해 역동서원을 세웠다. 그런 우탁은 '내 말이 틀리면 머리를 도끼로 쳐 달라'는 뜻의 지부상소를 실천한 강직한 선비였다. 우탁은 부친의 후궁을 범한 패륜을 한 충선왕에게 상복을 입고 거적을 메고 도끼를 들고 상소문을 올리러 간다. 감히 왕 앞에서 신하가 상소를 읽지 못하자 호통을 쳐 읽게 했다. 왕의 패덕을 면전에서 지적하고 아첨자를 꾸짖음으로서 우탁은 성리학의 덕을 몸으로 실천하였다. 대통령을 측근에서 보좌하는 관리들, 보신주의를 떠나 고립된 성에 갇히기 쉬운 최고통치자를 바르게 이끌 용기와 결의가 있는가?

"한 손에 막대 잡고 또 한 손에 가싀 쥐고

늙난 길 가싀로 막고 오난 백발白髮 막대로 치려터니

백발白髮이 제 몬져 알고 즈럼길노 오더라."

'탄로가嘆老歌', 곧 늙음을 한탄하는 노래로 잘 알려진 이 시조는 고려시대의 학자 우탁(禹倬, 1263~1342)이 지은 것이다. 우리들이 흔히 이 시조의 작가로만 기억하는 우탁이 사실은 우리나라 주자학의 비조鼻祖(어떤 일을 최초로 시작한 사람)라는 점을 우리들은 잘 모르고 있다.

"고려 원종 4년(1263년) 단양에서 출생한 선생은 출생 때부터 설화가 전한다. 탄생해서 3일부터 울기 시작하여 그치지를 않으니 집안과 마을 사람들은 아기가 잘못 되었다고 수군거렸다. 그런데 한 늙은 스님이 지나가기에 물어보았더니 "그 녀석 벌써부터 주역周易(중국의 점에 관한 책으로 오경의 하나이며 주나라 시대 철학서)을 외우고 있구만. 큰 인물이요" 하면서 지나갔다고 한다. 과연 보름이 지난 후부터는 울지 않고 정상으로 자랐다는 것이다."

– 네이버 지식in

후대에 창작된 것이 분명한 이 탄생설화에 주역이 등장하리만큼 선생은 주역에 통달한 인물이다. 고려에서는 우주의 변화와 인간의 길흉을 상象과 수數로 해명하려는 상수역象數易[1]이 중심이었는데, 말기에 이르러서 성리학적 역학이 새롭게 수용되었는데, 이러한 과정에서 우탁이 큰 역할을 하였다고 한다. 『동국유사 (東國遺史)』에 따르면, 우탁은 원나라에 들어가서 당시의 황제인 순제順帝를 만나게 된다. 거기서 역易에 관한 새로운 책을 얻고 싶어 한 우탁은 황제에게 "우리나라에 역이 없습니다" 라고 말한다. 황제가 "그대는 역리易理에 통달하였는가?"라고 묻자 우탁은 "비록 박통博通(널리 두루 통달함)한 군자라 할지라도 어찌 역리에 통달할 수 있겠습니까? 역은 이학理學의 두뇌이니 한번 보여 주십시오"라고 하였다. 이에 천자가 역을 주니 우탁이 옥하관玉河館[2] 에서 하룻밤을 읽고, 이튿날 순제 앞에서 배송背誦(암송)하는데 두루 외워 막히는 곳이 없었다. 황제가 경탄하여 이르기를, "아름답도다! 정말로 변방의 작은 나라에 두기가 아깝도다. 주부자朱夫子(공자를 공부자라고 부르듯 주자를 높여서 부르는 말)가 다시 동방에 태

성리학을 집대성한
주자(주희)

어났도다"라고 하였다고 한다.

우탁이 귀국하여 외운 것을 다시 더듬어 보니 조금
의심나는 곳이 있어 문을 닫고 한 달쯤 연구하여 이
에 해득하고 이듬해 중국에 보내어 본역本易과 대조
하니 한 자도 착오가 없었다고 한다. 특히 정이鄭頤
가 주석한『역경』易經3 이 처음으로 들어왔으나 이를 아는 사람이 없었는
데, 우탁이 방문을 닫아걸고 연구하기를 달 포 만에 터득하여 후진에게
가르치니 비로소 성리학을 널리 보급하게 되었다고 한다. 이에 중국의
학자들이 중국의 역易이 동東으로 옮겨가게 되었다 하여 역동易東이라
부르게 되었다고 하며 이후 우탁은 역동선생으로 알려지게 된다.

선생의 가르침에 크게 깨우친 사람들이 많아졌다. 우리나라 주자학의 조
종祖宗(시조, 어버이)으로 추앙받는 정몽주는 선생이 돌아가신 지 25년 만인
1367년(공민왕 16)에 역동을 동방사림東方士林의 조종으로 받드는 상소를
올렸다. 공민왕 때에 성균관 대사성이었던 목은 이색은 왕에게 청하여 역
동선생에게 문희공文僖公의 시호를 내리게 했으며, 조선조에 들어와 그의
학문과 덕행을 지극히 흠모하였던 퇴계 이황이 주창하여 역동선생이 벼
슬을 내놓고 물러나 말년을 보낸 안동군 예안현 지삼리 근처에 역동서원
易東書院을 창건하였다.

그런데 오늘 역동 우탁선생을 말하는 것은, 그가 주자학의 비조이기 때문만은 아니다. 그는 조선시대 강직한 선비들이 목숨을 내걸고 왕에게 상소하는 방법인 '지부상소'를 몸소 실천한 강직한 인물이라는 점 때문이다. '지부상소持斧上疏'라는 것은 글자 그대로 도끼를 들고 가서 왕에게 드리는 상소로서 "내 말이 틀리다면 도끼로 내 머리를 쳐

현재도 남아있는 역동서원 전경

달라"는 뜻이니 목숨을 걸고 상소한다는 뜻이다. 우리나라 역사에서는 일본이 우리나라를 병탄하기 위해 강요한 병자수호조약 체결을 앞두고 올린 면암 최익현崔益鉉(1833~1906)의 '병자지부상소', 도요토미 히데요시가 '정명가도征明假道', 곧 명나라를 칠 테니 길을 빌려달라고 요구하자 대궐 밖에서 사흘 동안 엎드리며 일본 사신의 목을 베라고 청했던 조헌趙憲(1544~1592)의 '지부상소'가 대표적이지만 그보다 훨씬 오래전 우탁이 행한 지부상소는 과연 벼슬에 있는 사람이 왕에게 올린 상소의 극단적인 사례라 아니할 수 없다.

"충선왕 1년(1308) 47살인 우탁은 관리들의 잘못을 따지는 감찰규정監察糾正이란 자리에 있었다. 충선왕은 그 해 8월에 즉위하여 10월 24일에 아버지 충렬왕의 후궁이었던 숙창원비淑昌院妃와 눈이 맞아 자주 들르게 된다. 이것은 부친의 부인을 범하는 것으로서 유교의 윤리로는

허용할 수 없는 일이다. 소문을 들은 우탁은 상복인 흰 옷을 입고 그 위에 거적을 매고 도끼를 든 채로 대궐로 들어가 상소문을 올렸다. 그 내용은 왕의 잘못을 꾸짖는 것이었다. "군왕은 마땅히 경술經術을 좋아하여 날마다 유신儒臣과 더불어 경사를 토론하여 정치의 토론하여 정치의 이치를 묻고 백성을 교화하고 풍속을 이룩하기에도 겨를이 없는 터인데, 만고萬古에 걸쳐 변할 수 없는 윤상倫常(일상생활에서 항상 지켜야 하는 인륜의 도덕, 삼강오륜.)을 무너뜨림이 어찌 이와 같을 수 있습니까? 군왕이 나라의 흥망을 가늠하는 것은 오직 인仁과 불인不仁에 달려 있습니다. 하루 빨리 마음을 돌이키소서."

이같은 상소문을 올리자 왕의 곁에 있던 신하가 왕의 노여움을 살까 두려워 상소문을 펴고도 감히 읽지를 못한다. 그러자 우탁은 호통을 치며 "경은 왕을 가까이 모시는 신하로서 그릇된 점을 바로 잡지 못하고 악으로 인도하여 지금에 이르니 경이 그 죄를 아느냐?"고 통렬하게 꾸짖었다. 이에 신하들이 놀라 벌벌 떨고, 왕도 부끄러워 다시는 선왕의 후궁과 통정을 하지 않았다고 한다. "

– 『고려사절요(高麗史節要)』 제23권 충렬왕 5

왕의 패덕悖德을 눈앞에서 지적해주고 아첨하려는 대신들을 노성으로 꾸짖었던 그의 행동은 주자학, 혹 성리학의 덕목을 몸으로 실천한 것으로 추앙을 받는다. 사론史論은 이렇게 그를 칭찬한다.

"우탁이 항소하여 감히 말하고 스스로 반드시 죽을 각오를 하여 조금도 몸을 돌보는 마음이 없었으니 임금도 얼굴빛이 변하고 좌우의 신하들도 두려워 떨었는바, 천년 뒤에도 그 사람을 상상하여 볼 수 있고, 그의 고충孤忠(고고한 충성)과 준절峻節(높이 솟은 절개)은 우뚝하여 범인이 미치지 못할 바이다."

충선왕의 뒤를 이어 왕위에 오른 충숙왕이 그의 충의를 가상히 여겨 벼슬을 내리려고 했으나 끝끝내 사양하고, 안동 땅으로 물러가 당시 원나라를 통해 새롭게 유입되던 정주학을 연구하여 후학들에게 전해 주었다. 이후 학자들의 존경이 점점 높아져 조선 중종 때의 유학자인 점필재 김종직金宗直(1431~1492)은 우탁이 살던 경상북도 예안禮安을 지나면서 그의 덕을 기리는 시를 한 수 지으면서 그의 충절을 중국 송나라의 당개唐介4에 비교한다.

고려의 운세가 오백년을 쌓아 내려왔는데
뜻밖에도 말세에 이런 현인이 있었구려
대궐 뜰에서 도끼를 쥔 건 참으로 당개였고
초막집에서 경서 연구한 건 정현鄭玄5과 같았었네

麗運涵儲五百年 (여운함저오백년)
不圖衰叔有斯賢 (부도쇠숙유사현)

彤庭持斧眞唐介 (동정지부진당개)

白屋窮經似鄭玄 (백옥궁경사정현)

향리에선 몇이나 그의 절조를 사모하는고

자손들은 오늘날 황전에 조세[6]를 무는구려

아, 나는 일찍부터 희안의 뜻을 품었기에

홀로 큰 띠 떨치며 한 번 탄식하노라

鄕里幾人懷素節(향리기인회소절)

子孫今日稅荒田(자손금일세황전)

嗟余早負希顔志(차여조부희안지)

獨拂儒紳一悵然(독불유신일장연)

–『점필재집(佔畢齋集)』[7] 「예안을 지나다가 우탁을 생각하다」 시집 제3권

오늘 나는 왜 이렇게 장황하게 우탁에 대해서 떠드는가? 그것은 곧 왕을 지근에서 모시는 모든 신하들이 목숨을 걸고 바른 말을 아뢰는 기풍이 짐짓 그에게서 비롯됨에 있어서, 이제 새로운 대통령을 보시게 될 대한민국의 모든 측근과 관리들도 우탁의 이 고사를 염두에 두고 언제든 대통령에게 바른 말을 하기 위해 목숨을 걸어야 한다는 점을 말하고 싶어서이다. 정권이 바뀔 때마다 국민의 뜻에 따르겠다고 다짐하는 대통령들은 시간이

지날수록 귀가 닫히고 마음이 차단되어 자신의 뜻에 따르는 관리, 자신의 귀에 좋은 말만 해주는 사람만을 가까이 두려고 한다. 그러다 보니 점점 대통령의 잘못에 대해서는 고쳐야한다고 말하는 사람들이 적어지고 마침내는 대통령 혼자만의 외로운 성에 갇히는 경우가 종종 있었다. 그것은 참으로 우탁과 같이 자기 목숨을 버릴 각오를 하는 부하들이 없기 때문이다. 물론 우탁과 같은 신하가 존재하려면 옳은 말이라면 이를 듣고 따르려는 왕도 있어야 한다. 그런 말을 따르기는커녕 죽임으로 이에 답한 사람들이 결국 나중에 폭군이 되어 몸을 망친 사례가 역사에 많이 나오지 않는가?

우탁이 도끼를 들고 가서 왕에게 간한 것이 정확히 700년 전의 일이다. 시간은 다르지만 역사는 반복된다. 이제 새로운 정권을 맞으면서 우리는 우탁과 같은 강직한 부하를 기대하며, 동시에 그런 부하의 지적이 옳다면 능히 따를 수 있는 그런 최고지도자를 희망하는 것이다.

왕의 스승이 되려면

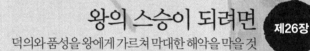

덕의와 품성을 왕에게 가르쳐 막대한 해악을 막을 것

제26장

‧ ‧ ‧

원나라 정복기 고려 처녀의 징발을 중지시키는 큰 공을 쌓은 고려의 문신 이곡은
왕을 모시러가는 친구에게 스승의 역할을 규정한 글을 보낸다. 백성에서부터 학
자와 천자에 이르기까지 스승 없이 이름을 이룬 자는 없으며, 파급효과가 필부에
비해 비할 수 없을 정도로 막대한 왕의 스승은 학문과 전문성 뿐 아니라 심성의
덕을 가르쳐 아첨과 총애를 멀리하도록 해야한다고 말한다. 왕의 측근에는 자리
를 지키려 아첨을 하고 특이한 물자를 바치며 총애를 받는 거대한 벽이 둘러 담
치고 있는 것은 고대나 오늘날에나 마찬가지다. 벗인 전정부에게 작별 선물로 보
낸 이곡의 스승론은 나라를 안정시키는 것은 왕의 마음이니 이목을 멀도록 만드
는 해악을 제거해야 함을 강조하였다.

가정稼亭 이곡李穀(1298~1351)은 목은牧隱 이색李穡의 아버지로 유명하지만, 그보다도 서른 다섯 살인 1333년(충숙왕 복위 2)에 원나라 정동성 향시鄕試에 수석으로 급제할 정도로 머리가 뛰어나고 공부를 많이 한, 영특한 분이었다. 그가 벼슬을 할 때에 고려에서의 처녀 징발을 중지하도록 건의해 이를 관철시킨 것은 그의 큰 업적이다. 원나라 조정에서 11년을 복무한 뒤에 1344년 고려로 돌아와 이듬해 도첨의찬성사都僉議贊成事와 한산군韓山君에 봉해졌다. 문장에 뛰어나 원나라에서도 그를 외국인으로 보지 않았다고 한다.

이곡이 원나라에 있을 때에 전정부田正夫와 같이 있었다. 전정부는 자신과 과거에 같은 때에 급제한 사람으로서, 원래 왕이 세자일 때에 원나라의 수도 연경에서 왕을 옆에서 모시면서 글을 가르쳐주었다. 이 전정부가 왕을 따라 고려로 돌아갈 즈음에 이곡은 같이 있던 정리를 생각해서 글을 써 주는데, 그것이 바로「사설師說」, 곧 '스승에 대하여'라는 글이다. 원래 글 제목은 "사설, 작별을 맞아 전정부에게 준다."인데 이 글이 명문이기에 우리나라의 명문을 모은『동문선(東文選)』에도 올라있다.

이곡은 단순히 일반인들에 대한 스승도 어려운 데 왕의 스승이란 자리는 얼마나 더 어려운 것인가를 조목조목 짚으며 바른 스승으로서 왕을 잘 이끌고 보필해야 함을 역설하고 있다. 이런 목소리는 과거 고려 말의 문제만이 아니라 역대 모든 왕조, 아니 현대에 이르기까지 적용되는 가르침이라 할 것이다.

'사설師說을 지어 전정부田正夫에게 작별 선물로 주다(師說. 贈田正夫別)'

"스승에 대한 설은 많이 나와 있다. 하지만 그 도道가 하나가 아니고 그 지위도 같지 않다는 것 또한 알아 두지 않으면 안 된다. 도를 가지고 말한다면 성인과 현인과 우인愚人의 스승이 있을 수 있고, 지위를 가지고 말한다면 천자와 제후와 경사卿士(관리들과 선비들)와 서인庶人(일반인들)의 스승이 있을 수 있다. 그리고 스승이 하는 일은 덕의德義를 높이고 술예術藝를 가르치고 구두句讀(읽고 이해하는 법)를 익히게 하는 것 등이다.

천자로부터 서인에 이르기까지 스승을 의지하지 않고 이름을 이룬 자는 있지 않다. 천자와 제후와 경과 사와 서인의 그 지위는 비록 같지 않고, 성인과 현인과 우인의 그 도는 비록 하나가 아니라고 할지라도, 사업을 연마하고 기질을 변화시키려면 아무래도 스승의 도움이 필요한 만큼 덕의와 술예와 구두의 가르침을 받는 점에 있어서는 동일하다고 할 것이다. 즉 구두를 가르쳐서 글을 익히게 하고, 술예를 교습해서 적절히 활용하게 하고, 덕의를 전수해서 바른 마음을 갖게 해야 하니, 그러고 보면 스승이 제대로 스승 노릇을 한다는 것도 쉬운 일은 아니라고 하겠다.

우선 서인의 스승을 예로 들어서 말해 보겠다. 그들에게는 반드시 효제와 충신의 도리를 가르쳐서 어버이를 친애하고 어른을 위해 목숨을 바칠 줄 알게 해야 할 것이다. 그리고 그들이 다루는 무의巫醫(의원)와 악사樂師와 백공百工(기술자)의 기예가 그 규모는 비록 작다고 하더라도 역시 온 마음과 몸으로 열심히 노력하지 않으면 불가능한 것인 만큼, 그들을 가르치는 스승의 입장에서는 무섭게 대할 수도 있고 나아가 회초리로 때릴 수도 있는 것이며 그러다가 잘 안 되면 아예 버리고 떠날 수도 있는 것이다. 만약 제대로 가르치는 도리를 행할 수 없게 되면, 강한 자는 반드시 거칠어지고 약한 자는 반드시 나태해져서 하던 일도 집어치우고 해야 할 일도 폐기한 채, 부모를 욕되게 하고 동네에서 행패를 부리며 불법 행위를 도발하다가 옥송獄訟(감옥에 가는 소송)만 뻔질나게 일으키곤 할 것이다.

여기에서 경과 대부와 사의 단계로 더 올라가면 해를 끼치는 것이 필시 서인들보다 갑절은 더 될 것이다. 그리고 여기에서 더 나아가 제후의 단계로 올라가고 다시 천자의 지위에 이르게 될 경우, 그 도가 커지면 커질수록 그 임무는 더욱 무거워질 것이요, 그 지위가 높아지면 높아질수록 그 책임은 더욱 심대해질 것이다.

대저 천자와 제후는 부귀한 신분으로 태어나 안락한 환경에서 자라난 사람들이다. 그래서 뜻이 거만하여 위세를 부리면서 사부士夫(선비)를 멸시하게 마련이요, 따라서 엄격한 외부外傅(바깥의 스승)보다는 좌우의 친압親狎(친하게 대해줌)하는 사람들을 좋아하게 마련이다. 어떤 이는 성색聲色(예쁜 여자)과 구마狗馬(좋은 말)를 바치고 어떤 이는 진기한 물건과 특이한 음식을 제공하여, 천자와 제후의 귀와 눈을 멀게 하고 마음과 뜻을 현혹시키곤 하니, 이처럼 덕의德義를 해치는 것들이 계속해서 밀어닥치는 상황에서, 천자와 제후로서는 이것들을 응접하기에도 겨를이 없을 것이다. 그러니 헐렁한 옷에 큰 띠를 맨 차림으로 벼슬에 나아오기는 어려워하고 물러나기는 쉽게 여기는 선비의 입장에서 볼 때, 아첨하여 총애를 받고 꼬리를 치며 애걸하는 자들과 친하고 안 친하고를 따지고 득실을 다툰다는 것은 참으로 격에 맞지 않는 어려운 일이라고도 할 것이다.

옛날에 행한 교육을 보면, 천자와 제후의 아들이라고 할지라도 반드시 학교에 들어가게 하여 날마다 단정한 인사人士와 함께 하루 종일 생활하면서 덕성을 도야하게 하였다. 그리하여 연치年齒(나이. 여기서는 나이가 든 분들을 높이 대한다는 뜻)를 높이고 덕성을 귀하게 여기는 의리를 알게 함으로써 관冠에 오줌을 누는 일[8]이나 방석에 침을 꽂는 일[9]이 없게 하였기 때문에 사도師道가 행해질 수 있었던 것이다. 비록 그렇긴 하지만 남의 스승이 되기 위해서는 먼저 자기를 바르게 하는 것이 필수적이다. 왜냐하면 자기가 바르지 못하고서 남을 바로잡을 수는 없기 때문이다.

담양潭陽의 전정부田正夫는 나와 함께 같은 해에 과거에 급제한 인연이 있다. 지금의 국왕께서 연경燕京에 들어가 숙위宿衛(황제를 호위한다는 명목으로 속국의 왕족들이 볼모로 가서 머물던 일)할 적에 전정부가 수행하였다. 당시에 왕은 세자의 신분이었는데, 정부가 구두를 가르쳐서 글을 익히게 하였다. 지금은 임금의 자리에 정식으로 오르셨지만 나이가 아직도 젊으시고 보면, 지금이야말로 옛사람들이 외부外傅10에 나아가 공부했던 시기라고 할 것이다.

그러니 구두를 가르치고 술예術藝를 교습하고 덕의를 전수하는 일을 한 가지라도 폐하면 더욱 안 될 것이다. 이 일을 서인과 비교해 보거나 경·대부·사에 비교해 보면 더욱 중하게 여기지 않을 수 없을 것이요, 나아가 성인이나 현인의 경지에 이르는 것을 목표로 해야 할 것이니 더더욱 노력하지 않으면 안 될 것이요, 위로는 천자가 있고 아래로는 경·사·서인이 있으니 더욱 조심하지 않으면 안 될 것이다. 그리고 보면 이 스승의 역할을 수행한다는 것이 또한 어렵다고 해야 하지 않겠는가.

공(전정부 당신)은 반드시 자기를 먼저 바르게 한 뒤에 왕의 마음을 바로잡아야 할 것이다. 그리하여 성색과 구마와 진기한 물건과 특이한 음식 등이 앞지르지 못하게 하고, 아첨하며 총애받는 자들의 유혹에 정신을 뺏기지 않게 해야 할 것이다. 이 일은 그 도가 큰 만큼 임무도 막중하다고 할 것이요, 그 덕이 높은 만큼 책임도 심대하다고 할 것이니, 어찌 서인의 스승처럼 무섭게 하고 회초리로 때리다가 아예 버리고 떠날 수 있는 성격의 것이겠으며, 어찌 단지 경과 사의 스승처럼 그 폐해가 서인의 경우보다 갑절 정도로만 그치겠는가.

맹자孟子가 이르기를 "오직 대인大人만이 임금의 잘못된 마음을 바로잡을 수 있다. 한번 임금의 마음을 바르게 하면 나라가 안정되는 것이다."라고 하였는데, 여기서 말한 대인이란 아마도 사도師道를 존엄하게 하는 사람을 의미하는 것이 아닐까 한다. 공(정부)이 왕을 따라 본국으로 떠날 즈음에 나에게 한마디 말을 해 달라고 청하였다. 이에 내가 사설師說을 지어 주면서 맹자의 말로 마무리를 지었는데, 공의 생각은 어떨지 모르겠다."

좀 긴 문장의 이 글을 소개하는 것은, 요즈음 정치의 계절을 만나 감히 대통령의 스승을 자처하고 나서는 사람이 많은데 따른 것이다. 그들은 왕의 스승이 되기가 어렵다는 고려 말기의 이 목소리를 들은 적이 있는가? 저마다 좋은 정책을 개발해 대통령을 돕겠다고 나서는 수많은 학자들, 연구가들이 그들의 지식만으로 대통령을 가르칠 수 있을까? 그 지식이 제대로 쓰일 수 있을까? 또 대통령의 스승을 자처하며 엉뚱한 이권을 노리는 분들은 어떻게 하는가?

선거가 되면 대통령 후보 주위에는 정책자문단이란 것이 구성돼 수많은 정치가, 학자들이 나름대로 국정전반에 대해서 많은 아이디어를 쏟아낸다. 그리해서 일단 정권의 주인이 정해지면 이번엔 국정을 인수받는 사람들이 새로이 구성된다. 이 모든 분들이 다 말하자면 대통령의 스승이라고 할 수 있다. 그런데 왕왕 인수위 사람들이 시쳇말로 오버를 많이 해서 새 대통령이 국정을 시작하기도 전에 이 사람 저 사람 만나서 약속을 하고, 정책을 확정도 안된 것을 확정된 양 말을 흘리고 전 정권의 정책을 무조건 뒤엎는다. 이렇게 해서 쓸데없는 평지풍파를 만들고 대통령과 국정을 어렵게 한다. 정책자문단도 너무나 많은 정책을 쏟아내고는 그 실현가능성이나 현실성에 대해서는 나 몰라라 하는 경우가 많다. 이런 때에 이곡이 쓴 경고장이 다시 유효하다.

"반드시 자기를 먼저 바르게 한 뒤에 왕의 마음을 바로잡아야 할 것이다… 아첨하며 총애받는 자들의 유혹에 정신을 뺏기지 않게 해야 할 것이다. 이 일은 그 도가 큰 만큼 임무도 막중하다고 할 것이요, 그 덕이 높은 만큼 책임도 심대하다고 할 것이니"

대통령을 가까이에서 모시는 사람들의 역할과 자세가 그처럼 어렵다는 것을 이 글로서 다시 생각하면 어떨까?

勉菴崔先生七十四歲像 壬臨本

일본의 침략을 막고자 병자수호조약 체결을 앞두고 '병자지부상소'를 올렸던 최익현의 초상(242페이지 참조).
ⓒ국립중앙박물관(허가번호 중박 201202-1179)

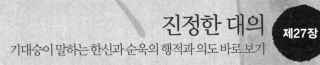

진정한 대의

기대승이 말하는 한신과 순욱의 행적과 의도 바로 보기

제27장

· · ·

한신은 한고조 유방을 도와 천하통일의 대업을 달성했으나 한의 기틀이 서자 권력에서 밀려나 패역죄로 참살되었다. 순욱은 조조, 유비, 손권이 쟁패하던 때 조조의 편에서 조조를 중원의 패자로 만들었다. 그러나 조조에게 거짓 충언을 하고 조조는 순욱을 점차 배척, 결국 사형을 당하고 후세에 한나라에 순절한 충신으로 불렸다. 성리학을 집대성한 주자는 두 사람을 통념과 다르게 평가한다. 한신은 용서해도 순욱은 배척한 것이다. 조선 중기 기대승은 '마음가짐'으로 이것을 설명한다. 순욱은 천하를 속이려는 마음 씀씀이가 지나쳤다는 것이다. 마음은 숨겨져 있으나 행적이 마음을 천하에 드러낼 것이라는 날카로운 충고였다.

젊은 시절 길을 가다가 깡패를 만나 시비를 당하자 깡패들의 가랑이 밑으로 태연히 걸어갔다고 해서 유명한 중국의 한신韓信(?~B.C 196)은 한漢의 고조高祖가 되는 유방劉邦의 휘하에서 여러 나라 군을 차례로 격파하고 유방의 천하통일을 가능케 해서 제왕齊王, 이어 초왕楚王이 되었다. 그러나 한제국漢帝國의 권력이 확립되자 차차 권력에서 밀려나게 돼 앙앙불락怏怏不樂(매우 마음에 차지 아니하거나 야속하게 여겨 즐거워하지 아니함)하고 있던 차에 패역죄에 걸려 참살당한다.

약 4백 년 뒤 조조와 유비, 손권 등 세 영웅이 쟁패를 하던 때에 조조를 섬긴 정치가이며 군사軍師인 순욱荀彧(163년~212년)이 있었다. 순욱의 전략은 주효해서 조조가 그 세력을 확대하는 데 크게 이바지하였다. 후한의 황제인 헌제를 옹립하여 중원에 세력을 둔다는 책략을 조조에게 진언하였

고, 조조의 진영에 많은 인재를
모은 것도 순욱이었다. 그리해
서 조조가 마침내 중원의 패자
가 되도록 했으나, 조조가 황제
의 자리를 넘보고 구석九錫11을
받으려는 것을 받지 말라고 간
한 일로 조조의 미움을 사서 끝

유비와 손권.

내는 약을 마시고 죽음을 맞이했다. 그래서 사람들은 그를 망해가는 나라
한漢 나라에 순절했다고 한다.

그런데 이 두 인물을 놓고 성리학의 완성자인 주자朱子(朱熹)는 한신에 대
해서는 용서를 하면서도 순욱에 대해서는 좋은 평가 대신에 오히려 그를
배척한다. 왜 주자는 한신을 좋게 평가하고 순욱은 폄하한 것일까?

조조曹操가 세운 위魏나라가 사마司馬씨의 진晉나라로 넘어가는 시대12를
살았던 왕부王裒는, 생전의 어머니가 벼락을 몹시 무서워했기에, 그 어머
니가 돌아가신 뒤에도 벼락만 치면 어머니 무덤가로 달려가 "어머니 겁
내지 마세요. 제가 여기 있습니다"라고 말하며 어머니를 위로해 드렸다
고 해서 지극한 효도의 표본으로 알려진 사람이며, 자기 아버지 왕의王儀
가 진晉의 문제文帝에게 직간直諫을 하다가 죄 없이 억울하게 죽게 되자,
그 뒤 시경詩經 육아蓼莪편에 나오는 "아버님 날 나으시고 어머님 날 힘들
게 기르시니"를 읽으며 매번 울지 않은 적이 없다고 해서 그 제자들이 시

경의 그 시를 몰래 감추었다고
하는 효자로서도 유명하다. 그
런데 그는 그처럼 아버지가 억
울하게 죽은 뒤에는 통분하게
여기고 조정에서 아무리 불러도
나가지 않고 황제가 있는 서쪽
을 향해 앉지 않으며, 그 아버지

한고조 유방과 한신.

를 슬퍼하고 사모하는 마음을 다하였다고 한다.

이와는 달리 아버지가 참소를 당해서 죽었는데도 조정에 나가 임금을 섬
긴 사람도 있다. 죽림칠현의 하나로 거문고의 명인인 혜강嵆康의 아들 혜
소嵆紹가 그 경우이다. 혜소는 자기 아버지 혜강이 문제文帝때에 참소를 입
어 억울하게 죽었는데도, 자기 아버지 친구인 산도山濤의 천거를 받아들
여, 그 아들인 무제武帝와 또 그 아들인 혜제惠帝를 섬겨 벼슬이 시중侍中까
지 이르는 승진을 거듭했고 싸움에서 황제를 호위하다가 순절하였다.

그러면 이 경우 누가 옳고 누가 그른 것인가? 자기 아버지가 억울한 죽음
을 당한 것은 같은데, 한 사람은 그것에 통분을 느껴 평생 벼슬에 나가지
않았고 다른 한 사람은 벼슬에 나가서 임금을 위해서 목숨까지 바친다. 우
리는 서로 대립적인 이 두 경우를 어떻게 보고 어떻게 평가해야 하는가?
바로 이런 문제에 대해서 우리는 조선시대 중기를 살았던 고봉高峰기대
승奇大升(1527~1572)에게 그 대답을 들어보자. 기대승은 임금의 물음에 답하

는 글策에서 이렇게 설명한다.

"한신韓信은 간악한 참소로 곤경을 당하면서, 시기하고 의심하는 마음을 두려워한 나머지, 스스로 자신을 보전하지 못할까 염려하여 사심邪心을 갖기도 했습니다. 그러나 간교한 속임수가 난무하고 질투가 여기저기서 일어나는 그 상황에서 그 실상을 묻지 않고 그의 상황을 살피지 않은 채, 원한 가진 사람의 말 한마디에 의해 그를 처단하였으니, 이것은 한漢 나라가 형벌을 잘못 쓴 것입니다.

순욱荀彧은 권모술수를 가지고 도적(한나라를 뺏은 조조를 일컬음)의 권세를 빌려, 몸은 한漢 나라 신하이면서 마음은 조조曹操에게 바쳐 스스로 위국魏國의 원훈元勳(훈신)이 되려고 하였는데, 조조의 신임을 동소董昭에게 빼앗기자 거짓으로 그 반대되는 충언忠言을 하였으나 조조가 기뻐하지 않자, 결국 한漢 나라에 몸을 바쳐 순절함으로써 온 천하 사람을 속여 후세의 명예를 보전하려고 하였으니, 그 마음 쓴 것이 심하지 않습니까?"

– 『고봉집(高峯集)』「고봉속집」제2권 책(策)

즉 한신은 반란을 일으킨 신하처럼 보이지만, 실제로 반란을 도모하려 했는지는 애매모호하고, 당시 상황이 바뀌어 어쩔 수 없이 과실을 범하게 된 것이며, 그에 따라 한漢나라로부터 과도한 벌까지 받았으니 용서할 수 있다는 것이다. 그리고 순욱은 비록 어진 사람인 듯하나 은밀하게 검은 마음을 품은 것이 있었고, 그러다 보니 어쩔 수 없이 죽게 된 것인데 그것을 망하는 한漢나라에 지조를 지키기 위해 살신성인殺身成仁이라고 보는 것은 옳지 않다는 것이다.

또한 왕부王裒는 천륜天倫을 지극히 중시하고 자기 아버지 원수를 갚지 못한 것을 통분하게 여겨, 벼슬을 마다하고 은거하면서 후진 교육만 하였으니, 효도를 충분히 한 것으로 봐야하며, 혜소嵇紹는 진실로 원수를 통분하게 여겨 효성을 다한 왕부만은 못하지만, 다음 왕에게 충성을 다하여 살신성인을 하였으니, 충절로서는 부끄러움이 없다고 할 수 있다는 것이다.

기대승은 이러한 설명을 하면서 그 기준으로 마음가짐을 들고 있다. 사람의 행적을 논할 수 있는 것은 마음과 자취뿐이라고 할 수 있다. 사람이 행行한 것에는 깊고 얕은 것이 있는데 그것은 자취로 인해서 드러나고, 만약 겉으로 자취가 같다면 그 차이는 마음으로 인해서 드러난다는 것이다. 마음이야말로 사람의 행동을 주재하는 근본이고, 사람의 행行은 곧 마음이 발한 것이며, 사람의 발자취는 곧 행이 드러나고 마음이 나타난 것이라고 할 수 있다는 것이다.

"그러므로 마음은 혹 취향을 같이하면서도 자취의 나타남이 서로 같지 않은 경우는, 의당 그 마음에 소급해 보면 자취의 같지 않은 것이 저절로 드러나게 될 것입니다. 그리고 자취의 순順과 역逆이 같지 않고 마음의 능동과 수동이 서로 다른 경우는, 의당 그 자취에 근원하고 마음에 근원하여 자취가 순하거나 역하게 된 원인이 있는 것입니다."

– 같은 책 (상동)

이러한 기대승의 설명은 효도와 충절을 중시하는 유교적인 가치관을 기준으로 사람의 평생을 판단하기 위해 다소 억지스럽게 주장한다고 할 부분이 없다고 할 수 있지만, 요는 그 사람이 어떤 생각을 갖고 행동했고 일을 추진했는가를 감안해야 그 사람에 대한 정당한 평가가 가능하다는 지극히 상식적인 주장을 하고 있는 것이다. 그런 면에서 본다면 자기 집안이 대대로 살아온 한韓을 멸망시킨 진시황에 대해 원수를 갚는다고 진시황에게 철퇴를 던졌으나 실패해 숨어있다가 나중에 유방劉邦을 만나 그를 통해 진나라를 멸망시키고 원수를 갚은 장량張良(?~BC 186)이나, 대대로 진晉 나라의 왕실을 보필한 가문에서 태어나 진나라에서 활약하다가 나라가 바뀌자 벼슬에 나가지 않고 시골의 선비로 머문 도잠陶潛, 곧 도연명도 똑같이 평가할 수 있다는 것이다. 왜냐하면 두 사람은 그 자취가 혹은 드러난 것도 있고 드러나지 않은 것도 있지만, 그 마음은 그 한계 밖에 초연이 있는 것으로서, 장량이 세상에 나가 크게 뜻을 폈지만, 도잠이 세상에 나가지 않은 것은 자신이 돌아가 의지할만한 영웅호걸이 없었기 때문이고, 또 처지를 바꾸어놓고 보면 누구나 다 그렇게 했을 것이므로, 서로의 마음이 똑같은 것으로 볼 수 있다는 것이다. 결국 무슨 이야기인가 하면 선비가 이 세상에 나서서 아무리 곤궁해도 의를 잃지 않고 현달하여도 도를 떠나지 않아서, 쓰이고 버림받는 것은 시기에 구애하지 않고, 나가서

도를 행하거나 은거하는 것은 오직 타당한 대로만 하는 것이 중요하며, 그 바탕은 인과 충과 효를 바탕으로 한 떳떳하고도 올바른 마음이라는 것이다.

지금 왜 이런 이야기를 하려고 하는가? 지금 천하의 재사, 학자, 정치가들이 훌륭한 재능을 품고서 이 시대를 멋지게 이끌어보겠다고 나서고 있다. 정부의 각 부처를 비롯해 국영기업, 연구소 등에 수 천 명의 새로운 인력들이 저마다의 경륜과 꿈을 안고 들어서게 되어있다. 이들 중에는 과거의 행적이 문제가 되는 사람들도 있지만 저마다 마치 아무 일도 없었다는 듯이 새로운 목소리를 낸다. 이들은 요순시대의 명신이었던 후직后稷[13]이나 설契[14]과 같이 자신의 이름을 남기고 싶을 것이다. 그러나 후대의 평가는 냉정해진다. 그 평가를 과거 주자가 내렸던 것과 같은 개념으로 평가받을 수는 없지만 새로운 시대, 새로운 자리에서 일종의 벼슬을 사는 것이라면 오로지 그 마음을 밝게 정당하게, 옳은 목적으로 써야한다는 것이다. 그 마음을 바로 쓰지 못하면 후인들의 비난을 면할 수 없다.

고봉 기대승이 수많은 역사를 들여다보고 생각한 교훈을 정리하면 이렇다

첫째, 발탁이 되면 백성과 더불어 옳은 길로 가고, 자리를 드게 되면 혼자서 몸을 닦아 나중에 세상에 드러나도록 한다.

둘째, 어느 자리에 나아가던지 도道를 밝힐 뿐, 그 공을 따지지 않는다.

셋째, 어떤 일을 하건 그 의리와 도리를 밝힐 뿐, 그 이체를 꾀하지 않는다.

이런 원칙을 지켜야만 나라가 바로 서고, 그 사람도 역사에 좋은 이름을 남길 수 있다는 것이다. 이미 우리나라에서 정권이 바뀌는 틈을 타서 그 전까지 자기가 몸담았던 진영과 주군에 대해서 등을 돌리고 독한 말을 퍼부어 마치 의로운 사람이 새로 나온 양 하는 행태가 올 들어 부쩍 많아진 것을 보면서 사람의 마음이란 것이 참으로 그 기미를 알기가 어렵다는 생각이 드는 것이다. 정치에 있어서의 의義, 곧 도리나 의리는 자신이 걸어온 길, 채택한 정책을 헌신짝처럼 버리지 않고 그 대의를 이루기 위해 노력하는 것이다. 한신은 그 대의를 추구하려 했으나 통하지 않았고 손욱은 대의를 추구하는 척 했으나 실은 그 이체를 추구했던 것이기에 이런 평가를 받는 것이다.

이제 다시 많은 사람들이 세상에 나가려 한다. 앞에서 언급했던 사람들의 사례를 겨울로 삼아 대의가 거기에 미치지 못함을 탄식하고, 뒤에 문제가 된 몇 사람을 경계삼아 혹시라도 그와 같이 될까 염려한다면 필히 올바른 정치가로서 역사에 이름을 남길 수 있을 것이다.

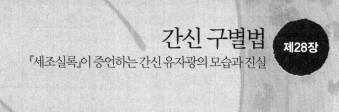

간신 구별법

『세조실록』이 증언하는 간신 유자광의 모습과 진실

제28장

· · ·

임사홍과 함께 조선 최대의 간신으로 기록되는 유자광은 모략과 반전, 모함, 사

건 조작, 줄타기의 명수였다. 신분도 자격도 없는 그가 세조가 반란으로 조급할

때를 비집고 들어와 진압을 부추긴 데서 출세는 시작되었다. 유자광은 무려 5대

왕조를 지나며 무오사화와 중종반정을 비롯한 각종 모함을 획책해 승진을 거듭

하고 수많은 문신들의 피를 흘렸다. 이것은 애초에 세조가 그의 언변, 잔재주에

현혹된 데 원인이 있었다. 세조는 한번 마음에 든 유자광의 과거시험 결과까지

개입해 뒤배를 봐주었다. 중종 시대까지 최고의 권력에 오른 유자광은 결국 탄핵

이 거듭되고 유배되어 각처를 전전하다 눈이 멀어 비참한 최후를 맞았으니, 많은

이들이 고개를 가로젓는 상식과 분수에 위배되는 자가 누구인지 볼 일이다.

조카인 단종과 그 세력을 제거하고 무력으로 왕권을 잡은 수양대군, 곧 세조는 보다 강력한 정치력으로 자신의 잘못을 벗으려는 듯 백성들을 잘 돌보았다. 사치풍조를 없애고 궁궐의 문화까지 검소하게 만들었다. 왕권을 강화하여 의정부의 정책 결정권을 폐지시키고 6조의 직계제를 부활시켰으며, 국방력 강화를 위하여 호적, 호패제도를 부활시켰고 두만강 건너 야인소탕, 서북면 개척 등 국토의 균형 있는 발전을 꾀하였다. 문화적으로는 1461년에 간경도감刊經都監[15]을 설치하여 불경을 간행토록 하는 등 불교를 숭상했고 각종 서적의 간행 등 업적이 많다.

그런데 그 자신이 조카의 정권을 빼앗고 정권을 탈취하는 적극적인 성격이었던 관계로, 신하도 위기에 순응하는 신하보다는 이를 극복하려는 적

세조대왕 어진

극적인 자세를 갖는 신하들이 더 눈에 들어오는 모양이었다. 세조 13년인 1467년 함경도 회령부사를 지내던 이시애가 반란을 일으켰다. 조정에서는 구성군龜城君 준浚을 병마도총사兵馬都摠使로 삼아 토벌군을 출동시켰다. 그런데 각 도에서 병마를 징발한다고 시간을 많이 끌자 세조는 반란이 빨리 진압되지 않는데 대해 조바심을 내게 되었다.

이런 상황을 비집고 들어온 것이 간신 유자광柳子光(1439~1512)이다.

서자로 태어난 유자광은 어릴 때부터 재물을 탐하고 도박을 좋아하며 강간까지도 한 적이 있는 등 일종의 개망나니의 삶을 살아오다가 경복궁 동쪽 문인 건춘문建春門을 지키는 하급무사인 갑사로 있었다. 이시애의 난(세조 13년인 1467년 함경도의 호족豪族 이시애李施愛가 일으킨 반란)이 일어나자 고향인 공주에 있으면서 세조에게 상소문을 올린다. 이미 네 차례나 파견된 진압병력이 왜 아직까지 접전을 벌이지 않느냐며,

　　"이제 장수가 된 자가 죽고 사는 것을 두려워하여 머무르기만 하고 진격하지 않으며, 하는 것 없이 죽치고 있으면서 서로 이르기를, '이제 여름철夏月을 당하여 활의 힘弓力이 해이하기 쉽고, 빗물이 바야흐로 막

히고, 산천이 험하고 막히어險阻 있고, 초목이 무성하니, 경솔하게 진격할 수 없으며, 또 경솔하게 싸울 수도 없다.'고 합니다. 달리는 알지 못합니다마는, 우리만 홀로 여름을 당하고 저는 홀로 당하지 않으며, 우리만 홀로 궁력弓力이 해이하여지고 저들은 홀로 해이하지 않으며, 우리만 홀로 빗물에 막히고 저들은 홀로 막히지 않으며, 우리만 홀로 산천이 험하고 저들은 홀로 험하지 않겠습니까? 비유하건대 두 쥐가 굴속에서 함께 다투면 힘이 있는 자가 이기는 것입니다. 전하께서는 어찌 급하게 장사將士로 하여금 날을 정하여 전쟁하여서 재화가 깊지 않은 때를 막지 않으십니까?"

—『세조실록』세조 13년 정해(1467) 6월14일(정미)

라고 목소리를 높였다. 그러지 않아도 조급하던 세조는 이 글을 읽고는, "이 글은 내 뜻에 매우 합당하구나. 진실로 기특한 재목이다. 내 장차 임용任用하여서, 그 옳은 것을 시행하리라." 라며 기뻐하여 그를 몇 차례 불러 책략을 묻기도 하고 무예를 시험해 보기도 했다. 개망나니이지만 용감하고 민첩한 유자광은 말을 타고 활을 쏘는 재주뿐 아니라 역사에도 밝아서 기개 있는 말을 잘 하여 세조의 눈에 쏙 들어왔다. 세조는 그를 왕을 호위하는 군사의 장교로 임명하고 세조와 진압군 총사령관인 이준과의 연락을 맡도록 했다. 그리고는 실제로 군대를 주어 이시애의 난 진압에 나서도록 했다.

막상 군대를 지휘하게 되자 그는 그다지 공을 세우지 못했다. 그러나 한 번 눈에 든 유자광에 대한 세조의 신임은 오히려 더 커가기만 했다. 세조는 난이 끝나자 곧 유자광을 병조정랑兵曹正郞에 임명했다. 병조정랑은 하급직이지만 인사권까지 갖고 있는 막강한 요직이었다. 더구나 서자인데다 과거도 통과하지 못한 유자광으로서는 감히 넘볼 수 없는 자리였다. 조정의 신하들이 대거 반대에 나섰다. 이미 벼슬에 들게 한 것도 파격인데 어찌 그런 중요한 자리까지 주느냐는 것이다.

세조가 신임하던 학자인 대사헌 양성지梁誠之도 상소를 올려 "신 등이 가만히 생각건대, 적첩嫡妾(정실과 첩)의 분수는 하늘이 세우고 땅이 세운 것과 같아서 어지럽힐 수 없습니다(유자광이 첩의 자식인데 마구 중용하느냐는 뜻). 존비尊卑와 귀천貴賤이 각각 그 높낮이次序를 얻어서 서로 분수에 넘지 않은 다음이라야, 상하上下가 분변分辨되고 백성들의 뜻이 안정安定되어, 국가國家가 다스려져 편안할 것입니다. 옛날부터 사람을 쓸 즈음에 오로지 재주만으로 아니하고 반드시 그 가세家世의 출신出身을 먼저 참고하였습니다…중략… 병조兵曹는 군정軍政을 모두 총괄하고 인물人物을 전주銓注(뽑아서 올림)하는 곳이니, 관계되는 바가 가볍지 않으므로, 문무과文武科 출신이 아니면 낭관郞官(인사를 담당하는 관리)이 될 수가 없으며, 비록 시험科目을 거쳤더라도 만약 가문 출신에 논란이 있으면 또한 임명할 수가 없습니다." 라며 반대하였으나 세조는 그 글을 읽지도 않고 임명을 강행했다.

이로써 서자출신으로 고시도 보지 않고 이를테면 행정부처의 총무계장에 올라서게 된 것이 이때부터였다고 한다. 그리고는 이듬해인 세조 14년 2월 유자광에게 과거시험인 문과를 보도록 했다. 그런데 유자광은 3등 안에도 들지 못했다. 왕이 시험총감독인 신숙주에게 유자광의 답안지를 가져오도록 한 뒤에 그의 글이 좋은 데 왜 합격시키지 않았느냐고 따졌다. 신숙주가 "고어古語를 많이 쓴데다 문법 또한 소홀하여, 이 때문에 합격시키지 않았습니다."라고 답하자 "비록 고어를 썼다 하더라도 묻는 본의에 어그러지지 않았다면 의리에 해로울 것이 없지 않겠는가?" 하고 그를 1등으로 올리고는 즉시 병조참지兵曹參知(병조판서와 참판, 참의 다음의 높은 자리)를 제수했다.

이처럼 세조의 특별한 비호아래 초고속 승진을 계속했지만 항상 남이南怡(1441~1468)에게는 한 끗발 밀렸다. 남이는 태종의 외손인데다가 이시애의 난을 평정하는 데에 공을 세웠기에 약관 28살의 나이로 병조판서로 임명된 것이다. 그런데 세조가 갑자기 죽고 예종이 즉위하자 유자광에게는 자신이 말단 무사에서 세조의 눈에 들어 출세한 것처럼 다시 때가 왔다고 생각해서 이를 역전의 기회를 만들었다. 즉 예종이 즉위한 후 남이가 대궐에서 숙직하던 중 혜성이 나타난 것을 보고, 묵은 것이 없어지고 새 것이 나타날 징조라고 말한 것을 두고 이를 역모를 획책한다고 모함한 것이다. 또 잘 알다시피, 남이가 여진토벌女眞討伐 때 읊은 시,

백두산 돌은 칼 갈아 다 없애고(白頭山石磨刀盡)

두만강 물을 말 목여 마르게 하리라(豆滿江水飮馬無)

남아 이십에 나라를 평정하지 못하면(男兒二十未平國)

후세 누가 대장부라 하리오(後世誰稱大丈夫)

속의 '미평국未平國(나라를 평정하지 못하면)'이란 글귀를 '미득국未得國(나라를 얻지
못하면)'이라 했다고 조작하여서 반역의 뜻이 있다고 모함해 영의정 강순康純
등과 함께 수많은 사람을 몰아서 죽인 것. 그리고는 이 공로로 익대공신翊戴
功臣16이라는 이름을 세조로부터 받았는데, 그 중 1등이 됐으며, 이시애의 난
을 평정한 공로까지 소급해서 집어넣어 정2품으로 특별 승진됐다. 그리고
는 남이의 집을 빼앗아 거기에 살았다.

유자광의 일생은 이처럼 결정적인 순간이
되면 누군가를 모함하거나 짓밟고 일어서
는 것이 장기였다. 그러나 예종을 이은 성
종 때에는 오히려 한명회韓明澮를 모함하
다가 도리어 관직에서 쫓겨나는 등 기복
이 심했다. 그러다 보니 자신이 경상관찰
사로서 함양 학사루에 내려가 지은 시를
현판에 써서 걸어놓은 것에 대해 군수였
던 김종직이 이것도 시냐며 떼어버리는

무오사화의 발단인 조의제문을
지은 김종직

데도 당할 수밖에 없었다. 그러나 그렇게 당하고만 말 사람이 아니었다. 성종이 죽고 새로이 연산군이 왕이 되자 유자광은『성종실록』을 편찬할 때 김일손金馹孫이 사초史草에 그의 스승 김종직이 지은『조의제문(弔義帝文)』을 실은 것을 기화로 삼아 무오사화(戊午史禍)를 일으킴으로써[17] 김종직에게 복수하고 수많은 문신을 죽이고 권력의 정상에 오른다.

유자광의 활약(?)은 여기에 그치지 않는다. 연산군 시대에 최고 원로로서 권력을 누리다가 여러 차례 탄핵을 받아 파직되었는데, 이번에는 중종반정中宗反正[18]에 참여해서 다시 정국공신으로 봉해진다. 참으로 기가 막힌 "반전의 명수"라고 할 만하다. 그렇지만 다음해 대간, 홍문관, 예문관 등이 들고일어나 탄핵을 계속하여 결국 훈작이 취소되고 유배당해 각지를 전전하다가 눈이 멀어 죽었다고 한다.

되돌아보건대 유자광은 한낱 하급무사에서 출발해 전쟁이 나자 이를 자신의 출세의 기회로 적극 활용해 출세의 발판을 다졌고 뛰어난 모략으로 거듭 정변을 일으켜 상대방을 밟고 출세를 거듭했다. 세조에서부터 예종, 성종, 연산, 아울러 중종까지 5왕에 이어지는 그의 관직행렬은 참으로 모략과 역전과 반전의 연속이었고 그런 줄타기 속에 역대 최장수 권력을 오르내리면서 수많은 신하들의 피를 보게 함으로서 임사홍과 함께 조선 역사상 가장 유명한 간신의 반열에 오르게 되었다. 말하자면 역사로 보면 가장 많은 역작용을 불러일으킨 셈이다. 이것은 유자광의 뛰어난 능력(?)

덕택임은 부인할 수 없다.

그런데 다시 짚어보면 애초에 세조 같은 군
주가 그의 능력에 빠져서 그를 특별히 발탁
한 데서 그의 이같은 반역사가 가능했던 것
이라면 새삼 군주가 인재를 보는 어려움을
생각하게 한다. 세조는 그를 절세의 재주로
평가하고 다른 사람들의 반대를 무릅쓰고,
관례를 무시하고, 시험성적에까지 개입해서

유자광의 진실과 그의 최후가 기록
된 『중종실록』

그를 초고속 승진시켰다. 기존의 신하들이 법과 관습과 상식과 신분을 들먹
이자 이런 요구를 따라가기만 하다가는 인재를 찾을 수 없다고 생각했을 것
이다. 그래서 그런 상식적인 수준을 뛰어넘는 발상을 존중했고 그것을 키
워보려고 했을 것이다. 그러나 그러한 재주는 결국 조선 역사에는 큰 손
실로 나타나고 말았다.

얼마 전 『간신론』이란 책이 나와 관심을 끈 적이 있다. 이 책의 서문에서
편역자는 이렇게 말한다.

"간신은 개인은 말할 것도 없고 국가와 민족의 생사존망과 관련된 중
대한 역사 현상이다. 수천 년 역사에서 간신을 제대로 살피지 못하고
적절히 통제하지 못해 자신의 인생을 망치고 나아가서는 국가와 민족

을 멸망으로 이끈 예가 적지 않았다…중략… 간신을 가려내는 일은 국
가의 흥망은 물론 백성의 안위와도 밀접하게 관련되어 있다"

유자광과 같은 간신은 과거에만 있는 일일까? 현대에는 간신이 없을까?
최근 우리 사회도 다시 변화의 시기로 들어서고 있다.

국회의원을 새로 뽑는다고 장관, 차관들이 물러가고 또 새로 오고, 지방
선거로 또 인재를 뽑고 보내고 한다. 이러한 시기에 국민들이 간신을 구
별해 솎아내고 어진 신하, 어진 지도자를 올려주는 일이 국가발전을 위해
서 중요하다. 누가 간신인가를 구별해내는 능력, 그것은 꼭 지도자에 한
한 문제가 아니다.

요즈음 나라의 큰 흐름을 결정하는 국회의원들이 더 문제다 선거법을
위반해서라도 당선되어 형을 선고받으면 다른 당으로 말을 바꾸어 타
는 사람들, 이제는 지역구마저도 서로 바꿔 타며 계속 인기영합에만 몰
두한다. 한 정권이 끝나는 시점에는 반대당으로 들어가 그 정권의 문제
를 집요하게 파고드는 방식으로 유권자들을 현혹시켜 다시 금배지를
달지만 거기에는 국가를 위한 정책이나 비전은 찾아볼 수 없는 사람들
이 많다.

국민들을 위해 온갖 것을 다 해준다고 하고서는 정작 집권을 하면 달라지

는 사람들도 많다. 집권자와 관련된 온갖 연줄을 다 동원해 한 자리를 차지하고서는 뒤로 돈을 챙기다가 적발되는 고위관리들이 끊이지 않는다. 이런 분들을 현대의 간신이라고 한다면 이들을 찾아내고 가리는 능력은 이제 국민의 몫이다.

구종직을 보면

제29장

『세조실록』과 『성종실록』이 전해주는 모호한 인물 감별법

한 사람의 인물됨을 실록에서 언행까지 자세히 기록한 예는 매우 이례적이다. 세종부터 성종에 이르기까지 고위직을 누린 구종직은 기억력과 언변이 좋았으며, 우연히 경회루에서 세종을 만나 『춘추』한 권을 암송한 덕분에 꿈같은 출세로 접어들었다. 그러나 사관들은 후세에 본받지 말아야 할 인물로 『세조실록』과 『성종실록』에 그를 자세히 비판하였다. 그는 기회마다 "성상의 뜻과 같다"며 비위를 맞추어 왕들은 영리하고 뜻을 추종하는 그를 싫어할 수 없었다. 『세조실록』은 "도에 합하지 않으며 박잡한 말로 계략에 능하니 평생에 배운 바가 어디 있는가"하고 『성종실록』은 "바깥은 순후하나 안으로는 간힐해 임금의 뜻에 맞추었다"하였다. 일신을 위해 학문을 이용했던 자, 70세까지 순탄히 고위직을 누렸으나 역사는 그를 강력히 배척하고 있으니 인물을 보는 안목이 어떠해야 함을 증언하고 있다.

조선의 7대왕인 세조 때에 크게 활약한 문신으로 구종직丘從直(1404~1477)이란 사람이 있다. 이 양반의 벼슬길은 아주 늦었다. 40살인 세종 26년 1444년에 식년문과式年文科(3년에 한 번씩 치르는 정기 공채)에 정과로 급제하고 성균관의 맨 말단 관직인 학유로 벼슬을 시작했지만 3년 후에 영동현감으로 나가게 된다. 여기서 무려 8년이나 있을 정도로 한직에 있었지만 재주는 비상했던 모양이다. 갑자기 현감으로 나가게 된 데에는 이런 일화가 있다.

문과에 오른 뒤 교서관정자校書館正字로 있을 때, 구종직은 하루는 숙직을 하다가 경회루의 경치가 매우 좋다는 말을 듣고 평상복으로 경회루 연못가를 산책하였다. 때마침 세종이 내시 몇 사람을 거느리고 그곳에 나타낮으므로 황급히 왕 앞에 엎드렸다. 그러자 세종은 한 밤 중에 평복을 입고 궁 안의 연못을 산책하고 있던 그에게 신분과 까닭을 묻고는 우선 노래를 아느냐고 물었단다. 세종이 원래 음악을 좋아하는 것은 세상이 다 아는 일이다. 구종직이 노래를 잘 부르자 이에 마음이 끌린 세종은 다시 "경전을 외울 줄 아느냐?"고 물었다. 이에 구종직은 "예" 하고는, 『춘추』 한 권을 줄줄 암송하니, 세종은 크게 감탄하고, 이튿날 그를 교서관 부교리에 임명, 9품직인 정자에서 하루아침에 종5품직인 홍문관 부교리가 되었다는 것이다. 이 소식을 들은 조정의 신하들이 길길이 반대를 했지만 실제로 『춘추』 한 권을 다 외우는 신하가 없었기에 그 반대가 머쓱해졌다는 이야기이다.

정묘년에 영동 현감永同縣監에 임명되었다가 여러 번 옮겨 사간원 좌헌납司諫院左獻納이 되었을 때, 세조世祖가 처음으로 즉위해서 마침 의심스러운 옥사獄事가 있어서 조정의 의논이 분분하였는데, 대간臺諫에까지 묻게 되었다. 구종직이 변별辨別하여 대답한 것이 명쾌하였으므로, 세조가 동궁에게 이르기를, '정말 사리(事理)에 통달한 학자이다.'고 하고, 특별히 1자급資級을 더하였고, 가을에 지낙안군사知樂安郡事로 나갔다가 성균 사성成均司成으로 옮겼다. 1462년 임오년에 또 지고성군사知高城郡事로 나갔다가 들어와서 성균 직강成均直講에 임명되었다.

드디어 세조 10년인 1464년 세조에게 역리강론易理講論(주역의 이론을 강의하는 짓)을 하면서 총명을 인정받고 1465년에 첨지중추부사 겸 사성에 발탁된다. 그 이후 친강親講 때마다 역리를 논하라는 명을 받을 정도로 큰 인정을 받는다. 그러면서 해마다 벼슬이 오른다. 이듬해 2월에 공조참판이 되고 넉 달 후에 공조판서가 되고 8월에는 고관들을 대상으로 세조가 특별히 실시한 등준시登俊試[19]에 좋은 성적으로 합격함으로서 다시 명성을 얻는다. 세조의 총애가 점점 깊어진다.

그 과정을 이렇다. 세조 10년인 1464년 7월25일, 세조는 관리들을 대상으로 대책을 묻는 시험을 실시해서 시험에 합격한 관리들로부터 인사를 받는 자리를 만들었다. 왕은 왕비와 함께 경회루에 나아가서 여러 신하들의 인사를 받는다. 20년 전 말단으로 밤중에 경회루를 몰래 구경하던 구종직은 고위관리로서 당당히 세조 곁에서 잔치에 참여한다.

이 자리에서 세조는 이理·기氣의 선후先後 관계[20]를 글제題로 내고, 시험에 합격한 자로 하여금 이를 강론講論하게 하였다. 이 자리에서의 주인공은 정자영과 구종직이었다. 사예司藝 정자영鄭自英이 고사古事를 끌어다가 묻는 데 따라 즉시 대답하자, 여러 유신儒臣들이 다시 서로 이를 힐난詰難하는 등 논전이 벌어졌다. 거기에 구종직丘從直이 나타나 이수理數를 논論하면서 두 사람의 견해가 서로 충돌하였다. 그러한 논전이 계속되는데도 세조는 이를 막지 않고 오히려 즐기면서 이들의 논전을 지켜본다. 결국 해가 기울고 나서야 세조는 이렇게 말한다.

"내가 양인兩人이 참으로 학문學問을 안다고 하는 것이 아니라, 다만 옛 사람들이 황금으로 죽은 말을 샀더니, 죽은 말도 오히려 또 사買는데 하물며 산生 놈이겠는가 하고 얼마 있지 않아 천리마千里馬가 이르렀다고 하므로, 저 두 사람은 모두 유가儒家의 늙은이들이나, 내가 그들을 이와 같이 대접하는 까닭은 천리마가 오기를 기다리려고 하는 것이다."[21]

두 사람의 논전 속에서 누가 더 잘하는가를 알고 싶었다는 것인데 그만큼 세조의 사랑을 받았다는 뜻이 된다. 결국 이듬해인 세조 11년 10월에 구종직은 정자영과 함께 첨지중추원사僉知中樞院事가 되면서 출세길이 열린다. 『세조실록』은 이 때 이렇게 표현한다.

> "구종직은 만년晩年에 등과하여 연하여 외방外方에만 보임補任되다가 이때에 이르러 비로소 현달하였다. 임금이 자주 구종직·정자영을 시켜 이치를 논하니 두 사람이 각각 자기 소견을 고집하여 서로 다투고 논란하여 종일토록 결단하지 못하였는데, 임금이 즐거워하여 조금 은수恩數 (공이 높은 사람에게 임금이 베푸는 특별한 은전)를 두어 대우하였다."
> – 『세조실록』세조 11년 을유 (1465) 10월 6일 (경진)

1467년 행호군行護軍으로서 새로이 제정한 형전刑典을 교정하고, 이어서 행첨지중추부사, 1468년에 행지중추부사를 맡았고 1469년에 성종이 즉위하자 행첨지중추부사 겸 지경연사에 이르는 등 순조로운 벼슬길로 나이 70대까지 고위직을 누린다. 1477년 세상을 떠나자 성종은 극진한 예우를 보낸다.

이처럼 뒤늦게 벼슬길에서 영광을 누리게 된 데는 누구보다도 뛰어난 구종직의 암기력이 큰 바탕이 되었는데 다만 그의 자세는 왕의 비위를 잘 맞추는 쪽이지, 옳고 그름을 판별해서 정치의 잘잘못을 가리는 데 까지는 이르지 못한 것으로 보인다. 그래서 『세조실록』과 『성종실록』을 읽다보면 종종 그의 행태를 비판하는 사신들의 목소리가 실려있다.

"세조 12년인 1466년 1월 임금은 세자를 성균관으로 보내어 유생들 사이에서 예절을 배우도록 하고 싶었다. 그래서 신하들에게 물어보니까 구종직이 얼른 앞으로 나와 "옛날에 이러한 예禮가 있었습니다"라며 왕의 뜻에 부합하는 말을 한다. 그러나 정자영은 "옛날과 지금은 다르니 행해서는 안 됩니다"라며 반대를 한다.

이런 주장에 대해 임금은 "세자가 깊은 궁중에서 생장하였기 때문에 농사의 어려움도 알지 못하고, 귀하게 자란 나머지 교만하고 사치스러운 마음을 가지기 쉽다. 지금 나이로 따져 예를 차리게 하려는 것은, 첫째는 교만하고 사치스러운 마음을 억누르려 함이고, 둘째는 효제孝悌(부모에 대한 효도와 형제간의 우애)의 의리를 돈독히 하고자 함이다. 그런데 정자영이 안 된다고 하니, 이는 교만하고 사치함으로 세자를 인도하려는 것이다. 그 해 4월에 임금이 새로 정한 『시경(詩經)』의 구결口訣을 보다가, '관관저구關關雎鳩(시경의 맨 첫머리에 나오는 시구이다. 저구雎鳩(물수리새)를 묘사하면서 남녀간의 지극한 사랑을 그렸다.)'의 구결에 이르러서 "옳지 못한 것이 있다"고 말을 하니, 여러 신하가 모두 말하기를, "『시경』은 외우고 낭송하는 것을 근본으로 하였으니, 무방할 듯합니다." 라고 하였는데, 병조 참판 구종직丘從直만은 말하기를, "진실로 성상의 뜻과 같습니다."라고 비위를 맞춘다.

다시 임금이 구종직에게 묻기를, "맹자는 어떠한 사람인가?" 하니, 구종직은 대답하기를, "맹자는 현자賢者가 아닙니다."라고 하였다. 임금이 전에 장난하는 말로 맹자는 미진未盡한 곳이 있다고 한 것을 기억하고는 이런 대답을 한 것이다. 임금이 또 '비빙가飛氷歌[22]'를 지어내놓고는 "어떠하냐?"라고 물으니 구종직이 "비빙가는 『시경(詩經)』 3백 편이 여기에 미치지 못합니다."라며 아첨을 한다.

이렇게 왕의 총애를 믿고 계속 아첨을 하자 대사헌大司憲 양성지梁誠之가 나와 말하기를, "구종직은 소견대로 아니하고 매사에 성상의 뜻을 맞추려고 합니다. 처음 『시경』에서 성상의 뜻에 아부하고, 또 맹자를 어질지 못하다고 하였으며, 또 '비빙가'를 『시경』 3백 편보다 낫다고 했으니, 그 말이 모두 아첨에서 나와서 구차히 합하기를 구하는 것입니다. 조정 신하가 이를 본받으면 나라 일이 날마다 그릇될 것이니, 청컨대 죄를 주소서."하였다."

– 『세조실록』 세조 14년 (1468) 7월 28일 (을유)

대체로 세조는 이런 논쟁을 막지 않고 끝까지 들어보며 그 장점을 취하려 하면서 구종직의 말을 가로막지 않은 것은 그의 아첨이 싫지는 않았던 때문으로 보인다. 그만큼 머리 좋고 기억력 좋은 사람, 언변이 좋은 사람의 아첨에 대해서는 어느 왕이든 싫지 않은 것이라고 말할 수 있겠다. 후세에 사초를 쓴 사관은 세조 14년인 1468 7월28일 조에서 이렇게 그를 비판한다.

"사신史臣이 이르기를, "구종직은 초야의 선비로써 늦게 과거科擧에 급제하였는데, 수십 년을 승진을 못하고 있다가 하루아침에 조금 경학經學을 안다 하여 성상의 지우知遇를 입어 몇 년이 안 되는 사이에 지위가 숭반崇班(높은 지위)에 이르렀으니, 어찌 다행한 것이라 하리요? 마땅히 경전의 뜻을 강구하여 밝히고, 우리의 도道를 이끌어 올려야 할 것인데, 잡스럽고 경經에도 없는 말로써 먼저 간 성인을 배척하여 스스로 계략을 얻었다고 여기고 부끄러워함이 없으니, 평생에 배운 바가 과연 어디에 있는가?"

– 같은 책 (상동)

또 1477년 구종직이 죽자 성종실록은 그의 졸기拙記(사람이 죽었을 경우 그의 일생을 간단히 정리해 사초에 올리는 글)에서 이렇게 지적한다.

"구종직은 자태姿態가 괴걸魁傑(괴상할 정도로 재주나 힘이 넘침)하고 기이奇異하여 바깥으로는 순후醇厚한 것 같으나 안으로는 실로 간힐奸黠(간교하고 영리함)하였으니, 임금의 뜻을 잘 받들어 맞추었다. 세조가 일찍이 그를 불러서 정자영鄭子英과 더불어 역리易理를 논하게 하였는데, 구종직이 말하기를, '태극太極의 위에 무극無極이 있는데, 불도佛道가 이것입니다.'고 하고, 또 말하기를, '정자程子와 주자朱子의 집전集傳도 반드시 모두 옳지는 않을 것입니다. 우리로 하여금 그때에 태어나게 하였더라면 정자와 주자와 더불어 어떻게 논하였을지는 알지 못할 것입니다.'고 하니, 정자영이 발연勃然(갑자기 세차게 격노함)히 노하여 말하기를, '만약 정자와 주자가 그르다고 한다면 끝내 누가 옳다는 말인가?'고 하였다."

– 『성종실록』 성종 8년 정유 (1477) 10월 3일 (정유)

이렇게 한 사람에 대해서 실록에서 자세하게 기록하고 그에 대한 평가를 남긴 경우는 흔지 않다. 그만큼 구종직이란 사람이 당대에는 화제였다는 것을 방증하는 것이리라. 여기서 역사를 서술한 사관들은 공부를 많이 하고서도 공부의 참뜻, 경전의 참뜻을 알아 이를 정치에 적용하기 보다는 일신의 안달에만 바친 이런 사람들을 진정한 선비라고 할 수 없다는 점을 강조하고 있다.

조선시대 선비들의 올바른 생각과 행동을 그 사람에 대한 평가기준으로 삼던 시절, 우리들은 올바른 선비상에 대한 목마름이 많았고 그만큼 옳지 못한 선비들에 대해서는 이렇게 실록에 기록해 그를 후세인들이 배우지 않도록 남겼다. 그리고 올바르지 못한, 제대로 하지 못하는 선비라는 뜻으로 수유竪儒·부유腐儒·비유鄙儒·구유拘儒23라 하여 조롱하거나, 도유盜儒·천유賤儒·이유俚儒·공유空儒24라 하여 배척하기도 했다.

어느 시대든 이런 사람들이 관료가 되어 윗사람의 뜻에만 맞추는 아첨이 횡행하지 않은 때가 없었겠지만 세종이 특진을 시킬 정도로 갑자기 재주를 인정받았고 문종 단종, 세조를 거쳐 성종 때까지 높은 벼슬로 사람들의 부러움을 샀던 구종직이란 사람, 밤에 경회루에서 세종을 만나 꿈같이 출세를 하게 된 이야기의 주인공인 구종직이란 사람을 왕조실록에서 자세히 들여다보면서 진정한 선비, 또는 진정한 관리를 찾는 것도, 그런 사람이 되는 것도, 그렇게 하는 것도 결코 쉽지 않음을 다시 느끼게 된다. 어떻게 보면 처음에는 워낙 출중한 재주라서 천하의 세종대왕에게 발탁이 됐지만 그 뛰어난 재주 뒤에 감춰진 욕망의 그늘이 영명한 군주에게도 잘 보이지 않았다가 나중에 드러난 것이라고 한다면 인재의 발탁과 활용은 그만큼 영원한 숙제가 아닐 수 없다.

우리의 전편에서 조선왕조의 대표적인 간신으로 평가받는 유자광을 통해 간신 구별법에 대해 생각해 보았다. 그런데 유자광이 겉으로 그러난 간신이라면 구종직은 겉으로 드러나지 않은 간신이라고 할 수 있을 것이

다. 이런 신하가 국정수행에 큰 잘못을 저지른 것은 아니라 해도 국정을
더 잘할 수 있는 것을 결과적으로 막은 셈이 된다. 그리고 이렇게 구종직
이란 사람이 역사에 혹독하게 기록돼 후세인들의 질책을 받는다는 것을
보면 과연 우리들이 생전에 역사의 무서움을 더 인식하고 말과 행동에 좀
더 조심해야 한다는 뜻이 된다.

양녕대군

제30장

양녕대군 '양광설'의 진상, 가장 먼저 판단할 기준은 인간

• • •

양녕대군은 '양광설' 즉 거짓미친행동으로 세종에게 대권을 양보한 것으로 후세에 관심과 사랑을 받고 있으나 아버지 태종이 그를 폐세자한 사유를 보면 당대에 '과연 인간인가'라는 논란이 분분하였다. 수십 차례 탄핵도 받았으나 권력의 그늘 아래 호사하며 지조와 도리를 버렸다는 지적이 나온다. 시와 서에 능한 풍류가로 특이한 삶에 호기심을 보이는 이들이 있으나 아우 세종의 은혜를 그의 손자 단종을 죽이는 것으로 갚았고, 어머니의 은혜는 비행을 덮으려 외삼촌 둘을 죽이는 것으로 갚았다. 남의 첩을 궁중에 들이고 임신까지 시켰으며 태종에게는 '아버지도 여자 많으면서 무슨 상관이냐'는 상소를 올렸다. 인물에 대한 평가란 가장 기본적인 사람됨에서부터 출발해야 하는 것이 아닐까.

태종의 맏아들 양녕대군 이제李禔(1394~1462)는 천성이 게으르고 공부를 싫어했던 모양이다. 무인기질은 좀 있었지만 특출나다 할 정도는 아니었던 것 같다. 그는 나이 17세에 여자를 알기 시작하더니 그 다음부턴 온갖 여자를 다 탐하고 궁에서 매와 개를 길렀으며 아버지 태종이 여성편력을 꾸짖으면 단식으로 버티고 할머니 제삿날에 술 퍼먹고 놀고, 공부를 싫어해 스승인 계성군 이래가 눈물로 간청하는 것도 듣지 않았으며 툭하면 월담하고 주색잡기에 몰두해, 조선시대 제왕학의 기본인 대학연의[25]를 독파하는데 6년이나 걸렸다고 한다 (같은 책을 세종은 4개월만에 패스했다).

이런 양녕에겐 이오방과 구종수라는 아첨꾼들이 붙어있었다. 악공인 이오방은 당시 고려말 무인으로 이름을 날린 전 중추 곽선의 첩 어리가 미모와 재예가 뛰어나다는 이야기를 양녕에게 들려준다. 이에 혹한 양녕은 즉각 이오방에게 어리를 불러오라 이른다. 이오방은 곽선의 조카사위 권보를 찾아가 세자의 뜻이라며 도움을 청했는데 권보는 처음에는 버텼으나 양녕이 뒤에 버티고 있었기에 결국 '어찌 명에 따르지 않겠는가.'라며 동참하게 된다. 그래서 자신의 첩 계지를 시켜 어리에게 양녕의 뜻을 전하게 했다. 처음에는 효령대군이 찾는다고 하다가 나중에 양녕이 찾는다고 사실대로 말했는데 어리는 자신은 남편이 있으며 얼굴도 예쁘지 않다며 청에 응하지 않았다. 그러자 이번에는 이법화란 아첨꾼이 "선물을 보내는게 어떠냐"고 권하여 즉시 수를 놓은 주머니를 보냈는데 어리가 사양하는 것도 듣지 않고 억지로 놓고 돌아온다. 어리는 이일을 곽선의 양자 이승에게 알리고 그의 집에 머물렀는데 이법화가 양녕에게 이 기회를 놓치지 말라 재촉하고 이 철없는 껄떡쇠 왕세자는 그대로 대궐 담을 넘어 이승의 집으로 쳐들어간다.

이승은 처음에는 버텼으나 상대가 왕세자라 결국 어리가 있는 곳으로 안내하고 양녕은 유부녀를 데려다 이법화의 집에서 동침하고 그래도 만족을 못해 궁으로 납치해갔다. 그러면서 이승에게 한편으로 활과 비단을 주며 입 다물고 있을 것을 요구하고 이승이 태종에게 고하려 하자 사람을 보내 협박했다.

이후 이 사건은 한동안 묻혀있다 나중에 세자의 장인 김한로의 종 소근동이 무수리를 희롱한 사건을 심문하던 중 우연히 밝혀졌다. 부끄럽고 한

편으론 화가 치밀어오른 태종은 어리를 쫓아내고 이때 측근들만 모아놓고 폐세자의 뜻을 내비쳤는데 신하들이 제대로 교육하면 개과천선할 여지가 있다며 반대하여 이뤄지지는 않았다. 이 사건이 있고도 정신 못차린 양녕은 아버지 태종이 지방순회를 나가는데 몸이 아프다며 배웅도 하지 않고 활쏘기를 즐겼으며 온갖 여염집 여자들은 다 건드리고 주색잡기를 일삼았다. 그리고 이듬해 다시 사건이 터지니, 쫓겨난 어리를 보살피던 세자의 장인 김한로가 자신의 아내가 딸인 세자빈을 만나러 들어갈 때 어리를 몸종으로 위장시켜 궁으로 들여보내고 양녕은 어리를 임신까지 시킨 게 드러난 것. 게다가 동생 성녕이 죽었을때 곡은 못할망정 활쏘고 놀았던 사실까지 드러난다. 반면에 충녕대군은 밤낮으로 성녕을 간병하고 있었다고 한다. 성녕대군을 잃고 울적한 마음에 개경에 와있던 태종은 양녕에게 이놈이 정녕 인간의 마음을 가진 게 맞느냐며 진노하는데, 양녕은 개경까지 가서 싹싹 빈 끝에 겨우 용서를 받는다. 그리고는 한양으로 돌아오는 길에 곧장 어리가 있는 집으로 달려간다. 다시 한번 혼이 난 양녕은 분노에 씩씩 거리며 한양으로 돌아가선 '아버지도 여자 많으면서 내가 여자를 사귀던 말던 뭔 상관이요!'라는 골자의 상소를 올리고 결국 쫓겨난다.

이후에도 양녕은 정신 못차리고 비행을 일삼았고, 아버지 태종에게 꾸지람을 들었지만 전혀 뉘우치는 기색을 보이지 않았으며 신하들의 온갖 반대에도 불구하고 자신을 살려주고 지극하게 보살피고 서울로 불러 왕실

어른 대접받게 해준 동생 세종의 은혜는 나중에 세종이 그렇게 아꼈던 손자 단종을 죽이라고 세조에게 청하는 걸로 갚아준다.

자기 딴에는 세자 자리를 빼앗긴 게 꽤 억울했던 모양이다. 세자시절 자신의 비행을 덮기 위해 민무휼, 민무회 두 외삼촌을 죽게 만드는 걸로 자신을 기른 외가와 자신만 바라보고 산 어머니의 은혜를 갚고, 병약한 동생 성녕이 끝내 세상을 버렸을 땐 활 쏘고 놀고, 세종이 그렇게 사랑하던 손자는 죽이라고 앞장서서 나서고, 태종 말마따나 정말 인간의 마음을 가지긴 한 건지 의심스럽다고 역사를 읽는 사람들은 말한다.

그런데도 후세의 일부 사람들은 양녕이 마치 일부러 미친 짓을 해서 세자 자리를 세종에게 넘겨준 것처럼 말하는 사람이 있고, 이런 설이 월탄 박종화의 소설에 올라감으로 해서 마치진실인 양 회자되는 것을 보면 과연 역사가 우리에게 무엇인가를 가르쳐주려고 하는 것인지를 의심하고 싶을 때가 있다. 이런 양녕에 대해서 역사는 제대로 보지 못한다. 어느 역사든 지나가고 나면 항상 대표되는 몇 줄의 서술로 그 사람을 평가해버리고 만다. 양녕은 죽은 뒤에 서울 상도동에 묻혔고 그 자리는 지금 지덕사라는 사당과 함께 보존돼 있다. 서울시에서는 이 지덕사와 양녕에 대해서 이렇게 묘사하고 있다.

　　"지덕사부묘소至德祠附墓所는 조선조 3대 태종의 맏아들인 양녕대군

讓寧大君(1394~1462)과 부인인 수성부부인隨城府夫人 광산김씨光山金氏의 묘와 이들의 위패를 모시고 있는 사당이다.

양녕대군은 이름이 제禔, 자는 후백厚伯, 어머니는 여흥민씨驪興閔氏로 제霽의 딸이며, 부인은 광주김씨光州金氏로 김한로金漢老의 딸이다. 자유분방한 성품의 소유자였던 대군은 태종 4년(1404년)에 왕세자로 책봉되었으나, 왕세자로서 지녀야 할 예의범절이라든가, 혹은 딱딱한 유교적인 교육, 그리고 엄격한 궁중생활 등에 대하여 잘 적응하지 못하였다. 오히려 남몰래 궁중을 벗어나서 사냥을 한다든가 하는 풍류생활을 더 즐겼다. 이와 같은 그의 품행은 태종을 비롯한 엄격한 유학자들의 비판 대상이 되고, 태종은 수차에 걸쳐 그에게 군왕으로서 지녀야 할 덕행을 닦도록 타이르기도 하고, 때로는 심한 벌을 주기도 하였으나, 그는 끝내 그런 기대에 부응하지 못하였다. 결국 태종 18년(1418)에 유정현柳廷顯 등의 청원으로 폐위되고, 왕세자에는 그의 동생이며 뒷날 세종이 된 충녕대군忠寧大君이 책봉되었다.

세종이 즉위한 뒤에도 대군이 과거의 왕세자였고, 현재 왕이 그의 동생이라는 점 때문에 그의 일거일동은 세밀한 관찰의 대상이 되어 수십 차례에 걸쳐 탄핵을 받았지만, 세종의 각별한 배려로 처벌받지는 않았다. 이러한 그의 특이한 삶은 많은 후세 사람들의 관심과 사랑을 받게 되고, 그 결과 그에 관한 재미있는 일화도 적지 않게 전해지고 있다. 특히 시와 서에 능하였다. "

표현에서 눈에 띄는 것은 "후세 사람들의 관심과 사랑을 받게 되었다"라는 부분이다. 그가 정치가는 아니었지만 아버지인 태종과 동생인 세종의 그늘에서, 그리고 막판에는 조카인 세조(수양대군)의 그늘에서 인간적인 온갖 호사를 다 누리고, 그 과정에 지조와 도리를 다 버린 것을 누가 얼마나 기억할까? 그것이 어떻게 지극한 덕을 숭상하는 지덕사일 것인가? 이 지덕사라는 사당은 외손인 허목이 1675년에 만든 것으로서, 허목은 외할아버지인 양녕에 대해서 맨 처음 양광설佯狂說 곧 거짓 미친 행동설을 주장한 사람이다. 후손들에게 선조는 그런 관계인가? 그렇다면 우리나라 도처에 있는 그 사당을 우리는 어떻게 믿을 것인가? 상도동의 양녕대군 묘를 방문하시는 분들에게 이런 점을 묻고 싶다.

조선 9대왕인 성종의 바로 윗 형인 월산대군은 당시의 왕위 계승에서 가장 유리한 위치를 차지하고 있었으나 권신들의 농간에 의하여 성종이 왕이 되자 아예 현실 정치를 떠나서 경치 좋은 양화도楊花渡 북쪽 언덕에 위치한 희우정喜雨亭을 개축해 망원정望遠亭이라 하여 서적을 쌓아두고 시문을 읊으면서 풍류적인 생활을 보냈다. 그와 양녕대군은 너무 차이가 난다. 양녕대군의 진실은, 그가 왕권의 변동기마다 권력자의 편에 붙어서 그 권력을 정당화해주는 것으로서 호사와 쾌락을 길게 누리려 한 것이고, 실제로 권력의 주위에 있는 사람들은 친척이건 친지건 지연, 학연, 재연을 동원해 그것을 노리고 있으므로 친인척이나 주위의 연줄을 가진 사람들이 정치에 왜 개입해서는 안되는가 하는 이유를 여기에서 배울 일이다.

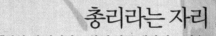

총리라는 자리

『설원』이 지적하는 왕의 얼굴 재상의 모범은?

제31장

· · ·

공자의 제자 증자가 해어진 옷을 입고 밭을 갈고 있자 노나라 왕이 옷이나 꿰매

입으라며 토지를 주었으나 거절한다. 남에게 무언가를 받은 자는 준 사람을 경외

한다는 것이다. 제나라 명재상 안자는 낡은 수레를 본 임금이 좋은 것을 보내주

자 세 번 거절하고 돌려보내며 윗사람이 좋은 것을 타고 다니면 백성은 같이 사

치하여 금할 방법이 없다고 말한다. 이 일화를 전하는 『설원』은 '두꺼운 담이 밑바

닥이 약하다고 반드시 무너지지는 않으나 흐르는 물이 그 밑을 갑자기 파고들면

무너진다'고 경고하였다. 오늘날 총리 등 고위공직자들은 등산이든 골프든 모든

언행이 전국에 미치는 것을 근심하며 사소한 것도 주고받기를 주의하고 하루에

도 민간에 숱한 사건이 생기므로 전 국민의 삶을 살펴 내가 지금 무엇을 하고 있

는가를 생각해야 한다.

『설원(說苑)』(전한前漢 말에 유향劉向이 편집한 교훈적인 설화집)이라는 책에 보면 증자曾子(공자의 제자, 효심이 깊기로 유명함)에 대해서 이런 이야기가 있다.

"증자가 다 헤어진 옷을 입고 밭을 갈고 있었다. 노나라 왕이 이를 가엽게 여겨 사람을 시켜 읍邑 하나를 그에게 주면서, "이를 가지고 그대의 옷이나 꿰매 입으시오!"라고 했다. 증자는 거절했다. 다시 반복해서 왔지만 또 받지 않았다. 심부름 온 이가 물었다. "선생께서는 남에게 요구하지도 않았는데 남이 주고 있습니다. 왜 받지 않으시는 겁니까?" 증자는 이렇게 대답했다, "내가 듣자 하니 남에게서 무엇인가를 받은 사람은 그 준 사람을 경외하게 되고, 남에게 무엇을 준 사람은 알게 모르게 거만해질 수밖에 없다고 합니다. 비록 상대가 나에게 주면서 전혀 거만하지도 않게 한다고

증자

해도 내가 어찌 능히 두려워하지 않을 수 있겠습니까?"

–『설원(說苑)』「입절(立節)」편

안자(晏子 ~500. B.C)26 는 관중에 버금가는 제나라의 명
재상으로 유명하다. 안자가 조회에 참석하면서 그 수
레는 다 낡은 것에 수레를 끄는 말은 말라 비틀어져 있었다. 당시 임금이
이를 보고 수레를 끌 좋은 말과 수레를 보내주었다. 그러자 안자는 세 번
이나 되돌려 보내면서 끝내 받지 않았다. 임금이 화가 나서 안자를 불러
수레를 받지 않으면 자기도 수레를 타지 않겠다고 말한다. 그러자 안자가
임금을 달래며 이렇게 말한다.

"임금께서 저를 백관의 관리를 관장하게 하시기에 저는 의복과 음식을 절
약하여 받들며 이 제나라 사람들 앞에 서서 모범을 보이는 것입니다. 그런
데도 제가 오히려 너무 사치하여 제 행동을 돌아보지 못하고 있지나 않나
하고 늘 근심합니다. 지금 좋은 수레와 말을 보내주셔서 위로는 임금도 그
좋은 것을 타고 다니고 아래는 이 신하 역시 그 좋은 것을 타고 다닌다고
해 보십시오. 백성들은 의義를 지키려하지 않을 것입니다. 게다가 백성이
그 먹고 입는 데에 사치를 부리고 자기 행동을 반성하지 못하는 자가 있다
고 해도, 제가 더 이상 금지시킬 수가 없습니다."

–『설원(說苑)』「신술(臣術)」편

『설원說苑』의 저자는 말한다.

안자

"두껍고 무거운 담이 그 아래바닥이 조금 약하다
고 해서 반드시 무너지는 것은 아니다. 그러나 흐
르는 물이 그 밑을 파고들면 그 어떤 담보다도 먼
저 무너진다. 한 나무의 줄기가 약하고 그 뿌리가 심겨진 상태 또한 깊지
않다고 해서 반드시 먼저 쓰러지는 것은 아니지만 돌개바람이 불고 폭우가
쏟아지면 제일먼저 뽑혀 나뒹굴게 될 것이다. 군자라고 하는 자가 한 나
라에 살면서 인의를 숭상하지도 않고 어진 신하를 존경하지도 않는다
고 해서 반드시 멸망하는 것은 아니다. 그러나 하루아침에 비상의 변고
가 생겨 수레가 뒤섞이고 사람들이 우왕좌왕하게 되어 화가 닥치게 되
면 그제서야 비로소 목구멍과 입술이 타도록 하늘을 우러러 탄식하며
구해달라고 한 들 무슨 소용이 있겠는가?"

–『설원(說苑)』「건본(建本)」편

옛날의 재상은 오늘날에는 총리이다. 다만 시대가 너무나 바뀐 만큼 오
늘날의 총리에게 수 천 년 전의 재상과 똑같은 개념에서 모든 행동거지
를 맞추라고 할 수는 없을 것이다. 그러나 바로 위로 대통령 하나밖에
없는 높은 자리인 만큼 그의 말이나 행동 하나 하나가 모든 관리나 국민
들에게 영향을 미친다는 점과, 그 것이 곧 대통령의 얼굴이 되기도 한다
는 점에서는 차이가 없을 것이다. 그래서 사람들은 총리의 몸가짐에 대

해서 말을 하게 되는 것이다. 옛날 사람들이 조그만 것도 받지 않으려고 한 것은 바로 그런 이유 때문이리라. 받지 않더라도 자신의 행동이 혹시 말이 나지 않으려 항상 주의한 것도 바로 그런 때문이다.

태조 이성계를 도와 새 왕국 조선의 문물과 제도의 기초를 닦은 삼봉三峰 정도전鄭道傳(1337~1398)은 재상의 자리를 이렇게 규정한다;

"위로는 음양을 조화하고, 아래로는 서민을 어루만져 편안하게 하며, 안으로는 백성을 밝게 다스리고, 밖으로는 사방의 오랑캐를 진정鎭定하고 무마하는 것이니, 국가의 작록과 포상[爵賞]과 형벌이 이에 관련이 있고, 천하의 정치와 덕화, 가르침과 명령이 이로 말미암아 나오는 것이다. 전폐殿陛 아래에서 치도治道를 논하여 일인(一人, 곧 군왕을 가리킴)을 돕고, 묘당廟堂의 위에 서서 도견(陶甄, 성인의 정사(政事))을 잡아 만물을 주재하니, 그의 직임(職任)이 어찌 가볍겠는가. 국가의 치란(治亂)과 천하의 안위(安危)가 항상 이에서 비롯될 것이니, 진실로 그 사람을 가볍게 고르지 못할 것이다…(중략)… 재상의 일을 맡기는 데는 반드시 재상의 재목이 있으니, 그 마땅한 사람을 구하지 않으면 혹은 유약(柔弱)하여 제압되기 쉬우며, 혹은 아첨하고 간사한 자가 아첨하여 나오거나, 혹은 외척과 결탁하고, 혹은 중인(中人, 환관이나 궁녀)에게 붙는다. 뭇사람이 우러러보는 지위에 거하고 치도治道를 논하는 직책에 처하면, 간사한 자는 권세를 부려 복록을 지으며, 벼슬을 팔고 법을 팔아 천하를 어지럽게 하며,

유약한 자는 임금의 뜻을 받들어 따르기만 하고 입을 다물어 말을 아니하여 은총만을 굳히매, 크게는 사직을 위태롭게 하고 작게는 기강을 무너뜨리니, 재상의 임무를 어찌 가벼이 주겠는가."

-『삼봉집』제9권「경제문감」상(經濟文鑑 上)

휴일에 골프를 치다가 큰 산불이 났는데도 제대로 대처를 못한 관리가 있다고 해서 한동안 화제를 모았고 비난의 목소리도 있었다. 골프 치는 것은 등산과 비교될 수가 없다. 더구나 별 일이 없을 때도 아니오, 휴일도 아닌 국경일인 데다가, 같이 친 사람들이 평범한 사람도 아니다. 또 한두 번도 아니다. 그런데도 왜 등산하는 것은 괜찮은데 골프 치는 것은 문제를 삼느냐고 말하는 고위관리가 있었다. 수십 명이 바닷물에 휩쓸려가도 골프를 즐긴 도지사, 태풍이 나라를 휩쓰는데 공연을 관람하는 지도자, 산불이 나서 백두대간이 불타오르는데 나이스 샷을 외친 고관의 모습에 우리들이 둔감해질 수 없는 이유이다.

세종조 황금 치세의 고위 공직자의 모본으로 남은 영의정 황희.
ⓒ국립중앙박물관(허가번호 중박 201202-1179)

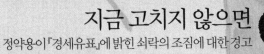

지금 고치지 않으면

정약용이 『경세유표』에 밝힌 쇠락의 조짐에 대한 경고

제32장

· · ·

다산 정약용은 경술국치 75년 전에 '지금 변화를 알고 제도를 개혁하지 않으면 나라가 망한 다음에야 고치겠는가'라고 진단하였지만 당대에 이 혜안을 볼 자가 없었다. 그러나 조선은 식민지로 전락한 뒤에야 다산의 개혁안 『경세유표』를 펴내었다. 옛 제도를 답습하는 것은 발전이 없으며 시대에 맞추어 제도를 정비해야 함을 강력히 주장했지만 조선은 개혁 의지가 없었다. 다산은 말하기를, 법제의 개혁이 없음은 하늘의 이치가 원래 변경하지 못하도록 한 것이 아니라 제도를 다루는 자들의 어리석음일 뿐이라고 강력히 경고했다. 그 혜안을 수용했더라면 조선의 운명은 달라졌다.

세상을 다스리는 방법을 정치라고 하는데, 정치를 하는 방법은 법을 정하고 그 법에 다르도록 하는 것이 기본이라고 하겠다. 법이란 무엇인가? 법은 반드시 벌과 함께 있는 개념이어서, 법을 지키지 않으면 벌을 주는 것, 곧 강제적인 행동규범이라고 할 수 있겠다. 그런데 동양에서 사람을 다스리는 가장 초창기 형태에서는 법이라는 말 대신에 예禮라는 말이 쓰였다. 다산 정약용은 세상을 다스리는 방법을 서술한 경세유표의 머리에서 아득한 옛날에 요, 순과 같은 훌륭한 지도자들은 예로써 나라를 다스렸는데 후대에 와서 예가 쇠해지자 법이라는 이름으로 변했다고 지적한다.

"법은 나라를 다스리는 것이 아니며, 백성을 지도하는 것도 아니다. 천리에 비추어서 합당하고 인정에 시행해도 화합한 것을 예라 한다. 그런데

법은 위엄으로 겁나게 하고 협박으로 시름하게 하여 백성들이 벌벌 떨
며 감히 범하지 못하도록 하는 것이다. 요순 등 고대의 뛰어난 왕들은 예
로써 법을 삼았는데, 후대의 임금들은 법으로써 법을 삼았으니, 이것이 차
이점이다."

—『방례초본(邦禮艸本)』[27] 인(引)

그런데 예가 감당을 못해 법이 나왔듯이 법도 그 시대 시대에 맞춰 태어
난 것이기에 시대가 달라지면 법도 바뀌어야 한다. 그런데도 옛 법을 글
자 한 자 터럭 하나도 건드릴 수 없다고 하는 고식적인 자세를 취하는 사
람들이 의외에도 많다. 그것은 지조도 아니고 자존심도 아니다. 다만 시
대에 맞춰 정책을 찾아내고 좋은 정치를 해야 하는 사람들이 게으르고
어리석어서 그런 것이라며 과거를 답습만하는 정치를 질타한다.

"은殷나라가 하夏나라의 대를 이어서는 줄이거나 보태는 것이 없을 수
없었고, 주周나라가 은나라의 대를 이으면서 또한 줄이거나 보태는 것
이 없을 수 없었다. 왜냐하면 세상의 도가 강이 흐르는 것과 같은데 한
번 정한 것이 만세토록 변하지 않는다는 것은 이치로 보아도 맞지 않는
다. 진秦나라의 법은 바로 진나라의 법이었지, 많은 성인千聖과 모든 왕
百王이 전해준 것이 아니었다. 그런데 한나라가 일어나면서 진나라의
법을 따랐고 감히 털끝만큼도 변동한 일이 없었다. 심한 것으로는 시월
을 1년의 첫 달로 한 것과, 서적을 가지면 극률極律(가혹한 형벌)로 다스

368

『경세유표』의 저자 다산 정약용.

린 것이었다. 그런 법이 100년이나 내려오다가, 무제武帝 이후에 이르러 비로소 그 한두 가지를 약간 변동했는데, 이와 같은 것은 왜 그런가.

은나라와 주나라의 사람은 슬기롭고 착해서, 그 재주와 식견이 비록 순우舜禹28 가 만든 것이라도 능히 줄이고 보태어 형편에 합당하도록 하였다. 그러나 한나라 사람은 거칠고 어리석어서 그 재주와 식견이, 비록 상앙商秧과 이사李斯29 가 만든 것이라도 그냥 따라서 하고 거기서 벗어날 줄을 몰랐다. 이것을 보면, 법을 능히 고치지 못하는 것과 제도를 능히 변경하지 못하는 것은 한결같이 그 사람이 어진가 어리석은가에서 비롯하는 것이지, 천지의 이치가 원래부터 고치거나 변경함이 없고자 한 것은 아니었다."

– 같은 책 (상동)

이렇게 사회가 변하는데도 거기에 맞춰 제도를 정비할 생각은 하지 않고 예로부터 내려오는 제도를 고집하다 보니 우리나라는 나라의 발전이 없고 경제가 크지 않아서 오로지 백성들을 등쳐먹는 것만이 유일한 경제획득수단이 되는 한심한 나라로 변했다는 것이 다산의 진단이다.

"우리나라 법은 고려법을 따른 것이 많았는데, 세종世宗 때에 와서 조금 줄이고 보탠 것이 있었다. 그 후 임진왜란 이래로 온갖 법도가 무너지고 모든 일이 어수선하였다. 군영軍營을 여러 번 증설하여, 나라의 경비가 탕진되고 전제田制가 문란해져서 세금을 거두는 것이 공평하지 못했다. 재물이 생산되는 근원은 애써서 막고 재물이 소비되는 구멍은 마음대로 뚫었다. 이리하여 오직 관공서를 없애고 인원을 줄이는 것만을 긴급대책으로 삼았다. 그러다보니 이익이 되는 것이 되카나 말斗만큼이라면 손해되는 것은 산더미 같았다. 관직이 정비되지 않으니 정식 벼슬아치에게 녹祿이 없고, 그러다 보니 욕심이 많고 비리를 자주 저지르는貪墨 풍습이 크게 일어나서 백성이 시달림을 받았다. 가만히 생각건대 대체로 터럭 하나만큼이라도 병통 아닌 것이 없는 바, 지금이라도 고치지 않으면 반드시 나라가 망한 다음이라야 그칠 것이다. 이러하니 어찌 충신과 지사가 팔짱만 끼고 방관할 수 있을 것인가."

– 같은 책 (상동)

다산이 이처럼 정치의 병폐를 통렬히 비판하면서 그 해결책을 조목조목 설명한 것이 『경세유표』이거니와 방대한 양의 저술인데 생전에 간행되지 못하고 1836년 선생이 돌아가신 지 무려 75년 여 만에 나라를 잃자, 나라를 잃은 지식인들이 지나간 역사 속에서 국난을 이길 힘을 찾기 위해 1911년에 조선광문회朝鮮光文會(최남선이 1910년 서울에 설립한 한국고전간행단체)를 만들고 이 책을 펴 낸 것이다. 사실 다산이 생존해 있을 때에 그의 혜안을 알고 그가 지적한 내용으로 개혁이 이루어졌으면 조선의 운명도 달라졌을 것이다. 그러나 조선은 당시 국제정세 속에서 혼란한 가운데 정치나 제도를 개혁할만한 힘은 없었고 필경에는 나라를 잃고 만다. 이러한 귀결은 왕이 신하들의 말을 잘 듣기 위해 귀를 여는 것으로 예방될 수 있는 문제는 아니다.

세상은 그냥 두면 도의가 더욱 나빠지고 선비의 기풍이 더욱 비루해져서 오직 녹봉祿俸과 이욕利慾만을 도모하여, 권세와 임금의 총애가 있는 사람의 집에 부지런히 드나들게 되고, 이른바 산림에서 도덕을 강구하고 학문을 담론하는 사람들도 악착스럽게 떠드는 자리에 계속 앉아있으면서 자기 문파를 키우고 이를 통해 제 한 몸 사사로이 추스르는 것만 급급하다. 이런 상황에서 지도자는 변화의 시대를 파악하고 이에 대처하는 능력이 있어야 한다고 할 때에 옳은 부하를 찾아내어 세상의 변화에 대응하는 일이 무척 중요하다고 하겠다. 그런 안목을 가진 지도자를 원하는 것이다.

그것이 이뤄지지 않으면 이번에는 밑에서부터 위를 바꿀 수 있는 권리를 가지게 된다.

"뜰에서 춤추는 사람이 64명인데, 이 가운데서 1명을 선발하여 우보羽葆(새 깃으로 만든 지휘봉)를 잡고 맨 앞에 서서 춤추는 사람들을 지휘하게 한다. 우보를 잡고 지휘하는 자의 지휘가 절주節奏(박자와 리듬)에 잘 맞으면 모두들 존대하여 '우리 무사舞師(춤의 스승)님' 하지만, 그 우보를 잡고 지휘하는 자의 지휘가 절주에 맞지 않으면 모두들 그를 끌어내려 다시 이전의 반열班列로 복귀시키고 유능한 지휘자를 재선再選하여 올려놓고 '우리 무사님' 하고 존대한다. 그를 끌어내린 깃도 대중大衆이고 올려놓고 존대한 것도 또한 대중이다."

―『탕론(湯論)』, 정약용

무릇 지도자는 세상 흐름을 주목하고 백성들이 필요로 하는 것이 사리에 맞는 것이라면 시간을 끌지 말고 처리해서 백성들의 삶이 편안해지도록 해주어야 한다. 그러기 위해서는 이제 지도자는 정부에만 있는 것이 아니라 국회에도 있다. 국회의원들도 지도자이다. 국회 회기내에 국민을 위한다고 수많은 의안을 발의하거나 받아 놓고 정작 심의를 할 량이면 정략투쟁으로 모두 묵혀 많은 사람들의 애를 먹게 하는 일이 이제 더는 없어야 한다는 말이다.

물에 빠진 사람 건지듯

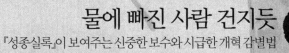

제33장

『성종실록』이 보여주는 신중한 보수와 시급한 개혁 감별법

···

성종시대 승려가 되면 도첩을 발행해 모두 군역을 피해가자 대사헌 김여석은 상소를 올려 '선왕의 법 가운데 좋은 것은 지켜야 하나 진실로 현실에 합당치 않다면 고치기를 불에 타는 것을 구원하고 물에 빠진 자를 지체 없이 해야 한다'고 긴급히 주장하였다. 정치란 현실 문제를 제도적으로 고치는 것이라 압축할 수 있다. 정교하고 오랜 사회적 합의와 기나긴 정책 인큐베이팅이 필요한 제도, 개혁으로 피해를 받는 사람이 많은 제도를 고치는 것에는 극도로 신중해야 하나 당장대책을 세우지 않으면 나라가 곪아버릴 명백한 문제에 대해서는 물과 불에 빠진 사람을 건지듯 망설일 시간 없이 시행해야 한다는 것이다. 민주주의가 우매하지 않으려면 개혁과 전통을 구분하는 시각이 지도자들과 국민에게 절실히 요구된다는 것을 예로부터 증명하고 있다.

사람들을 다스리는 방법론이란 뜻으로 동양에서 쓰이는 '정치'라는 말은 서양에서는 다르게 정의되고 있다. '정치'에 관한 가장 유명한 정의는 독일의 정치경제학자이자 사회학자인 막스 베버(Max Weber 1864~1920)가 내린 '정치란 정치적 조직체 내에서의 권력 배분이나 여러 정치적 조직체들 간의 권력 배분에 영향력을 행사하고자 하는 행위'라고 한 것이다. 이를 더욱 속되고 간결하게 말한 사람이 저명한 정치학자인 헤럴드 라스웰(Harold Lasswell)이다. 그에 의하면 정치는 '누가 무엇을 언제 어떻게 해 먹느냐를 정해주는 것'이란다.

그러기에 정치가는 때로는 존경을 받으면서도 때로는 이러한 자원배분의 권한을 이용해서 자신이나 자신 주위의 이익만을 챙기는 것으로 비난

받기도 한다. 영어에서도 '정치가'를 뜻하는 '폴리티션politician'과 '스테이츠먼statesman'이란 두 단어를 나누어서 폴리티션은 선동가적인, 그러면서 이익이나 이권을 주로 챙기는 정치가, 스테이츠먼은 탁월한 정치적 식견을 가진 정치적 리더로 생각해오고 있고, 일본에서는 정치가政治家의 '가家'를 '사람'을 뜻하는 글자라기보다는 '집'을 뜻하는 글자로 해석해서 돈이나 자신의 이권을 주로 챙기는 경우에 '정치옥政治屋'라고 낮추어 부르기도 한다. 즉 멋진 집이 아니라 누추하고 더러운 집처럼 누추한 정치인이란 뜻일 것이다.

그러나 우리에게 정치는 곧 현실에서의 문제를 발견해서 이를 제도적으로 고쳐주는 것이다. 임진왜란이 일어나기 꼭 100년 전인 조선 성종 23년 1월, 당시 승려가 되면 도첩을 발행해 주는 제도(승려도첩제)에 따라 이것이 있으면 군軍에 징집되지 않아도 되자 너도나도 도첩을 사서 중이 되는 현상이 일어났다. 이에 대사헌大司憲 김여석金礪石 등이 상소하기를,

> "대저 선왕先王의 법 가운데 좋은 법은 마땅히 지켜야 할 것이나, 진실로 현실에 합당치 않다면 이를 고치기를 마땅히 불에 타는 것을 구원하고, 물에 빠진 자를 건지는 듯 지체없이 하여야 하는데, 어찌 고식적姑息的인 언론을 믿고 긴 우환을 끼치시려 하십니까? 옛사람이 이르기를, '정치란 세속世俗을 고침으로 말미암는다.'고 하였고, 또 '때에 따라 맞도록 제정해야 한다.'고 하였습니다"

라며 임금이 승려도첩제를 빨리 폐기하라고 요구한다. 성종이 이 상소를 들어주지는 않았지만 여기서 동양, 또는 우리나라 사람들이 생각한 정치는 '현실에 합당하지 않은 제도를 고치는 것'임을 알 수 있다.

여자 어린이나 소녀들에 대한 성폭행이 다시 사회의 관심이 되었다. 학교에서는 왕따를 당한 학생들이 잇달아 자살하고 있다. 대저 이전 저런 큰 사건이 일어날 때마다 성폭행범이나 왕따를 하는 학생들, 학교폭력을 행사하는 구조에 대해 사회의 규제와 감시를 강화해야 한다는 여론이 일었고 이에 따라 정치권이 관련법을 속히 개정하겠노라고 공언을 했지만, 그것이 그렇게 되지 못했고 그러다 보니 정치권에 대한 비난여론, 정치 혐오증이 만연했다. 그런 정치권에 대한 비난여론은 다시 말하면 막상 고쳐야 할 것은 고치지 않고 쓸데없는 논란이나 논쟁으로 시간을 다 보내는 국회의원이란 정치가들에 대한 비판일 것이다. 2008년 7월 개원한 18대 국회에서 2010년 가을까지 발의된 법안, 결의안 등 안건은 1만2312건으로 역대 최다이며 17대 국회 7489건의 두 배에 가깝다. 그러나 이 중 가결된 안건은 1935건으로 15%에 불과하다. 여기에 부결·폐기·철회된 안건까지 합쳐 어떤 형태로든 처리된 것이 5615건이고, 나머지 절반이 넘는 6697건이 공중에 뜬 상태였다. 올해 들어서 조금 더 처리가 되긴 했지만 안건은 열심히 제출하는데, 심의를 하지 않아 애가 타고 피해를 입는 사람들이 얼마나 많은가?

앞에 인용한 막스 베버는 직업적인 정치인의 가장 중요한 자질로 열정·책임감·통찰력 등 세가지를 꼽았다. 시대를 앞서가는 통찰력을 가지고 세상 일을 정리하되 거기에는 열정과 책임감이 있어야 한다는 것이다. 우리나라 정치인들도 일본의 경우처럼 '정치옥'이란 모멸적인 말을 듣지 않으려면 성폭행범 처벌과 같은 문제에 있어서는 정말로 '불에 타는 것을 구원하고 물에 빠진 것을 건지는' 경우처럼 다른 모든 것을 제치고 긴급하게 대응해서 반드시 이를 제도화해 놓아야 할 것이다.

남유용 흉배
조선시대 문신의 정복에 수를 놓은 흉배 부분에는 학이 새겨져 있었다. 반면 무신의 흉배에는 호랑이가 새겨져 있다. 품계가 높을수록 학의 개수가 많으며 흉배에 새긴 학은 문신의 청렴하고 강직한 이상을 상징하며, 오랫동안 충직하게 국왕을 보필하도록 장수를 기원하는 의미이기도 하다.
ⓒ국립중앙박물관(허가번호 201202-1179)

제 3부 신하의 길

1. 『주역』의 괘(卦)에 나타난 형상과 변화에 대한 역이론(易理論)으로 주역을 연구하는
데는 상(象)·수(數)·이(理)의 세 가지 입장이 있다. 상은 역(易)의 괘상(卦象)을 주로 하
여 연구하는 것이며, 수는 수리(數理), 이는 의리(義理), 즉 윤리적 입장에서 연구하는 것.

2. 당시 원의 수도였던 대도(大都, 북경)에 있는 사신의 숙소. 우리나라 사신은 이곳에 머
물렀다.

3. 중국에서 오경의 필두에 있는 유교의 경전. 『주역』, 『역』이라고도 한다.

4. 송나라 강릉(江陵) 사람. 인종(仁宗) 천성(天聖) 8년 진사(進士)가 되었고 무릉위(武陵
尉)를 지내다 황우(皇祐) 연간에 전중시어사(殿中侍御史)가 되어 간쟁할 때 아무리 높은
권력자들이라도 피하지 않았다. 결국 여러 번 좌천을 당하고 지방을 전전하다가 가우(嘉
祐) 4년(1059년) 들어와 간원(諫院)을 맡았는데, 언사가 전과 변함이 없어 다시 여러 고을
의 지주(知州)를 전전했다.

5. 중국 후한 말기 대표적 유학자. 시종 재야 학자로 지냈지만 훈고학과 경학의 시조로
깊은 존경을 받았다. 경학의 금문(今文)과 고문(古文) 외에 천문(天文)·역수(曆數)에 이르
기까지 광범한 지식욕의 소유자였다.

6. 거친 밭에서 세금을 낸다. 그만큼 후손들이 어렵게 산다는 뜻.

7. 『점필재집』은 조선 전기의 문신 김종직(金宗直)의 시문집.

8. 한 고조 유방이 유사(儒士), 곧 선비라는 사람들을 업신여기며 모욕을 가한 고사를 말한다. 『사기』 권97 「역생육가열전(酈生陸賈列傳)」에 "패공은 유사를 좋아하지 않았다. 그래서 객 가운데에 유사의 관을 쓰고 오는 자가 있으면, 그때마다 패공이 그 관을 벗기고는 그 안에 오줌을 누곤 하였다.(沛公不好儒 諸客冠儒冠來者 沛公輒解其冠 溲溺其中)"라는 말이 나온다.

9. 『진서(晉書)』 권53 「민회태자전(愍懷太子傳)」에 사인(舍人) 두석(杜錫)이 태자에게 덕을 닦고 선행을 쌓으며 참소하고 비방하는 자들을 멀리하라고 권면하자, "태자가 노하여 사람으로 하여금 두석이 항상 앉는 방석에 바늘을 꽂게 해서 그가 앉을 때 찔리게 하였다(太子怒 使人以鍼著錫常所坐氈中而刺之)"라는 기록이 나온다.

10. 밖에 나가서 배우는 스승이라는 뜻으로, 보모(保姆) 즉 내부(內傅)에 상대되는 말이다. 『예기(禮記)』 내칙(內則)에 "남자가 10세가 되면 집 밖에 나가서 스승에게 배운다(十年 出就外傅)"라는 말이 나온다.

11. 중국에서, 천자가 공로가 큰 제후와 대신에게 하사하던 아홉 가지 물품. 거마(車馬), 의복, 악칙(樂則), 주호(朱戶), 납폐(納陛), 호분(虎賁), 궁시(弓矢), 부월(鈇鉞), 울창주(鬱鬯酒)이다.

12. 삼국지에서 제갈량과의 전투로 유명해진 사마중달, 곧 사마의는 조조에서 조비로 넘어가는 시기에 위나라의 중요한 군벌이었다. 사마씨는 사마의에서 그 아들 사마소, 그리고 그 맏아들 사마염에 이르러 확고부동한 기반을 차지하게 됨으로써, 사마염은 그 기세를 몰아 위의 황제 조환을 강요하여 황제 위를 물려받고 진 왕조를 일으켰다. 사마염의 과제는 아버지 때 이미 촉을 평정했기 때문에 남은 오를 멸하여 천하 통일을 이루는 일이었다. 그는 즉위 후 스스로 검약에 힘쓰는 한편 일족을 각지의 왕으로 봉하여 병력을 배치하는 등 내부 결속을 도모했다. 267년, 드디어 중신인 양호를 총사령관으로 하여 형주의 오를 공격할 준비를 갖추었다. 이어서 왕준에게는 장강 상류의 익주에서 수군을 정비하게 했다. 그러나 오나라도 명장인 육항이 장강 일대에서 방어에 힘써 두 나라 군사는 일진 일퇴를 거듭했다. 이 대치는 10년이나 계속되었다. 그러나 279년에 드디어 수륙 20만의 대군이 일제히 남하하여 이듬해에 결국은 오를 멸망시키고 천하를 통일했다.

13. 중국 주왕조의 전설적 시조. 농경신(農耕神)으로 오곡의 신이기도 하다. 거인의 발자국을 밟고 잉태해 낳았다 하여 3차례나 내다버렸으나 그때마다 구조되었다 한다. 후에 요(堯) 임금의 농관(農官)이 되고 태(邰, 陝西省 武功縣 부근)에 책봉되어 후직이 되었다.

14. 중국의 고대 왕조 상(商, 곧 殷나라) 나라의 시조로 전해지는 전설상의 인물. 황제의 증손 제곡(帝嚳)의 제2부인인 간적(簡狄)이 현조(玄鳥:제비)의 알을 삼키고 설을 낳았다고 하며, 그래서 현왕(玄王)이라고도 한다. 우(禹)나라의 치수(治水)를 도와준 공이 있어 순(舜)임금이 사도(司徒)라는 벼슬을 주어 백성을 다스리게 하였음. 검은 새와 알의 전설이 있어서 은나라는 고구려 등 동이족과 같은 계통으로 본다.

15. 1461년(세조 7년) 왕명으로 설치되어 1471년(성종 2년)까지 존속하였다. 세조는 왕위에 오르기 전부터 불교를 선호하여 세종의 불서 편찬과 불경 간행을 도왔다. 왕위에 오른 뒤에는 왕위 찬탈을 속죄하려는 마음에서 더욱 불교를 믿으며 1457년 『묘법연화경』을 간행하고 2년 뒤에는 『월인석보』를 간행하는 등 불경 간행의 업적을 쌓은 뒤 1461년에 간경도감을 설치해 본격적으로 불경을 간행해 활용토록 했다.

16. 翊은 보좌한다는 뜻, 戴는 받들어 모신다는 뜻. 잘 받들어 올려 준 공신이란 뜻.

17. '의제를 조문하는 글'이란 뜻이다. 의제는 항우(項羽)에게 죽은 초나라 회왕(懷王)이다. 이것은 세조에게 죽음을 당한 단종(端宗)을 의제에 비유한 것으로 세조의 찬탈을 은근히 비난한 글이다. "정축년(丁丑年) 10월 밀양에서 경산으로 가다가 답계역(踏溪驛)에서 잠을 잤다. 꿈속에 신선이 나타나서 "나는 초나라 회왕(懷王 의제) 손심인데 서초패왕(西楚覇王 항우)에게 살해되어 빈강(彬江)에 버려졌다"고 말하고 사라졌다. 잠에서 깨어나 생각해보니 회왕은 중국 초나라 사람이고, 나는 동이 사람으로 거리가 만리(萬里)나 떨어져 있는데 꿈에 나타난 징조는 무엇일까? 역사를 살펴보면 시신을 강물에 버렸다는 기록이 없으니 아마 항우가 사람을 시켜서 회왕을 죽이고 시체를 강물에 버린 것인지 알 수 없는 일이다. 이제야 글을 지어 의제를 조문한다. 이런 내용의 글을 김종직의 제자인 김일손(金馹孫)이 사관(史官)으로 있을 때 사초(史草)에 적어 넣었다. 연산군이 즉위한 뒤 『성종실록(成宗實錄)』을 편찬하게 되었는데, 그 때의 편찬 책임자는 이극돈(李克墩)으로 이른바 훈구파(勳舊派)에 속한 사람이었다. 그런데 김일손의 사초 중에 이극돈의 비행(非行)이 기록되어 있어 이극돈은 김일손에 대한 양심을 품고 있던 중, 김종직의 조의제문을

사초 중에서 발견하고는 김일손이 김종직의 제자임을 기화로 하여 조의제문을 쓴 김종직 일파를 세조에 대한 불충(不忠)의 무리로 몰아 연산군으로 하여금 큰 옥사를 일으켰다. 이것이 무오사화(戊午史禍)로서, 그 결과로 김종직은 부관참시(剖棺斬屍)를 당하였고, 김일손·권오복(權五福)·권경유(權景裕)·이목(李穆)·허반(許盤) 등이 참수(斬首)되었다 (네이버 백과사전 참조).

18. 1506년 음력 9월 2일 연산군이 폐위되고 진성대군 역(懌)이 옹립된 사건을 말한다. 이조참판(吏曹參判)을 지낸 성희안(成希顔)과 중추부지사(中樞府知事) 박원종(朴元宗) 등이 재위 12년간 폭정으로 국가의 기틀을 흔들어 놓은 연산군을 몰아낸 사건이다.

19. 세조는 재위기간 동안에 일단 벼슬에 오른 사람들 가운데서도 인재를 발탁하기 위해 특별시험을 실시했다. 세조 10년 단오에 왕이 직접 참석한 가운데 발영시(拔英試)를 문무 백관에게 실시했고 곧 이어 7월에는 모든 문신들에게 등준시(登俊試)를 실시했다.

20. 송나라의 주자가 확립한 신유학은 세상을 이해하는 새로운 철학으로서, 세상을 이(理), 곧 법칙이나 이성과 기(氣), 곧 현상이라는 두 개념으로 나누어 그 개념들의 선후관계를 규명하는 학문이다. 조선시대 왕이나 벼슬을 하는 사람들은 이 공부를 하지 않고는 생존을 하지 못할 정도였다.

21. 연(燕)나라 소왕(昭王)이 곽외(郭隗)에게 천리마를 구해오라고 지시했다. 이에 곽외는 여러 곳에서 천리마를 수배하게 되는데, 마침내 어떤 곳에 천리마가 있다는 사실을 듣고

그것을 구하러 갔는데 당도하고 보니 이미 천리마는 죽은 뒤였다. 곽외는 죽은 천리마의 뼈를 오백금이나 주고 사왔다. 이에 소왕이 노발대발했으나 곽외는 웃으며 말했다. "보십시오. 제가 죽은 천리마의 뼈다귀도 오백금이나 주고 사왔으니, 이 소문이 퍼지면 온 세상에서 전하께 천리마를 팔려 하는 자들이 줄을 설 것입니다." 과연 그랬다고 한다. 『전국책(戰國策)』「연책(燕策)」에 나온다.

22. 비빙(飛氷)은 첫 얼음이 얼다는 뜻. 비빙가는 첫 얼음이 언 데 대한 시인데 1466년 병술년에 세조가 잔치를 연 자리에서 시를 낭송하자 구종직이 아첨하기 위해 칭찬을 한 것이다.

23. 수유(豎儒)는 천한 선비라는 뜻·부유(腐儒)는 썩은 선비, 비유(鄙儒)는 비루한 선비, 구유(拘儒)는 구부러진 선비.

24. 도유(盜儒)는 도둑 선비, 천유(賤儒)는 천한 선비, 이유(俚儒)는 속된 선비·공유(空儒)는 텅 빈 선비.

25. 중국 송(宋)나라 주자학파의 학자로서 서산선생(西山先生)이라 일컬어지는 진덕수(眞德秀)가 지은 책. 제왕(帝王)의 수신제가(修身齊家)를 역설하였다. 조선왕조 태조(太祖) 때에 간관(諫官)이 상소하기를, "선유(先儒) 진덕수(眞德秀)가 『대학연의(大學衍義)』를 지어서 경연에 올렸는데, 인군이 알아야 할 도리와 해야 할 일이 모두 여기에 갖추어져 있습니다. 삼가 바라건대, 날마다 경연에 임어하시어 성학(聖學)을 강론하심으로써 격물(格

物), 치지(致知), 성의(誠意), 정심(正心)의 학(學)을 극진히 해서 수신(修身), 제가(齊家), 치국(治國), 평천하(平天下)의 효험을 이루소서." 하였는데, 상이 이를 따라서『대학연의』를 진강(進講)하라고 명하였다(『임하필기』 제9권 「전모편」).

26. 이름은 안영(晏嬰), 단신의 왜소한 체구와 달리, 대단한 지략과 담력을 지니고, 달변의 화술로 유명해. 사마천의『사기』에 명재상의 대표격으로, 관중과 함께『열전(列傳)』에 수록된 인물이다.

27. 『방례초본』은 『경세유표(經世遺表)』의 원제명이며 조선 후기 실학자 정약용(丁若鏞)이 행정 기구의 개편을 비롯하여 관제ㆍ토지제도ㆍ부세제도 등 모든 제도의 개혁 원리를 제시한 책이다.

28. 순과 우, 요(堯) 임금 다음에 순(舜), 그 다음이 우(禹)로써, 이 세 임금은 천하를 잘 다스린 전설적인 하(夏)나라의 임금이다.

29. 상앙(商鞅, ?〜기원전 338년), 이사(李斯, ?〜BC 208), 엄격한 법집행을 주장한 법가(法家)의 대표적 인물.

봉황이 깃드는 새 아침은 그래도 밝아온다

주나라 소강공은 봉황 곧 현자는 오동나무가 아니면 깃들지 않고 죽실이 아니면 먹지 않는다고 하였다. 고려 말 문신 이색도 새 아침, 떠오르는 태양, 그 밝음의 시작을 봉황에 비유하였다. 그러나 역사도 정치도 뜻대로 되기는 쉽지 않으며 조선시대 누군가는 이 말을 받아 간절한 염원을 빈다. "벽오동 심은 뜻은 봉황을 보렸더니 내 심은 탓인지 기다려도 아니 오고 밤중에 일편 명월만 뷘 가지에 걸녀세라" 그러나 정조가 군주를 달에 비하였듯 봉황이 오지 않은 날에 어둠 속 달을 볼 때 우리는 그 은은한 빛에도 실망치 않고 아침이 밝으면 새 역사의 태양이 떠오르고 천하를 화평하게 할 봉황이 곧 올 것임을 믿어보아야 하겠다. 수많은 현인들이 증언했듯이 역사는 주어지는 것이 아니요, 함께 만들어가는 것이기 때문이 아닐까.

낮이 한창 길어진 요즈음, 그만큼 아침도 빨리 오니 저절로 몸도 빨리 일어나게 된다. 이른 아침 집 옆 문래공원을 산보라도 할 량이면 새들의 지

저귐이 바야흐로 봄이 무르익고 있음을 실감
케 한다. 앞의 이색李穡은 '아침에 일어나서晨
興'라는 시에서 이렇게 표현한다;

새들의 합창 소리에 새벽 꿈을 깨고 보니

날이 밝지 않았지만 봄 그늘 자욱하구나

百鳥聲中曉夢驚(백조성중효몽경)

春陰漠漠未全晴(춘음막막미전청)

목은 이색
ⓒ국립중앙박물관(허가번호
중박 201202-1179)

아침의 해는 희망이요, 시작이다. 밝음의 시작이니 사람 모두에게도 새로
운 시작이고 나라에도 새로운 시작이다. 밝음은 곧 어둠을 가시게 하는
것이니, 아침의 해는 곧 천하의 태평함을 의미할 수 있다. 그 새로운 아침
을 상징하는 새가 곧 봉황이다.

봉황새가 우네, 저 높은 언덕에서.

오동나무 자라네, 해 뜨는 저 동산에서.

무성한 오동나무 숲과 봉황새 소리 어울리네

鳳凰鳴矣 于彼高岡(봉황명의 우피고강)

梧桐生矣 于彼朝陽(오동생의 우리조양)

菶菶萋萋 雝雝喈喈(봉봉처처 옹옹개개)

－『시경(詩經)』「대아大雅편」

공자는 자신이 이 시에 대해서 이렇게 설명한다.

"산의 동쪽을 조양朝陽이라 하니라. 봉황의 성질은 오동이 아니면 깃들지 아니하고, 죽실竹實이 아니면 먹지 않느니라. 봉봉처처菶菶萋萋는 오동의 자람이 무성하고, 옹옹개개雝雝喈喈는 봉황의 울음이 화함이다."

봉황鳳凰은 고대 중국의 전설로부터 전해오는 상서로운 상상의 새로 태평성대를 이룰 성군과 함께 세상에 나타난다고 한다. 봉황은 암수를 각기 따로 부르는데, 수컷을 봉鳳이라 하고 암컷을 황凰이라 한다.

전체적으로 이 시는 그 옛날 주周 나라의 소강공召康公(?~B.C1044)이 조카뻘인 어린 성왕成王(B.C1055~1021)이 놀이를 좋아하는 것을 경계하며 현자賢者를 구하여 길사吉士를 등용하라고 가르쳐 준 시로 알려져 있다. '봉황, 곧 현자는 오동나무가 아니면 깃들지 않고 죽실竹實이 아니면 먹지 않는다'는 주석은 어진 선비들이 훌륭한 왕의 밑으로 와서 현자들의 도를 실현하는 모습을 그리면서 그러한 정치가 되도록 좋은 인재를 등용할 수 있어야 한다는 뜻을 담고 있다. 이 시의 제목인 '권아卷阿'는 '굽은 언덕'이란 뜻으로서 전체적으로 이처럼 군신이 어울려 훌륭한 정치를 편다는 뜻이 담겨 있으므로, 청나라의 건륭제乾隆帝(1711~1799, 청나라 6대 황제)는 열하에 세운 피서산장避暑山莊(건륭제가 지은 거대한 별궁)안에 연못을 파고 언덕에 정자를 세운 '권아승경卷阿勝景'이란 구역을 만들어 놓고 여기서 신하들과 즐겼다고 한다.

그러나 역사는 뜻대로 되지 않았고 나라나 개인이나 희망은 이뤄지지 않았다. 그러기에 조선시대의 누군가가 읊은 시조는 이렇게 안타까움과 허무함을 그린다.

"벽오동碧梧桐 심은 뜻은 봉황鳳凰을 보렸더니

내 심은 탓인지 기다려도 아니오고

밤중에 일편 명월一片明月만 뷘 가지에 걸녀세라"

맨 앞의 시를 쓴 이색李穡(1328~1396)은 우리가 잘 아는 대로 고려 말의 명신이며 뛰어난 글재주를 자랑하는 문인이었다. 새벽의 흥을 읊은 맨 앞의 시 끝을 이색은 이렇게 맺는다.

"평생 소원이 무엇인지 누가 아시는가?

해 뜨는 동산에서 봉황 소리 듣고 싶은 걸"

平生志願誰能識(평생지원수능식)

欲向朝陽聞鳳鳴(욕향조양문봉명)

밝은 아침이 오면 태양이 비치는 동산에 지혜와 신령의 새들인 봉황이 와서 어울어지는 그런 세상, 곧 어진 신하가 밝은 임금을 만나 태평 시대를 이루는 꿈을 꾸고 있는 것이다.

이른 아침 동산에 올라 해를 기다리는 것은 바로 이런 시대를 원하는 때문이 아니었던가?

다시 동산에 올라 봉황을 기다려볼 수밖에….

"전하, 아니되옵니다!"

반대의 목소리를 들으시더라도

혜안을 열으시어 무엇이 바른 길인지

흔들리지 말아 주옵소서…!

폐부를 찌르는 괴로운 간언일지라도

성상의 너른 품에 품으시어

거듭 생각하여 주시옵소서.

천세, 천세, 천천세! 강녕하옵소서.

■ 참고 도판 목록

1. 『국립중앙박물관 한국서화유물도록 제 17집』

「조선시대 초상화 1」 p.38 '송시열 초상'.

2. 『국립중앙박물관 한국서화유물도록 제 17집』

「조선시대 초상화 1」 p.97 '조반 초상의 의자 부분'.

3. 『국립중앙박물관 한국서화유물도록 제 17집』

「조선시대 초상화 1」 p.117 '남유용 초상의 흉배'.

4. 『국립중앙박물관 한국서화유물도록 제 17집』

「조선시대 초상화 1」 p.165 '최익현 초상'.

5. 『국립중앙박물관 한국서화유물도록 제 17집』

「조선시대 초상화 1」 p.102 '황희 초상'.

6. 『국립중앙박물관 한국서화유물도록 제 17집』

「조선시대 초상화 2」 p.10 '이색 초상'.

7. 『국립중앙박물관 한국서화유물도록 제 17집』

「조선시대 초상화 3」 p.76 '김수항 초상'.

8. 『국립중앙박물관 한국서화유물도록 제 17집』

「조선시대 초상화 2」 p.159 '임경업 초상의 탁자 부분'.